Maggie Callanan, aufgewachsen als Tochter eines Diplomaten, machte eine Ausbildung als Krankenschwester in den Bereichen Notmedizin und Intensivpflege. Seit 1981 hat sie sich auf die Pflege von Sterbenden spezialisiert und sowohl in städtischen Krankenhäusern als auch als Gemeindeschwester auf dem Land gearbeitet. Durch ihre Vorträge und Kurse über den Tod, das Sterben, Trauer und die Hospizbewegung ist sie einem großen Publikum in den USA bekannt geworden. Obwohl sie heute als Gesundheitsberaterin und freie Schriftstellerin für eine Regierungsorganisation arbeitet, verbringt sie noch viel Zeit mit der Pflege Sterbender.

Nach einer Reihe von Anstellungen als Krankenschwester und Lehrschwester in Großbritannien, Tansania, Lesotho und Sierra Leone wurde Patricia Kelley 1978 als Kranken- und Lehrschwester in der Hospizbewegung tätig. Heute arbeitet sie als nationale und internationale Beraterin in Washington, D. C., und organisiert Kurse und Vorträge über den Tod, das Sterben, Trauer und AIDS. Sie ist Mitglied des Vorstands der Hospice Nurse Association und des International Hospice Institute.

Dieses Buch wurde auf chlor- und säurefreiem Papier gedruckt.

Deutsche Erstausgabe September 1993

Titel der Originalausgabe »Final Gifts«

Originalverlag Simon & Schuster, New York

Umschlaggestaltung: Graupner & Partner, München
Umschlagfoto: Chris Alan Wilton/The Image Bank
Satz: Franzis-Druck, München
Druck und Bindung: Elsnerdruck, Berlin
Printed in Germany
ISBN 3-426-84021-9

2 4 5 3 1

MAGGIE CALLANAN
PATRICIA KELLEY

MIT WÜRDE AUS DEM LEBEN GEHEN

Ein Ratgeber für die Begleitung Sterbender

Aus dem Amerikanischen
von Friederike Zeininger

Mit einem Nachwort von
Dr. Petra Muschawek-Kürsten (»Omega«)
und Heinrich Pera (Vorsitzender der
Bundesarbeitsgemeinschaft Hospiz)

Knaur®

Danksagung

Als dieses Buch entstand, waren wir in der glücklichen Lage, von vielen Menschen beraten und unterstützt zu werden. Ohne die freundliche Ermutigung und Hilfe unserer ersten Lektorin, Mary Boyken, wäre dieses Unternehmen nicht zustande gekommen; ihr ist auch der Begriff des Todesbewußtseins zu danken.

Die Fachzeitschrift *Nursing* war von großer Bedeutung, denn hier wurde unser erster Artikel zu diesem Thema veröffentlicht. Die National Hospice Organization regte uns zu weiteren Publikationen unserer Erfahrungen in ihren Fachblättern an und lud uns zu Tagungen ein. Beiden danken wir. Wir danken auch Wanda Wigfall-Williams für ihre Hinweise und für die Vermittlung an unseren Agenten, Gail Ross. Immer war Gail unser Anker, unser Führer, unser Ratgeber und unser Freund.

Wir sind unserer Verlegerin Ann Patty und ihren Mitarbeitern, insbesondere Fonda Duvanel, sehr dankbar für ihren Enthusiasmus und ihre Unterstützung, und wir danken dem Lektor Michael Dolan für seine wertvollen Beiträge zu diesem Buch. Die endgültige Fertigstellung wäre wesentlich mühsamer gewesen ohne die Mithilfe, den klaren Blick und den Humor von Todd Pizer.

Dieses Buch ist ein Spiegel nicht nur unserer langjährigen Arbeit, sondern auch der vieler unserer Hospizmitarbeiter. Ihre Hingabe, ihre Begeisterung und ihre bemerkenswerte Befähigung bei der Pflege machen sie für alle, die ihre Fürsorge erfahren, einzigartig. Ihre Unterstützung und ihre Beiträge für dieses Werk waren für uns außerordentlich wertvoll. Sie haben als Freunde unser Leben bereichert.

Dieses Buch hätte ohne die vielen sterbenden Menschen nicht entstehen können. Sie waren unsere besten Lehrer, und sie veränderten unser Leben, weil sie uns an ihren beeindruckenden letzten Erfahrungen teilhaben ließen. Ihnen gilt unser besonderer Dank.

Für den Sonnenschein in meinem Leben,
Erin und Eric, auf die ich so stolz bin. MC

In Liebe Sara, David, Wendell und Craig
gewidmet. PK

Inhalt

III

Todesbewusstsein: Was ich für ein friedliches Sterben benötige

Kapitel eins

»Es wird Zeit, mich einzureihen.«

Laura

Eine merkwürdige Ruhe beherrschte den Raum. Nur Joe war nervös. Er schritt am Fußende von Lauras Bett hin und her. An der Schwesternhelferin vorbei schlich er um die Kommode, um auf dem Bettrand neben seiner Frau sitzen zu können. Zutiefst beunruhigt nahm er ihre Hand und begann, sie zu reiben.

»Laura, wie geht es dir?« fragte er. »Sag etwas!«

Sie lächelte verschlafen und nickte, gab aber nichts von sich. Joe war bestürzt.

»Laura, ich bin's«, sagte er. »Sag doch was! Ich mache mir Sorgen um dich!«

»Es geht mir gut, Joe«, flüsterte sie.

Joe sah die Schwesternhelferin an, die lediglich mit einem unbestimmten Blick reagierte.

»Liebste, hast du Schmerzen?« fragte er. »Brauchst du irgend etwas? Stimmt was nicht? Sag es mir bitte, mein Schatz.«

Wieder lächelte Laura, schloß die Augen und schüttelte den Kopf. Joe winkte der Helferin, ihm in den Flur zu folgen.

»Was ist passiert? Am Morgen ging es ihr gut. Ein bißchen schwach vielleicht, aber gut. Wir haben gemeinsam Tee getrunken.«

Die Helferin klopfte Joe leicht auf die Schulter. »Sie hat sich eben für diesen Weg entschieden. Ich weiß nicht, was passiert ist. Ihre Medikamente hat sie planmäßig eingenommen und auch eine Kleinigkeit gefrühstückt. Macht sie einen verwirrten Eindruck auf Sie?«

»Schwer zu sagen«, meinte Joe. »Sie redet ja nicht viel. Sie wirkt schon seltsam. Wir sollten der Schwester Bescheid geben. Ich bin sicher, irgend etwas stimmt nicht.« Joe griff nervös zum Telefon.

Jemand, der Ihnen nahesteht, ist sehr krank, vielleicht todkrank. Eine Menge Dinge müssen erledigt werden - Untersuchungen, Einweisungen ins Krankenhaus, Gespräche mit den Ärzten. Manchmal hat man mit verschiedenen Ärzten zu tun - Chirurgen, Onkologen, Radiologen oder anderen Spezialisten.

Das Arzneischränkchen füllt sich mit nur zum Teil gebrauchter Medizin - manche Flaschen sind fast voll, andere nahezu leer, weil immer neue probiert werden. Medizinische Geräte scheinen jede Ecke Ihres Hauses auszufüllen. Möbelstücke werden verstellt, sei es, um dem Rollstuhl Platz zu machen oder um einen schnellen Weg ins Badezimmer zu ermöglichen.

Mit unheilbaren Krankheiten umzugehen bedeutet mehr als harte Arbeit. Es bedeutet eine vollständige Vereinnahmung und schleicht sich in jeden Winkel Ihres Lebens. Es gilt, mit so vielen Menschen zu sprechen, so viele Fragen zu stellen und so viel zu tun. Hoffnungen und Erfolge einer neuen oder anderen Behandlungsweise können sich schnell in Angst und Mißerfolg verwandeln. Es ist eine anstrengende emotionale Berg-und-Tal-Fahrt. Es ist, als befände sich in Ihrer Mitte ein ungewollter, ungeladener Fremder, der mehr und mehr Raum einzunehmen scheint.

Eine unheilbare Krankheit widerfährt nicht nur dem Kranken, sie betrifft vielmehr auch Familienangehörige, Freunde, Nachbarn, Mitarbeiter. So wie ein herabfallender Stein einen stillen Teich stört, so zieht ein bevorstehender Tod seine Kreise durch alle Beziehungen im Leben eines Todkranken.

Alle betroffenen Personen haben ihre eigenen Probleme, Ängste und Fragen.

Über den Umgang mit dem Verlust eines geliebten Menschen hinaus sehen wir uns einem Durcheinander von widerstreitenden Gefühlen ausgesetzt, die durch die Konfrontation mit der menschlichen Begrenztheit und Sterblichkeit ausgelöst wurden. Wie konnte das geschehen? Ich fühle mich so ohnmächtig. Wie kann ich helfen? Ich möchte das nicht mit ansehen. Wie ist es, wenn man stirbt? Gibt es ein Leben nach dem Tod? Warum verhalten sich die Menschen um mich herum auf diese Weise? Ich fühle mich verloren und hilflos. Was soll ich tun? Was soll ich sagen?

Kann man diesem vernichtenden Ereignis auch etwas Positives abgewinnen? Kann die verbleibende Zeit genutzt werden, wertvolle Augenblicke des Lebens zu teilen, während man sich gleichzeitig auf den vielfältigen Verlust, den der Tod bringen wird, einstellen muß? Kann diesem Menschen geholfen werden, bis zu seinem Tod wirklich zu leben, um nicht auf Raten sterben zu müssen? Können die Beteiligten an dieser Erfahrung wachsen?

Ja.

Laura hatte als Lehrerin gearbeitet. Nachdem sie in den Ruhestand getreten und ihr erster Mann gestorben war, entschloß sie sich, noch einmal zu studieren. Diesmal war die Welt ihre Universität, und sie löschte ihren Durst nach Wissen und neuen Erfahrungen, indem sie reiste – immer auf der Suche nach neuen Gesichtern und neuen Orten.

In Indien lernte sie Joe kennen, der auch ihrer Reisegruppe angehörte. Als begeisterungsfähiger Witwer von neunundsiebzig Jahren besaß er ein vertrauenerweckendes Funkeln in seinen Augen und hatte den gleichen Reisestil wie Laura. Sie lebten, wie die weit jüngeren Vagabunden, die sie unterwegs trafen, aus dem Rucksack. Sie fühlten sich auf der Stelle zueinander hingezogen, verliebten sich, kehrten nach Hause zurück und verlobten sich, sehr zur Überraschung ihrer erwachsenen Kinder, die sie beide hatten.

Die Hochzeit fand in kleinem Rahmen und auf nette Weise statt. Kinder und Enkel nahmen daran teil. Laura trug einen Sari, den sie in Indien gekauft hatte, und wurde von einem ihrer Enkel geleitet. Sie hatte sich entschlossen, Robbie diese Ehre zuteil werden zu lassen, denn sie wollte eine Art Verbindung mit dessen Mutter herstellen – ihrer Tochter Susan, die im Jahr zuvor im Alter von fünfundvierzig an Brustkrebs gestorben war.

Joes Trauzeuge war sein Sohn. Nach der Trauung taten sich alle an dem indischen Essen gütlich, das in Lauras wertvollem altem russischem Porzellan serviert wurde.

Laura verkaufte ihr Haus und gab fast alle ihre Möbel weg. Joe zog aus der Wohnung aus, die er seit dem Tod seiner Frau bewohnt hatte. Sie mieteten ein Apartment in einer Altenwohnanlage, das nun vollgestopft war mit ihrem Hab und Gut, das früher zwei große Häuser gefüllt hatte. Es galt, den Bauch einzuziehen, um in dem engen Flur aneinander vorbeizukommen, der voll stand mit Schränken, Spiegeln, Abstellregalen und Uhren aus Joes Sammlung. Aber sie waren glücklich, und Laura konnte ihrer Leidenschaft, der Gartenarbeit, nachgehen, indem sie sich auf dem Grundstück der Anlage betätigte.

Kaum hatten sie sich niedergelassen, gingen sie auch schon wieder auf Reisen, diesmal zu zweit. Der einst so öde Aspekt im Leben eines Touristen, sich für Gepäckabgabe, Tickets, Zoll oder für Flugzeuge, Busse und Züge anstellen zu müssen, bot nun Gelegenheit, sich gemeinsam die Zeit zu vertreiben.

Joe war ziemlich vergeßlich, und so war er auf Laura ange-

wiesen, die Organisation und Planung übernahm – eine Rolle, die sie gerne mochte.
Sie mußten eine Reise nach Mexiko aus Anlaß von Lauras dreiundachtzigstem Geburtstag abbrechen, weil sie an Dysenterie erkrankte. Ihr Zustand blieb unverändert, so daß sie der Dehydration wegen ins Krankenhaus eingewiesen werden mußte. Aber Röntgenaufnahmen ließen einen Tumor im Dickdarm erkennen, der sich bei der Operation als bösartig erwies. Die Krebsgeschwulst hatte bereits auf Lauras Leber übergegriffen, und eine aggressive Behandlungsweise war angesichts ihres hohen Alters nicht angebracht. Die Ärzte gaben ihr noch sechs Monate.
Joe konnte diese Nachricht nur schwer verkraften und schien verwirrter als sonst. Laura entschied sich, die verbleibende Zeit zu Hause gemeinsam mit Joe zu verbringen, der eifrig darum bemüht war zu helfen, wo auch immer es möglich war. Sie entschlossen sich, das Hospiz um Hilfe und Unterstützung zu bitten.
In den folgenden vier Monaten geschah nichts. Lauras Beschwerden waren gering und ließen sich leicht mit Medikamenten unter Kontrolle halten. Die Familienangehörigen kamen oft zu Besuch, brachten Mahlzeiten mit oder verbrachten nur einfach die Zeit gemeinsam mit ihr. Stundenlang saßen sie und Joe über den Photoalben mit Bildern von ihren Reisen oder aus früheren Zeiten. Nicht immer waren diese Erinnerungen erfreulich; Bilder von Susan als einer gesunden jungen Frau ließen Laura immer weinen.
»Mütter sollten ihre Kinder nicht überleben«, sagte sie. »Ich vermisse sie so sehr. Ich hätte es statt ihrer sein sollen.«
Dennoch stand Laura ihrer Situation gelassen gegenüber und tat ihr Bestes, um ihre sozialen Kontakte und ihre liebenswürdige Art zu erhalten. Die Diagnose der Unheilbarkeit und ihre zunehmende Abhängigkeit aber begannen Joe zu über-

wältigen. Seine Verzweiflung zeigte sich in seinem Verhalten. Fragte Laura nach einer Schmerztablette, stürzte er mit großem Eifer davon, um sich unterwegs dann von einer Reihe unbedeutender Dinge ablenken zu lassen und die Medizin schließlich zu vergessen.

Lauras Kinder engagierten daraufhin eine Krankenschwester für zu Hause, die schließlich fast genausoviel Zeit und Kraft für Joe wie für Laura aufbrachte.

Sie kamen ganz gut zurecht bis zu dem Morgen, an dem sich Lauras Verhalten veränderte. Sie verweigerte das Bad, das sie sonst genoß, und schien beunruhigt und weit weg. Joe war besorgt, als er unser Hospiz anrief.

Als ich ankam, wartete er schon aufgeregt und ungeduldig an der Wohnungstür auf mich.

»Sie ist ganz anders heute«, sagte er. »Sie sieht uns an – durch uns hindurch, als wären wir gar nicht hier.«

Laura schien unruhig und mit anderen Dingen beschäftigt, während sie am Bettbezug zupfte und mit einem fernen Blick in den Augen in den Raum starrte. Eine kurze medizinische Untersuchung offenbarte keinen ersichtlichen Grund für die Veränderung in ihrem Verhalten.

»Was geht in Ihnen vor, Laura?« fragte ich. »Wo waren Sie?«

»Es wird Zeit, mich einzureihen«, sagte sie.

»Erzählen Sie mir mehr über diese Reihe«, sagte ich. »Ist da jemand, den Sie kennen?«

»Susan steht in der Reihe«, sagte Laura und zeigte ein strahlendes Lächeln, aber ihr Blick blieb in die Ferne gerichtet.

»Wie schön für Sie«, sagte ich. »Wollen Sie sich auch anstellen? Erzählen Sie mir mehr darüber?«

Laura wurde nachdenklich und traurig. Nach einigen Augenblicken fügte sie hinzu: »Aber Joe kann nicht mitkommen.«

Ich spürte, daß sie hin- und hergerissen war. Einerseits woll-

te sie gerne zu ihrer Tochter, die sie so sehr vermißte, andererseits wollte sie bei ihrem Mann bleiben, der sie brauchte.
»Das ist eine schwere Entscheidung für Sie, Laura«, sagte ich. »Sollen wir Joe helfen, sich auf die Zeit vorzubereiten, wenn Sie sich einreihen müssen?«
Laura war sichtlich erleichtert und sagte nur: »Ja.«
Joe war im Wohnzimmer, umgeben von antiken Möbeln und exotischen Erinnerungsstücken von ihren Reisen. Ein halbes Dutzend Uhren tickte um ihn herum, von denen jede eine andere Zeit anzeigte. Ich setzte mich zu ihm aufs Sofa und erzählte ihm von meinem Gespräch mit Laura. Er begann zu weinen.
»Ich weiß, wie schwer das für Sie ist, Joe«, sagte ich. »Was, glauben Sie, will Laura uns mitteilen?«
»Es scheint so, als ob sie davon träumt, Susan zu sehen«, sagte er. »Als ob sie sich vielleicht wiedersehen werden.«
»Was sonst könnte sie uns noch mitteilen?«
»Es klingt, als ob sie den Wunsch hätte, ich könnte mitkommen«, sagte er. »Aber ich kann nicht - vielleicht macht sie sich darüber Sorgen.«
»Gibt es einen bestimmten Grund, warum sich Laura Sorgen machen könnte, Sie zurückzulassen?«
»Ich brauche sie sehr«, sagte er. »Ich nehme an, sie sorgt sich, wie ich ohne sie zurechtkomme.«
»Können Sie sich vorstellen, was Sie tun werden?«
»Ja«, sagte er. »Ich weiß, daß ich nicht mehr so auf Draht bin, wie ich das einmal war, deshalb werde ich zu meinem Sohn ziehen«, Joe fuhr fort, im einzelnen zu erläutern, welche Absprachen er getroffen hatte.
»Ihre Pläne klingen gut«, sagte ich. »Weiß Laura davon?«
Joe sah entsetzt aus. »Sie können doch nicht jemandem, der sterben wird, erzählen, was Sie nach seinem Tod machen werden!« sagte er.

Ich deutete an, daß Laura vielleicht genau dies hören wollte, damit ihre Qual darüber, ihn verlassen zu müssen, ein Ende hatte.
Joe beugte sich nach vorne, die Ellbogen auf seinen Knien. Das Gesicht war von Traurigkeit überzogen.
»Es fällt mir so schwer, darüber zu sprechen«, sagte er. »Ich möchte noch nicht einmal darüber nachdenken. Es ist das Schlimmste, was ich mir vorstellen kann …«
Ich ließ ihn noch weiter über seine Gefühle und Anliegen sprechen und wiederholte dann meine Überlegungen dazu, daß Laura sicher sein wollte, daß er versteht, was mit ihr passierte.
Joe hing wieder seinen Gedanken nach, und ich mußte ihn freundlich daran erinnern, worüber wir sprachen. Mehrere Male stand er plötzlich auf, als ob er die Unterhaltung abbrechen wollte, schien dann aber zu erkennen, daß es für ihn in diesem überfüllten Raum keinen anderen Platz gab, und setzte sich wieder hin.
Schließlich war Joe in der Lage, ins Schlafzimmer zu gehen, sich neben Laura zu setzen und ihre Hand zu halten. Tränen liefen über seine Wangen, als er ihr von seinen Plänen erzählte und ihr sein Einverständnis gab, sterben zu dürfen.
»Ich kann kaum ertragen, daß dies alles geschieht, aber ich weiß, daß du gehen mußt«, gestand er ihr. »Ich bin sicher, du hast dir Sorgen um mich gemacht, aber ich verspreche dir, daß es mir gutgehen wird. Ich werde dir von meinen Plänen erzählen, damit du beruhigt bist.«
Joe beschrieb, was er nach ihrem Tod zu tun gedachte. Er würde die Winter bei seinem jüngsten Bruder in Florida verbringen und im Sommer bei der Familie seines Sohnes im Norden sein. Beide Häuser hatten Gärten, und Joe kündigte Laura an, daß er hart dafür arbeiten werde, sie so schön zu gestalten, wie sie selbst das getan hätte.

»Und ich werde alles daransetzen, an alle Kindergeburtstage zu denken, sowohl von meinen Enkeln als auch von deinen!« sagte er und gab seiner Frau einen Kuß.
Nach diesem Gespräch war Laura nicht länger in Gedanken verloren und unruhig. Sie wurde ganz friedlich und blieb es, bis sie wenige Tage später starb, während Joe unter Tränen ihre Hand hielt.
Andeutungen wie die von Laura – »Es wird Zeit, mich einzureihen« – tauchen häufig auf, wenn jemand dem Tod nahe ist. Leicht können solche Bemerkungen als »Verwirrung« abgetan und nicht genügend beachtet werden. Hätte Joe so gehandelt, er hätte die folgenden wichtigen Botschaften versäumt:

- Ich bereite mich darauf vor, bald zu sterben.
- Ich werde Susan wiedersehen.
- Ich möchte wissen, daß Joe mein Weggehen verstehen kann und darauf vorbereitet ist.
- Ich möchte sicher sein können, daß es ihm gutgehen wird, wenn ich nicht mehr da bin.

Joes ehrliche Antwort linderte Lauras Schmerzen, nicht die körperlichen Schmerzen, aber die emotionalen und seelischen. Nachdem Joe seine Pläne erläutert und sich verabschiedet hatte, konnte sie ihre letzten Tage ohne Angst erleben. Sie hatte die Gewißheit, die sie brauchte, um friedlich sterben zu können.
Sterbende bedienen sich häufig einer sehr symbolhaltigen Sprache, die an ihre Lebenserfahrung erinnert. Laura und Joe hatten sich auf einer Reise kennengelernt. Sie mußten sich in ihrem Leben oft für Tickets, Gepäck oder Ausweise anstellen. Ihre Andeutung verwies darauf, daß sie sich nun für ihre nächste Reise vorbereiten mußte, indem sie sich mit Susan

zusammen einreihte – eine Reise, bei der sie ihn nicht mitnehmen konnte.
Für Joe bedeutete es Lauras letzte Zuwendung, daß sie sich um sein Wohlergehen kümmerte, daß sie nicht allein sterben mußte und Susan wiedersehen würde.
Nach Lauras Beerdigung sagte Joe: »Ich weiß, sie wird mich erwarten, wenn ich eines Tages sterben werde, so, wie Susan sie erwartet hat.« Der Umgang mit Lauras Tod hat auch Joes Haltung dem eigenen Tod gegenüber verändert.

Auch Sie können jenen Einblick und das Verständnis gewinnen, die Sie brauchen, um der Trauer und dem Schmerz über den Verlust eines Nahestehenden etwas Gutes abzugewinnen. Was Sie aus diesem Buch, und von Sterbenden selbst, erfahren, wird Sie Ihr Leben lang begleiten.
Wir sind keine Wissenschaftler oder Philosophen; wir sind Krankenschwestern, die sich entschieden haben, mit todkranken Menschen zu arbeiten. Den Stoff für dieses Buch haben unsere besten Lehrer selbst geliefert – unsere sterbenden Patienten, die uns vermittelt haben, wie sie ihr eigenes Sterben empfanden. Was wir erfahren haben, ist so aufregend und tröstlich, daß es unser Leben verändert hat. Wir haben dieses Buch geschrieben, um diese Erfahrung mit Ihnen zu teilen.
Unsere Absicht war es nicht, eine neue Theorie über außergewöhnliche Mitteilungen von Sterbenden zu entwickeln. Wir waren einfach nur bei der Sache, mit allen unseren Sinnen. Wir laden Sie nun ein, Verstand und Herz zu öffnen für die tröstlichen letzten Mitteilungen Sterbender.

I
TODESBEWUSSTSEIN: EINFÜHRUNG UND HINTERGRUND

Kapitel zwei

Todesbewusstsein. Eine Einführung

Mit Würde aus dem Leben gehen eignet sich für jeden, der eng mit einem Sterbenden verbunden ist oder sein wird – für Familien und Freunde, für das Pflegepersonal und für Sterbende selbst. Diejenigen, die sterben, und diejenigen, die sich um sie kümmern, können sich einander liebevoll zuwenden. Stirbt jemand, den Sie lieben, so tritt diese Zuwendung hinter Leid, Schmerz und Verlust leicht zurück. Ein Sterbender gewährt jedoch klärende Auskunft und Trost. Dafür können jene, die bei ihm sind, ihn beruhigen und ihm helfen, die Bedeutung seines Lebens zu erkennen.

Was wir mit »Todesbewußtsein« bezeichnen, ist ein außergewöhnliches Wissen – und manchmal auch eine Kontrolle – über den Prozeß des Sterbens. Das Todesbewußtsein bietet Aufschluß darüber, wie es ist zu sterben und was vonnöten ist, um in Frieden sterben zu können. Es entsteht immer dort, wo jemand langsam stirbt. Die Versuche sterbender Menschen, ihre Erfahrungen zu beschreiben, können leicht mißverstanden oder ignoriert werden, weil die Mitteilungen unklar und unerwartet sind oder in symbolischer Sprache Ausdruck finden. In den letzten Stunden, Tagen oder Wochen ihres Lebens äußern sich Sterbende mit Aussagen oder Gesten, die keinen Sinn zu ergeben scheinen. Familienmitglieder oder Freunde zeigen dann vielleicht Reaktionen wie »Ihr Verstand ist wirr« oder »Er weiß nicht mehr, wie ihm geschieht«. Nicht selten sprechen Außenstehende, wenn auch wohlwollend, von sterbenden Menschen als »außer sich« oder »verrückt« oder »nicht mehr ganz zurechnungsfähig«. Fachleute aus dem medizinischen Sektor, vor allem Ärzte und Krankenschwestern, bezeichnen diese scheinbar unlogischen Äußerungen häufig als »Desorientierung« oder »Halluzination«.

Familienangehörige, Freunde und Fachleute reagieren nicht selten mit Niedergeschlagenheit und Verdruß. Vielleicht versuchen sie, den Patienten aufzuheitern, und verhalten sich dabei manchmal so, als hätten sie es mit einem Kind zu tun. Vielleicht versuchen sie auch, der Desorientierung mit Medikamenten Einhalt zu gebieten.

Diese Reaktionen dienen aber lediglich dazu, die Distanz der sterbenden Menschen zu ihren Vertrauten zu vergrößern, und lassen in ihnen ein Gefühl der Isolation und Befremdung entstehen. Wie auch immer man diese Versuche der Kommunikation bezeichnet oder wie man sich zu reagieren entscheidet, niemand hört den sterbenden Menschen noch wirklich zu.

Doch es gibt eine andere Möglichkeit.

Indem wir den Sterbenden gegenüber aufgeschlossen sind und ihnen aufmerksam zuhören, können wir ihre Botschaften zu verstehen beginnen, die sie uns in Symbolen oder Anspielungen vermitteln. So kommen wir oft in die Lage, wichtige Mitteilungen zu entschlüsseln, um so einem sterbenden Menschen die Furcht und die Verzweiflung zu nehmen. Indem sie versuchen zu verstehen und dadurch bewußter am Ereignis des Sterbens teilnehmen, können Familienangehörige und Freunde ihrerseits Trost finden. Sie können zudem auch erkennen, wie sich der Umgang mit dem Sterbenden darstellt und was einem friedlichen Sterben dienlich ist. Sie werden diese neue Erkenntnis weitertragen und nach dem Tod eines geliebten Menschen immer wieder Trost darin finden, auch indem sie sich fortwährend dieser Thematik, die den eigenen Tod einschließt, stellen. Wenn sie

für die Mitteilungen und die Bedürfnisse von Sterbenden sensibler werden, können Fachleute bessere Hilfe gewähren und für sich selbst größere Zufriedenheit gewinnen.
Langjähriger Umgang mit sterbenden Menschen und die Erfahrung vieler hundert Gespräche ermöglichten es uns, einige immer wiederkehrende Themen zu erkennen. Sie lassen sich in zwei Bereiche einteilen: auf der einen Seite der Versuch mitzuteilen, was jemand empfindet, wenn er stirbt, auf der anderen die Bitte um etwas, das für sein friedliches Sterben benötigt wird.
Die Auseinandersetzung mit dem Sterben eröffnet nicht selten den Blick auf eine andere Welt und auf jene, die dort warten. Obwohl sie aber nur wenige Einzelheiten erwähnen, sprechen die Sterbenden mit Ehrfurcht und voller Bewunderung über den Frieden und die Schönheit, die sie an diesem anderen Ort erkennen. Sie erzählen davon, daß sie mit Menschen gesprochen oder deren Anwesenheit gespürt haben, die wir nicht sehen können – möglicherweise Menschen, die sie gekannt und geliebt haben. Sie wissen, häufig ohne daß mit ihnen darüber gesprochen wurde, daß sie sterben werden, und geben vielleicht sogar Auskunft über den Zeitpunkt des Todes.
Es ist manchmal nicht einfach, die Wünsche sterbender Menschen zu entschlüsseln. Die Erkenntnis über die Bedeutsamkeit dieser Wünsche, zusätzlich zu der Sorge um Familie und Freunde, läßt in Sterbenden ein Verlangen aufkommen, Zeitpunkt und Umstände des Todes so lange zu kontrollieren, bis diese Bedürfnisse erfüllt sind. Häufig ist in diese Wünsche noch eine andere Person mit eingeschlossen, vielleicht um eine Beziehung entstehen zu lassen oder wieder in Ordnung zu bringen.
Solche Botschaften weisen eine universale Verwandtschaft auf. In vielen Kulturen wurden über Jahrhunderte hinweg

Aspekte des Sterbens festgehalten, die Beobachtungen über den veränderten Bewußtseinszustand, über mystische Anwandlungen und über Totenbettvisionen einschlossen. Wissenschaftler sind auf exakte Übereinstimmungen von Totenbettvisionen in ganz unterschiedlichen Gesellschaften gestoßen. Die Literatur bietet viele Beschreibungen von Visionen sterbender Menschen, die in der Regel als Zeichen eines bevorstehenden Todes gedeutet werden.

Das Todesbewußtsein schließt häufig Visionen über Nahestehende oder über spirituelle Wesen ein, zeugt aber nicht zwangsläufig von einem direkt bevorstehenden Tod. Sterbenden Menschen mögen Personen aus dem religiösen Bereich erscheinen, mit denen sie sprechen. Sie mögen sich geborgen, beruhigt und geliebt fühlen. Einige sehen ein helles Licht oder einen anderen Ort. Manche reflektieren über ihr Leben und erkennen eine größere Bedeutung darin. Das Wissen, daß sie sterben werden, erfüllt sie nicht mit Angst. Eher äußern sie Sorge um diejenigen, die zurückbleiben werden.

Dies ähnelt auf eine bestimmte Weise der Erfahrung, die direkte Todesnähe zu erleben, einem Phänomen, über das Menschen berichtet haben, die als klinisch tot galten, also weder Herzschlag, Atmung noch Blutdruck zeigten oder andere Lebenszeichen von sich gaben, und die wiederbelebt wurden. Wissenschaftler haben gezeigt, daß diese Menschen über auffallend übereinstimmende Erlebnisse berichten – die Reise durch einen Tunnel, helles Licht, das Zusammentreffen mit erkrankten Familienmitgliedern oder Freunden, das Empfinden der Gegenwart eines höheren Wesens, die Erfahrung, das Leben Revue passieren zu lassen, das Empfinden von Harmonie oder Schmerzerlösung.

In diesen Momenten können außerkörperliche Erfahrungen gemacht werden, Erfahrungen also, in denen eine Person aus ihrem physischen Körper austritt. Auch veränderte Lebensbedingungen, wie Streßsituationen, führen gelegentlich dazu. Später werden diese Menschen von Dingen erzählen, die aus der Position ihres Körpers nicht sichtbar waren. Sie werden Gespräche wiedergeben, die irgendwo weit weg stattgefunden haben, oder Orte beschreiben, die sie nicht kannten.

Todesbewußtsein und das Erleben direkter Todesnähe weisen Ähnlichkeiten auf, unterscheiden sich aber auch in wesentlichen Merkmalen. Das Erleben direkter Todesnähe taucht ganz plötzlich auf, etwa als Folge der Angst zu ertrinken, eines Herzanfalls oder eines Verkehrsunfalls. Das Todesbewußtsein dagegen entwickelt sich bei jenen Menschen, die langsam an einer fortschreitenden Krankheit wie Krebs, Aids oder Lungenleiden sterben. Für sie geht der Prozeß, diese Welt zu verlassen und eine andere zu entdecken, allmählich vor sich. Sie haben nicht das Gefühl, von einem Augenblick zum anderen von dieser in eine andere Welt zu gehen, um gleich wieder zurückgeworfen zu werden. Sie bleiben vielmehr mit ihrem Körper verbunden, während sie sich einer übergeordneten Dimension bewußt werden. Ganz offensichtlich gleiten die sterbenden Menschen eher zwischen beiden Welten hin und her, als daß sie einen abrupten Wechsel erfahren würden. Ihr Leben zeigt sich ihnen weniger in einer blitzartigen Rückblende. Vielmehr haben sie die Möglichkeit, ihr Leben zu reflektieren und festzustellen, was noch zu tun bleibt, bevor sie sterben. Im Unterschied zu den klinisch Toten erwecken die Menschen mit diesem Todesbewußtsein nicht den Eindruck, tot zu sein; unter Umständen vollzieht sich noch nicht einmal eine sichtbare oder ungewöhnliche körperliche Veränderung. Puls und Blutdruck lassen sich messen, die Atmung funktioniert. Vor allem aber sind sie in der Lage zu sprechen. Vielleicht versuchen sie zu beschreiben, wie es ist, gleichzeitig an zwei Orten zu sein oder irgendwo dazwischen. Ihre Beschreibungen bieten für uns einzigartige Möglichkeiten, Neuland zu betreten und daran teilzuhaben, indem wir auf ihre Bedürfnisse und Wünsche eingehen und uns vorzustellen versuchen, wie es für sie ist zu sterben und vielleicht auch, wie es für uns einmal sein wird.

Aus vielerlei Gründen übersehen oder mißverstehen Außenstehende die Versuche sterbender Menschen, über ihr Todesbewußtsein zu sprechen.
Pflegepersonal und Ärzte sowie Familien mögen das, was sie zu hören und zu sehen bekommen, als Verwirrung bezeichnen – wissenschaftlicher ausgedrückt als Geisteszustand, der durch Verworrenheit oder Desorientierung charakterisiert ist, sowie durch unangemessene Reaktionen auf Stimuli. Wirklich verwirrte Menschen können von Schwachsinn heimgesucht sein, einer erworbenen, in der Regel fortschreitenden Geistesstörung, die nicht mit dem Sterben in Verbindung stehen muß. Der Patient kann sich, möglicherweise als Folge eines Fiebers oder einer Medikamentenunverträglichkeit im Delirium befinden. Die Verwirrung kann als Folge eines physiologischen Zustandes auftreten, wenn zum Beispiel der Kalziumwert im Blut zu hoch ist oder das Gehirn mit zu wenig Sauerstoff versorgt wird. Einige dieser Symptome können behandelt oder zumindest beobachtet werden.
Sterbende Menschen, die verwirrt wirken, brauchen von diesen Problemen nicht betroffen zu sein. Was auch immer der Grund für die Verwirrung sein mag, das sogenannte wirre Gerede eines Sterbenden mag von großer Bedeutung sein. Verworrenheit und Konfusion des Sterbenden mögen von der außergewöhnlichen und unerwarteten Erfahrung des

Sterbens herrühren. Und häufig fördern diejenigen, die sich um die sterbenden Menschen kümmern, diesen Zustand. Familienangehörige und Pflegepersonal ordnen das, was sie hören, den Träumen oder Erinnerungen eines Sterbenden zu. Zwar können die Träume dieser Menschen wichtige Mitteilungen enthalten, besonders was ihre Gefühle angeht. Dennoch wissen Sterbende genau zwischen Todesbewußtsein und Träumen zu unterscheiden. Manchmal beginnen sie ihre Beschreibungen mit Sätzen wie »Ich hatte einen Traum, aber es war eigentlich kein Traum ...«

Menschen, die direkte Todesnähe erlebt haben, können häufig nicht in Worte fassen, was sie gesehen haben. Nach einer schweren Herzattacke sagte Carl Gustav Jung: »Es ist unmöglich, die Schönheit und die Intensität zu beschreiben ...«

Eine unserer Kolleginnen, die direkte Todesnähe erlebt hatte, als es nach einem chirurgischen Eingriff zu lebensbedrohenden Komplikationen gekommen war, hatte die gleichen Schwierigkeiten.

»Mir fehlen die richtigen Worte«, sagte sie. »Diese Erfahrung war so eindringlich. ›Grenzenlos‹ trifft vielleicht noch am ehesten zu.«

»Ist unsere Sprache zu begrenzt, um dieses grenzenlose Erlebnis in Worte zu fassen?« fragten wir.

»Ja«, sagte sie. »So ist es.«

Ähnlich muß es denjenigen ergehen, die vom Todesbewußtsein ergriffen sind. Weil ihnen die Worte fehlen, hüllen sie ihre Botschaften in eine symbolische Sprache, die schwer verständlich ist.

Vertraute Ausdrücke, Gesten oder sogar Gegenstände dienen als mögliche Metaphern. Indem man die Aussagen eines Sterbenden vor dem Hintergrund seines gewöhnlichen Lebens betrachtet, fällt es leichter zu verstehen, was er uns mitteilen möchte.

Sind wir aber auf solche Botschaften nicht eingestellt, so können wir sie leicht übersehen. Nur wenige unter uns glauben wirklich, daß uns ein todkranker Mensch tatsächlich noch etwas beibringen kann. Überwältigt von dem Gefühl der Traurigkeit oder verzweifelt über die Verschlechterung des Zustands eines Nahestehenden, entgehen den Familien und Freunden nicht selten seine Botschaften. Sosehr sie auch unter dem Anblick leiden, wie sich ein geliebter Mensch mit Schmerzen, Übelkeit oder Gewichtsverlust quält, noch schwerer fällt es, seine Verworrenheit zu akzeptieren. Diejenigen, die Todesbewußtsein als »Verwirrung« bezeichnen, bringen nicht nur sich selbst um die Möglichkeit, von Sterbenden zu lernen, sie vergrößern auch noch die Beklommenheit bei Familien und Freunden.

Mitarbeiter im Pflegebereich, die Meister darin sind, medizinische Probleme zu handhaben, sind möglicherweise nicht gleichermaßen in der Lage, sich eine Veränderung der mentalen oder emotionalen Verfassung eines sterbenden Menschen zu erklären. Sie wollen durchaus helfen, wissen aber nicht, wie. Das kann zu zusätzlicher Enttäuschung der Familienangehörigen führen, die ohnehin schon voller Unbehagen und sogar Angst sind. Sie wissen nicht, was sie sagen oder tun, nicht, wie sie sich verhalten sollen.

Mit Würde aus dem Leben gehen beinhaltet Informationen und Vorschläge, die Sie in die Lage versetzen werden, von Sterbenden zu lernen und Ihr Verständnis für die Auseinandersetzung mit dem Sterben zu schulen. Sie brauchen weder Krankenschwester oder Arzt zu sein noch eine medizinische Ausbildung zu haben, um einem todkranken Freund oder Angehörigen zu helfen. Im Gegenteil können sich Familienmitglieder und Freunde häufig besser auf die symbolische Sprache und Gestik einstellen, die unter Umständen mit dem Todesbewußtsein einhergehen.

Noch etwas muß beachtet werden: Obwohl viele der Fallgeschichten in diesem Buch aus unserer Arbeit im Hospiz stammen, offenbaren sich diese Erfahrungen keineswegs nur dort stationierten Patienten. Einige der Sterbenden, die uns ihre Erfahrungen mit dem Todesbewußtsein geschildert haben, wurden durch offene Sozialstationen betreut, einige waren im Krankenhaus, andere zu Hause. Einige gehörten zu unseren Patienten, andere waren unsere Freunde. Wesentlich ist nicht die äußere Form der Betreuung, sondern vielmehr das Interesse und Mitgefühl sowie die Bereitschaft, zuzuhören und Aufmerksamkeit zu schenken.

Die Lektüre von *Mit Würde aus dem Leben gehen* wird Sie herausfinden lassen, wie man einem sterbenden Menschen zuhören kann, wie man auf Gesten und Andeutungen so reagieren kann, daß entfremdende und frustrierende Antworten vermieden werden. Sie werden lesen, daß man auf eine Weise mit Sterbenden umgehen kann, die Trost und Frieden und sogar Freude mit sich bringt. Auch Sie selbst werden Frieden und Trost ebenso wie ein stärkeres Bewußtsein für die Macht, die der Sterbende noch im Tode besitzt, gewinnen.

Kapitel drei

Die Anfänge

Wer mit todkranken Menschen und ihren Familien arbeitet, wird immer wieder nach dieser scheinbar trübsinnigen und zermürbenden Art der Arbeit gefragt. »Wie hältst du das aus?« »Ist das nicht deprimierend?«

In Wirklichkeit aber führt unsere Arbeit zu äußerster Zufriedenheit, Erfüllung und sogar Freude. Wie ist das möglich? Ein Teil der Antwort liegt darin, daß wir Parallelen zwischen Geburt und Tod sehen, zwischen dem Eintritt in diese Welt und dem Weggehen. Diese Auffassung ermöglicht es uns, den tieferen Sinn unserer Aufgabe wahrzunehmen.

Als Krankenschwestern, die mit Sterbenden arbeiten, sehen wir uns als Ergänzung zu Geburtshelfern und Hebammen, die dabei helfen, ein neues Leben aus dem Mutterschoß auf die Welt zu bringen. Am anderen Ende des Lebens wollen wir dazu beitragen, den Übergang vom Leben zum Tod und darüber hinaus, was auch immer dort existieren mag, zu erleichtern.

Unsere Botschaft an die Patienten und deren Familien, mit denen wir arbeiten, lautet: »Wir wissen einiges über diesen Prozeß und wollen dieses Wissen gerne auf Sie und Ihre persönlichen Eigenheiten, Bedürfnisse und Beziehungen übertragen. Gemeinsam können wir aus diesem Erleben das Beste für Sie und Ihre Familie machen.«

In einigen Fällen trafen wir die Menschen, über die Sie lesen werden, im Krankenhaus oder einer offenen Sozialstation. Einige Informationen erhielten wir durch die persönliche Erfahrung Bekannter. In all den Jahren haben wir unser Konzept für die Arbeit mit todkranken Patienten weiterentwickelt.

Es gab Zeiten, in denen Geburt und Tod zu Hause stattfanden, und in einigen Ländern ist das auch heute noch so. Aber in den industrialisierten Ländern des zwanzigsten Jahrhunderts wurden diese Ereignisse von zu Hause ins Krankenhaus verlegt. Geburt und Tod wurden zu medizinischen Vorgängen, die vom Krankenhauspersonal geleitet und protokolliert wurden.
Während der Geburt galt es für die werdende Mutter, Anweisungen zu befolgen bis hin zur Anwendung von Narkose- oder Schmerzmitteln, je nachdem, wie es dem Arzt gerade angebracht schien. Die Väter wurden aus dem Kreißsaal verbannt, und Familienangehörige wurden als Außenstehende, ja sogar als Eindringlinge abgestempelt, an die Informationen nur bruchstückhaft weitergegeben werden konnten.
Viele dieser Einschränkungen gelten auch für die Familien von schwerkranken Patienten, die sich ihrerseits zusätzlich mit der Demütigung auseinandersetzen müssen, als Mißerfolg der Mediziner zu gelten. Ohne zu beachten, was sie damit anrichten, stellen Mitarbeiter einer Station sterbende Patienten in Räumen ab, die so weit wie nur möglich vom Stationszimmer entfernt liegen, und das Pflegepersonal geht dem Läuten der Glocke nur zögerlich nach.
Aber es zeichnet sich eine Veränderung ab. In letzter Zeit haben sich Eltern von Säuglingen immer häufiger über stationäre Praktiken und technologische Forderungen hinweggesetzt. Die Geburt wird wieder als Teil des Lebens gesehen, nicht als Aspekt eines medizinischen Vorgangs. Schwangere Frauen fordern alle Informationen ein, die sie wollen und brauchen, um Schwangerschaft und Geburt zu verstehen – und sie erhalten sie auch. Sie entscheiden selbst, wo sie ent-

binden wollen, wer dabeisein soll und welche Art der Schmerzlinderung, wenn überhaupt, ihnen zuteil werden soll. Väter und ältere Kinder werden in die Aufklärung über die Geburt mit einbezogen und nehmen nicht selten an dem Ereignis teil, das nicht gezwungenermaßen im Krankenhaus und unter Anwesenheit eines Arztes stattfindet. Viele Frauen entscheiden sich, zu Hause zu entbinden, in Anwesenheit eines Geburtshelfers oder einer Hebamme. Findet die Entbindung in der Klinik statt, dann häufig in Räumen, die gemütlicher und heimeliger eingerichtet sind als die herkömmlichen sterilen Kreißsäle.

Wachsende Kontrollmöglichkeiten und der verbesserte Zugang zu Informationen haben zu größerer Beruhigung im Bereich der Geburt geführt. Familienangehörige, die bei der Geburt dabei waren, haben eine ganz besondere Verbindung sowohl zur Mutter als auch zum Kind – eine Nähe, die sich aus dem gemeinsam erlebten eindrucksvollen Augenblick ergibt. Je intensiver sie sich beteiligen und verstehen, desto wahrscheinlicher ist es, daß sie von diesem Ereignis lernen und daran wachsen.

Ebenso fand auch für die Betreuung Sterbender eine Rückbesinnung auf »altmodische« Handhabung statt. Dank der Hospizbewegung verlagerte sich der Schwerpunkt vom professionellen Pflegepersonal und dessen medizinischen Geräten auf diejenigen, um die es wirklich geht – Patienten und persönliche Betreuer, ob nun Familienangehörige oder Freunde. Wie bei der Geburt haben nun die wesentlich Beteiligten Einfluß auf die Pflege des Sterbenden und erhalten so viele Informationen, wie sie wünschen und benötigen. Todkranke Menschen dienen nicht länger als Versuchskaninchen für diagnostische Tests oder Schmerzmittel. Sie werden immer häufiger als Persönlichkeiten geachtet, die über ihr Leben und Sterben selbst bestimmen.

Die meisten Menschen, welche die Wahl haben, entscheiden sich dafür, zu Hause zu sterben. Die meisten Familien ziehen es vor, über den Zustand eines todkranken Patienten wahrheitsgemäß aufgeklärt zu werden. Obwohl die Vorstellung, einen Sterbenden zu Hause zu pflegen, für manchen beängstigend sein mag, fühlen sich doch viele Familien dazu in der Lage. Mit der richtigen Einweisung und Unterstützung können sie sich das notwendige Wissen aneignen, das sie für die Pflege eines Todkranken benötigen. Angesichts der Fortschritte auf dem Gebiet der Schmerzmittel ist es nun auch dem Laien möglich, die Medikation zu handhaben, die dem Patienten Erleichterung verschafft, ohne ihn völlig ruhigzustellen. Die Patienten fühlen sich weniger isoliert und sind weniger ängstlich. Diejenigen, die sie umgeben, fühlen sich später dadurch getröstet, daß sie am Sterben eines geliebten Menschen so intensiv beteiligt waren, wie es ihnen nur möglich war.
Auch wenn der Tod Kummer und Belastung mit sich bringen mag, so kann er dennoch auch als Vervollkommnung gesehen werden. Viele Angehörige sagen: »Es war vielleicht die größte Herausforderung in meinem Leben, aber ich bin froh, daß ich sie angenommen habe.« Oder: »Es beruhigt mich jetzt, nachdem sie gegangen ist, daß wir beide wußten, daß ich alles getan habe, um ihr zu helfen.«

Das Hospiz ist eine wichtige Einrichtung, in der dem Sterbenden besondere Zuwendung zuteil wird. Sie stützt sich auf zwei Grundsätze: Zum einen sollen todkranke Menschen selbst entscheiden können, wie sie die ihnen verbleibende Zeit nutzen wollen. Zum anderen soll diese letzte Zeit so harmonisch und tröstlich wie nur möglich sein.
Das Hospiz hilft auch der Familie und den Freunden, dieses belastende Ereignis auf die erträglichste Weise zu überste-

hen. All die unterstützenden, aber unkonventionellen Beziehungen heute zeigen, daß Blutsverwandtschaft oder Ehe nicht unbedingt für jeden die intensivste Bindung bedeutet. Unsere Auffassung von Familie, so, wie sie in diesem Buch vermittelt wird, schließt all jene Menschen ein, die der Patient als zu sich gehörig ansieht.
Die meisten Hospizpatienten verbringen ihre letzten Tage nicht in einer stationären Umgebung wie etwa einem Pflegeheim oder Krankenhaus, sondern zu Hause. Dennoch bleibt die stationäre Versorgung, sollte sie entweder in einer der Einrichtungen des Hospizes oder im Krankenhaus oder Pflegeheim notwendig werden, jederzeit gewährleistet.
Die Aufgabe, die in einem Hospiz erfüllt wird, geht weit über die Funktion einer Örtlichkeit hinaus, an der Sterbende geschultes Personal erwartet, an der alle für sie notwendigen Geräte vorhanden sind und an der sie die optimale medizinische Versorgung erhalten. Vielmehr ist eine ganz auf die speziellen Bedürfnisse des einzelnen ausgerichtete Betreuung oberstes Gebot für alle Hospizmitarbeiter. Sie sehen ihre Arbeit nicht einfach als Broterwerb, sondern erkennen eine Philosophie dahinter, die eine tiefgreifende Wirkung auf unser eigenes Leben und das unserer Patienten hat.

Die Hospizbewegung ist uralt und modern zugleich; ihr liegt die Idee einer Art Herberge für Reisende zugrunde, welche die Reise vom Leben in den Tod erleichtern soll.
Im Mittelalter galt das Hospiz als ein Ort, wo Reisende oder Pilger absteigen konnten, um sich auszuruhen, etwas zu essen, sich zu schützen. Oder aber sie konnten um Hilfe bitten, wenn sie erschöpft und krank waren oder im Sterben lagen. Es gab Hunderte von Hospizen überall in Europa und auf dem Weg ins Heilige Land. Zu Beginn des neunzehnten Jahrhunderts gründeten die Barmherzigen Schwestern

Irlands einige Hospize in Irland und England. In einem dieser Hospize, dem Hospiz St. Joseph in London, begann die britische Ärztin Cecily Saunders jene Arbeit, die schließlich zur Grundlage der heutigen Hospizbewegung wurde.
1960 führte Dr. Saunders dieses neue Konzept der Fürsorge für Patienten ein – ein Hospiz wie jene im Mittelalter, aber gedacht als ein Ort »der Fürsorge für die Sterbenden auf der metaphysischen Reise von dieser Welt in die nächste«. Ihr Ansatz verband liebevolle, mitfühlende Betreuung mit einem differenzierten medizinischen Eingreifen, das sich eher auf palliative Pflege, also Erleichterung der Symptome, verlegte als auf kurative Pflege, also Behandlungen oder Prozeduren, die eine Krankheit oder einen bestimmten Zustand aufhalten oder rückgängig machen sollen. 1967 schließlich eröffnete Dr. Saunders in einem Londoner Vorort das Hospiz St. Christopher, das zum Keim einer weltweiten Hospizbewegung wurde.
»Sie bedeuten etwas, weil es Sie gibt«, pflegte Dr. Saunders den sterbenden Menschen zu sagen. »Sie bedeuten etwas bis zum letzten Augenblick Ihres Lebens. Wir werden alles daransetzen, es Ihnen zu ermöglichen, so friedlich wie möglich zu sterben, aber auch bis zum Ende wirklich zu leben.«
Ungefähr zur gleichen Zeit begannen die Arbeit und die Veröffentlichungen der amerikanischen Psychiaterin Elisabeth Kübler-Ross, unsere Haltung dem Tod und dem Sterben gegenüber so zu verändern, daß schließlich auch dort die Hospizbewegung ihre Anfänge nahm und zu blühen begann. Bei einem Symposium der Yale University 1959 wartete Dr. Kübler-Ross mit einer Veröffentlichung auf, in der sie beschrieb, wie sehr sterbende Patienten, selbst bei bester medizinischer Betreuung, litten.
In der Regel von anderen Patienten abgeschieden, häufig extrem ruhiggestellt und dennoch unter Schmerzen, wurden

die Sterbenden selten in Entscheidungen über auferlegte Behandlungsmethoden einbezogen. Die Versuche, Krankheitsverlauf und Behandlung aufzuzeichnen, wollten kaum enden. Die Patienten wurden häufig lediglich als Bündel medizinischer Symptome oder einfach als Mißerfolg des medizinischen Systems behandelt. In diesem Expertengehabe aber ging ein Mensch mit all seinen Ängsten, Fragen, Wünschen, Bedürfnissen und Rechten verloren. Diese Thematik hat Dr. Kübler-Ross in ihrem 1961 erschienen Buch *Interviews mit Sterbenden* ausgeweitet und damit für die breite Öffentlichkeit eine neue und andere Beurteilung der Todkranken zugänglich gemacht.

Weil die Hospizbewegung noch relativ jung ist und sich die Rolle der Schwestern stark von derjenigen einer Schwester im Krankenhaus unterscheidet, fällt es vielen Menschen nicht leicht, die Arbeit zu verstehen. Die Hospizschwester ist Teil einer interdisziplinären Gemeinschaft von Ärzten, Krankenschwestern, Sozialarbeitern, Geistlichen und Freiwilligen sowie weiterer Spezialisten wie Ernährungswissenschaftlern, Heilgymnasten oder Atemtherapeuten, die je nach Bedarf eingesetzt werden. Sie alle haben zwei Schlüsselfunktionen, zum einen die Fürsorge für den Patienten, zum anderen für dessen Familie. Sie bringen den Familienangehörigen und Freunden bei, wie sie die Pflege eines Patienten zu Hause am besten planen und durchführen können, und bereiten sie auf die Veränderung des Zustandes eines Patienten vor. Sie beurteilen auch, ob diese Betreuer physische und psychische Unterstützung erhalten, die diese extreme Aufgabe häufig erfordert. Nach dem Tod dann werden die Betreuer und Familienangehörigen bei ihrer Trauer begleitet.
Die Entwicklung hin zur Pflege zu Hause setzte voraus, daß viele Geräte und Behandlungsmethoden, die zuvor nur im

Krankenhaus zur Verfügung standen – professionelles Überwachen der lebenswichtigen Körperfunktionen oder die Verabreichung intravenös gespritzter Schmerzmittel zum Beispiel –, nun auch zu Hause zugänglich waren. Dadurch konnten die Patienten in der Umgebung bleiben, die sie am wenigsten ängstigte und die ihnen am angenehmsten schien. Hier wurden sie von Familienangehörigen umsorgt, die ihrerseits Rat von Mitarbeitern des Hospizes einholen konnten. Ärzte und Krankenschwestern haben an allen Abenden, Wochenenden und Feiertagen Bereitschaftsdienst.

Die Hospizschwestern, die Hausbesuche durchführen, gehören zwar auch zum Team, sind aber die meiste Zeit auf sich gestellt, wenn sie jeden Tag sechs bis zehn Patienten betreuen. Ein Hausbesuch nimmt ein bis zwei Stunden in Anspruch. Häufigkeit und Dauer hängen davon ab, wie gut der Patient und die Familie zurechtkommen. Zu Beginn kommen die Schwestern zwei- oder dreimal jede Woche. Steht der Tod ganz nah bevor, schauen sie öfter, in manchen Fällen täglich vorbei.

Dabei wird die Grundidee des Hospizes nie aus den Augen verloren. Den Patienten werden so viele Informationen über körperliche Veränderungen, über den wahrscheinlichen Verlauf ihrer Krankheit sowie über den möglichen Vorgang des Sterbens mitgeteilt, wie sie nur wünschen. Nichts wird irgend jemandem aufgezwungen. Die Pflege wird nicht von professioneller Zweckmäßigkeit bestimmt, sondern von den Patienten selbst.

Natürlich können bei vielen tödlichen Krankheiten Geschwindigkeit und Intensität, mit denen sie fortschreiten, sowie Grad der physischen Verschlechterungen und Schwere der Symptome lediglich in erträglichen Maßen gehalten werden. Um aber dem Eindruck entgegenzuwirken, daß ihre körperliche Verfassung außer Kontrolle geraten sei, ermutigt das Hospiz die Patienten nicht selten, die Medikation, die Behandlungen und sogar die Stätte ihres Todes selbst zu bestimmen. Das Gefühl der Kontrolle ermöglicht es ihnen, aus ihren letzten Tagen das Beste zu machen.

Im Hospiz soll die Beobachtung von Symptomen dazu beitragen, das Leiden zu verringern und Wohlbefinden auf vier Ebenen zu ermöglichen, nämlich auf einer körperlichen, emotionalen, sozialen und geistigen Ebene. Körperliche Beschwerden können ganz fürchterlich sein, aber mit sorgfältiger Einschätzung und der richtigen Behandlung scheint ein Entgegenwirken noch am leichtesten möglich zu sein. Schmerz kann gelindert und Übelkeit überwunden werden. Verstopfung kann behandelt werden. Die anderen Komponenten dagegen können sich als diffiziler darstellen und schließen unter Umständen auch andere Menschen mit ein.

Krankheit bewirkt emotionales Unbehagen: Depressionen, Wut, Sorge, Angst – die ganze Bandbreite von Gefühlen, die sich bei einem bevorstehenden Tod einstellen. Wie geht ein Patient mit diesen Gefühlen um? Welche Art der Unterstützung braucht er?

Unheilbare Krankheiten bewirken auch Irritationen für das soziale Gefüge. Beziehungen zu anderen Menschen geraten durcheinander. Ist ein Ehepartner oder ein Elternteil überwältigt von Traurigkeit? Ist ein Kind irritiert, verärgert oder geängstigt durch die Veränderungen, die bei dem sterbenden Menschen vor sich gehen? Ziehen sich Freunde zurück, weil sie nicht wissen, was sie tun oder sagen sollen? Fühlt sich der Patient oder die Familie zurückgewiesen oder verlassen?

Geistige Disharmonie schließlich ergibt sich aus der Wirkung, die unsere so spürbare Vergänglichkeit auf den Patienten und die Familie hat. Fragt der Patient nach dem Sinn des Lebens? Fragt er sich, was Leben und Tod bedeuten? Gibt es ein Leben nach dem Tod? Wenn ja, wie sieht es aus? Für religiöse Menschen werden Fragen nach Gott oder einer höheren Wesenheit auftauchen. »Warum läßt Er das mit mir und meiner Familie geschehen? Wie kann Er solches Leid zulassen?« Zweifel am Glauben, der bislang geistigen Rückhalt gewährt hat, entstehen.

Die Möglichkeit, auf relativ einfache Weise einzuwirken, wie das bei körperlichem Schmerz der Fall ist, ist in diesem Bereich des Sich-unwohl-Fühlens nicht gegeben.

Emotionale, soziale und geistige Anzeichen sind nicht nur versteckter und somit schwieriger festzustellen und zu behandeln, sie können sich zudem durch die Persönlichkeitsstruktur eines Patienten oder den Lebensstil einer Familie komplizieren. Medikamente sind in hohem Maß darauf eingerichtet, mit großer Genauigkeit auf eine bestimmte Körperfunktion oder Krankheit einzuwirken. Aber Patient und Familie existieren als eine Einheit. Sie wirken aufeinander, bemühen sich gemeinsam und geraten so leicht in ein komplexes Wirrwarr von Verzweiflung und Sorge.

Der Ausweg aus diesem Labyrinth erfordert Aufmerksamkeit und die Bereitschaft, zuzuhören und zu verstehen. Sterbende Menschen teilen sich auf wundersame, manchmal befremdliche Weise mit. Es erfordert Beständigkeit und Einfühlungsvermögen, ihre Botschaften zu erfassen und zu entschlüsseln, die sich in Gestik und Mimik, in Allegorie und Symbolik darstellen können. Unglücklicherweise werden diese Botschaften oft versäumt oder fehlinterpretiert. Wir sind dem nachgegangen und haben *Mit Würde aus dem Leben gehen* geschrieben, um diese Situation möglichst zu verbessern.

Unsere Vertiefung in die Thematik des Todesbewußtseins begann in einer Mittagspause bei einem Gespräch mit Mitarbeitern. Solche Diskussionen kreisten häufig darum, daß sich todkranke Menschen um ein Gespräch bemühen, und um die Schwierigkeiten von Mitarbeitern, diese verschlüsselten Botschaften zu verstehen. Jeder wußte eine andere Geschichte zu erzählen über die Versuche ganz verschiedener Patienten, sich verständlich zu machen. An einem ganz bestimmten Tag kristallisierte sich plötzlich eine Übereinstimmung in Sprachmustern und Gestik heraus. Nachdem wir lange Zeit den scheinbar unzusammenhängenden Äußerungen von Patienten zugehört hatten, beschlossen wir, sie zu untersuchen, weil wir spürten, daß sie bedeutende Informationen beinhalteten. Bei der Analyse zeigten sich immer wiederkehrende Themen, die einen Hinweis auf bedeutsame Gesprächsmuster gaben. Wir begannen mit einer Studie, die sich letztendlich auf über zweihundert Fälle stützte.

In jedem einzelnen Fall suchten wir nach gemeinsamen Faktoren, welche die Muster erklären sollten. Litten die Patienten, die sich ähnlich ausdrückten, an der gleichen oder ähnlichen Krankheit, etwa an bestimmten Erkrankungen des Gehirns oder der Knochen, an Leber- oder Nierenversagen, die ein chemisches Ungleichgewicht auslösten und damit wiederum die Wahrnehmung beeinflußten? War das Gehirn eines Patienten für eine bestimmte Zeit mit Sauerstoff unterversorgt, wodurch das Bewußtsein verändert wurde? War das Gleichgewicht von Körperflüssigkeit und Salzen gestört und Ursache für Veränderungen des Verhaltens und der mentalen Klarheit? Standen all diese Menschen unter Einfluß von Medikamenten, Betäubungs- oder Schmerzmitteln etwa, so daß ihre Gedanken auf ähnliche Weise getrübt sein konnten? Jeder dieser Aspekte konnte, so meinten wir, Auslöser für die »verwirrten« Aussagen sein, die unsere Patienten von sich gaben.

Aber was wir gesehen und gehört haben, zeigte keine Übereinstimmungen. Die Krankheiten, an denen unsere Patienten litten, variierten sehr – alle Arten von Krebs, verschiedene Herz- und Lungenkrankheiten, Geburtsfehler, neurologische Leiden, Aids. In einigen Fällen galten die Sauerstoffwerte im Gehirn sowie der Gehalt von Körperflüssigkeit und Salz als völlig normal. Die Medikation unterschied sich vollständig. Manche nahmen überhaupt keine Mittel ein, andere vielerlei. Kurz gesagt, es gab keine einleuchtende physiologische Erklärung für das Kommunikationsmuster.

Spielten Kulturkreis, Geschlecht, Alter oder ethnische Zugehörigkeit eine Rolle? Nein. Unsere Patienten waren Männer und Frauen aller Altersgruppen und entstammten einer Vielzahl von Rassen, ethnischen Gruppierungen und Nationalitäten. Sie gehörten unterschiedlichen Religionen an, manche waren Agnostiker oder Atheisten.

Aber jeder hatte eine Botschaft mitzuteilen. Je mehr Aussagen wir sammelten und auswerteten, desto aufgeregter wurden wir, weil wir sahen, daß sich die Mitteilungen in zwei wesentliche Kategorien einteilen ließen.

Die erste Kategorie von Mitteilungen beschrieb, was die Patienten erlebten: die Begegnung mit jemandem, der nicht mehr lebte, der Wunsch, eine Reise oder eine Veränderung vorzubereiten, der Hinweis auf einen Ort, den sie »sehen« konnten, ihr Wissen über den Zeitpunkt des Sterbens.

Die zweite Kategorie beinhaltete Verweise auf irgendwen oder irgend etwas, der oder das benötigt wurde, um in Frieden sterben zu können: das Bedürfnis, zwischenmenschliche Verbindungen zu klären, und das Verlangen, Hindernisse aus dem Weg zu räumen, die einem friedlichen Sterben entgegenstanden.

Im Verlauf der Arbeit waren wir mehr und mehr dazu in der Lage, diese Botschaften für andere zu deuten. Zudem konnten wir sehen, daß dieses Verständnis nicht nur für die Patienten, sondern auch für Angehörige und Pflegepersonal hilfreich war.

Unsere größte Schwierigkeit bestand darin, unsere Theorie zu formulieren. Kamen unsere Patienten dem Tod näher, schienen sie eine bestimmte Kenntnis über Menschen, Orte und Dinge zu entwickeln. Diese Kenntnis entfaltete sich unmerklich und allmählich, gerade so, als ob sie hin- und herwechselten zwischen dem Bewußtsein einer diesseitigen und einer jenseitigen Existenz. Dies geschah um so intensiver, je näher der Tod bevorstand. Als Schlüsselworte kristallisierten sich die Begriffe »Bewußtsein« und »bevorstehender Tod« heraus. Daraus entstand unser Begriff des Todesbewußtseins.

Kapitel vier

Reaktionen auf den bevorstehenden Tod

Menschen reagieren auf die Nachricht des bevorstehenden Todes eines Nahestehenden sehr unterschiedlich. Sie sind schockiert, zeigen Ungläubigkeit, Angst, Wut oder Traurigkeit. Häufig wechseln diese und andere starke Gefühle einander ständig ab.

Verunsichert fragen sich viele: »Weiß er, daß er sterben wird? Soll ich es ansprechen? Was soll ich sagen?« Oder: »Soll ich ihr sagen, wie leid mir das tut? Soll ich so tun, als wüßte ich es nicht? Soll ich heiter oder fröhlich sein und versuchen, sie aufzumuntern? Aber es ist so schrecklich, daß sie sterben muß, und ich möchte nicht den Eindruck erwecken, daß mich das nicht betrifft.«

Für diese Unbeholfenheit gibt es einen Grund. Zunächst lassen sich all diese Fragen nicht einfach beantworten, und darüber hinaus ist der Tod zu etwas Unnahbarem geworden. Er ist nicht mehr Teil des Lebens, vielmehr ein gefürchteter und unwillkommener Gast.

Früher, als noch mehrere Generationen einer Familie unter einem Dach lebten, halfen Kinder ihren Eltern dabei, die Großmutter zu versorgen, die ihre letzten Monate auf dem Sofa im Wohnzimmer verbrachte. Oder der Großvater wurde da untergebracht, wo einst das Nähzimmer war. Nachdem er einen Schlaganfall erlitten hatte, kam der Arzt, untersuchte ihn und sagte: »Es gibt keinen Grund, ihn wegzugeben. Er fühlt sich hier zu Hause bei seiner Familie wohler. Er soll sich behaglich fühlen. Sie können mich rufen, wenn Sie mich brauchen.« In vielen Ländern hat sich diese Art und Weise, zu Hause, umsorgt von der Familie zu sterben, bis heute erhalten. Der Prozeß des Sterbens wird hier selbstverständlicher als bei uns als Teil eines jeden Lebens empfunden.

Heutzutage kennen die Familien den intensiven, regelmäßigen und kontinuierlichen Umgang mit einem Sterbenden nicht mehr. Anders als frühere Generationen lernen sie nicht mehr, mit der Tatsache umzugehen, daß ein Leben zu Ende geht. Krankheit und Tod wurden aus dem Haus in das Krankenhaus oder Pflegeheim verlegt. Den Sterbenden wird professionelle Hilfe zuteil; Verwandte und Freunde werden zu Beobachtern eines ihnen fremden Geschehens. Dabei befinden sie sich nicht in einem erfaßbaren Gefüge von Emotionen und Erfahrungen, aus dem sie lernen könnten; und auch die festen und unpassenden Zeitblöcke, an die sie durch die offiziellen Besuchszeiten gebunden sind, lassen Unbehagen und Unzufriedenheit entstehen.

Manche Mitarbeiter im Pflegebereich wollen nicht mehr Zeit und Energie für todkranke Patienten aufwenden, als unbedingt notwendig ist. Sie glauben, Patienten und deren Familien vor dem Ausmaß einer Krankheit und vor der Nachricht über den bevorstehenden Tod »schützen« zu müssen. Deshalb leiten sie die Angehörigen bezüglich der Wahrscheinlichkeit einer Genesung des Patienten irre, indem sie Informationen vorenthalten oder sie beschönigen. Andere schränken den Kontakt der Familienangehörigen mit dem Sterbenden ein.

Als Zuschauer müssen diese Menschen nicht nur mit der Tatsache fertig werden, daß jemand Nahestehendes sterben wird, sie müssen dies auch noch in einer Atmosphäre der Ungewißheit ertragen, wann und wie sie am besten was tun sollen. Viele Menschen erleben den Tod nur durch Fernsehen oder Film, wo er dramatisiert wird und genau in ein fixes Zeitschema passen muß. Im wirklichen Leben aber stellt sich der Tod keineswegs als eine leicht zu handhabende Sache von Minuten oder Stunden dar, sondern als allmählicher Prozeß, der Wochen, Monate, manchmal sogar Jahre beanspruchen kann. Er entspricht eher einem Marathon als einem schnellen Endspurt.

Unter den neuen Umständen fühlen sich die meisten Menschen so lange unwohl, bis sie sich mit der Situation und ihrer eigenen Funktion darin vertraut gemacht haben. Wer keine Erfahrungen im Umgang mit dem Sterben hat, kann nicht erwarten, sich in Anwesenheit eines sterbenden Menschen wohl und kompetent zu fühlen.

Der physische Prozess

Müssen sich Familien und Freunde mit dem Sterben eines Nahestehenden auseinandersetzen, so sind sie nicht selten voller Erinnerungen an einen Menschen, der gesund an Geist und Körper war. Sie fühlen sich unwohl angesichts der Veränderungen und müssen weitere befürchten. Und so leiden auch sie.

Viele gehen davon aus, daß eine Krankheit, sei es nun ein Emphysem, Aids oder Krebs, in jedem Fall den gleichen Ablauf des Sterbens zur Folge hat. Die Art und Weise des Todesverlaufs aber hängt von einer ganzen Reihe von Faktoren ab, etwa dem Alter des Patienten, dem Stand der Krankheit, anderen gesundheitlichen Problemen und davon, welche Funktionen oder welche Organe zuerst ausfallen.

Die letzten Monate im Leben eines Menschen, der an einer unheilbaren Krankheit leidet, können sich auf vielerlei Weise gestalten. Die meisten Menschen leiden an beschwerlichen Symptomen. Einige wenige scheinen vergleichsweise unverändert bis wenige Wochen oder Tage vor ihrem Tod und fühlen sich auch so. Bei anderen wechseln Phasen der akuten Krankheit mit solchen, in denen sie sich sehr wohl fühlen. Wieder andere erleiden eine allmähliche Verschlechterung. Manche Menschen finden ihren Tod, wenn sie schlafen oder während sie in einem Koma liegen. Andere sind bei Bewußtsein, reden sogar bis zu ihrem letzten Atemzug.

In den letzten Monaten im Leben mit einer unheilbaren Krankheit können beschwerliche Symptome jederzeit auftreten, und das Pflegepersonal versucht zu erkennen, welche den Patienten am wahrscheinlichsten befallen werden.

Für den Laien ist die Vorstellung, einen Todkranken pflegen zu müssen, vor allem auch zu Hause, beängstigend, ja sogar überwältigend. Dennoch bleibt die Pflege durch Familie und Freunde in der Regel die beste.

Einige Menschen leiden an einem trockenen oder entzündeten Mund. Gewichtsverlust, brüchige Haut und mangelnde Bewegung können zu wunden Stellen führen. Einige sind Übelkeit und Erbrechen ausgesetzt; andere haben Probleme mit Verstopfung oder Durchfall. Manche werden inkontinent. Bei einigen zeigt sich Husten oder tauchen Schwierigkeiten mit der Atmung auf.

Manche Menschen haben Probleme mit Prellungen oder Blutungen oder bilden Knochen, die so brüchig sind, daß sie bei jedem Stoß brechen. Einige Behandlungen rufen Haarausfall, Aufgedunsenheit und Gewichtszunahme oder Ausschläge hervor.

Viele Menschen gehen davon aus, daß Patienten mit einer unheilbaren Krankheit, vor allem Krebspatienten, zwangsläufig unter großen Schmerzen leiden. Das muß nicht so sein. Manche haben keine, andere nur leichte Schmerzen, die sich gut kontrollieren lassen. Wieder andere erleiden so

starke Schmerzen, daß die Hilfe von Spezialisten notwendig wird, um sie unter Kontrolle zu bringen.
Manche Patienten sind ganz ruhig, andere erfahren Zeiten größter Angst, die sich in nervösem Herumspielen oder Zupfen an der Bettdecke manifestiert. Diese unruhige Verfassung kann sich bis zu äußerster Erregung steigern.
Einige Gesundheitszustände verursachen Schwachsinn, also den Verlust klaren Denkens oder des Erinnerungsvermögens. Manchmal scheinen die Patienten den Tagesablauf völlig zu verdrehen, schlafen bei Tag und werden wach, wenn die Nacht hereinbricht. Für Betreuende ist dies sehr anstrengend.
Es kommt vor, daß sich der Geschmackssinn verändert. Lieblingsspeisen scheinen bitter und dienen nicht länger als Appetitanreger. Im Zuge der Veränderungen, die für Familie und Pfleger in einer hospizfremden Umgebung entmutigend sein können, verlieren viele Menschen das Interesse an Essen und Trinken, allem Anschein nach Teil des physischen Abbaus.
Die häufigsten Symptome eines Sterbenden sind Schwäche und Müdigkeit. Viele werden so schwach, daß sie Probleme bekommen, noch irgend etwas für sich selbst zu tun. Sie können nicht mehr laufen, sich nicht im Bett umdrehen, sich nicht mehr auf ein Gespräch konzentrieren oder auch einfach die Augen öffnen. Sie verbringen ihre Tage vielleicht nur noch damit, zu ruhen oder zu schlafen. Nicht selten vertieft sich der Schlaf, der Schlafende verfällt in eine Bewußtlosigkeit; allmählich läßt die Atmung nach und hört schließlich ganz auf.

Der genaue Zeitpunkt des Todes läßt sich nur schwer voraussagen, aber gewöhnlich gibt es Anzeichen dafür, daß er aller Wahrscheinlichkeit nach innerhalb der nächsten Stunden oder Tage eintreten wird.

Eines der Anzeichen ist die Schwierigkeit zu schlucken. Sollte jemand nur wenig Appetit auf etwas zu essen oder zu trinken zeigen, so möchte die Familie vielleicht nicht wahrhaben, daß dieses Unvermögen mehr darstellt als Interesselosigkeit. Die daraus resultierende Dehydration ist in der Regel nicht beschwerlich, kann sogar das Wohlbefinden des Patienten fördern, indem andere unangenehme Symptome wie Erbrechen, Schmerzen oder Atemschwierigkeiten wegfallen. Es ist besser, wenn dem Patienten nun keine kleinen Mengen von Flüssigkeit eingeflößt werden in der Hoffnung, er würde sie schlucken. Kann er dies nämlich nicht, so rinnt die Flüssigkeit in die Lunge. Kann jemand nicht mehr schlucken, so braucht er auch keine Flüssigkeit mehr; es genügt, den Mund mit einem feuchten Schwamm auszuspülen oder die Lippen mit etwas Creme einzufetten. Zu diesem Zeitpunkt sollten vielleicht auch die Medikamente abgesetzt werden, andere, die nicht über den Mund aufgenommen werden müssen, können weiterhin angewandt werden.

Manchmal bildet sich Schleim in Mund, Rachen oder Lungen, und die Luft, die daran vorbeiströmt, läßt ein röchelndes Geräusch entstehen. Das muß nicht unbedingt heißen, daß der Patient unter Atemnot leidet. Häufig verschwindet das Röcheln, wenn der Patient auf die Seite gedreht wird. Sollte er dann noch Schwierigkeiten haben zu atmen, so kann Sauerstoff benötigt werden oder Medikamente, die den Schleim austrocknen und die Atemwege freihalten.

Die Atmung eines Sterbenden verändert sich, je näher der Tod kommt. Sie kann unregelmäßig oder über einen gewissen Zeitraum hinweg schneller werden und sogar für einige Sekunden aussetzen, um dann wieder zu beginnen. Denkbar ist auch, daß der Atem für eine Weile sehr laut wird, dann wieder schwach und leise.

Unter Umständen erhöht sich die Körpertemperatur, während Hände und Füße gleichzeitig ganz kalt sind, vielleicht sogar blau anlaufen oder fleckig werden. Manchmal werden auch Lippen und Nägel blau. Gewöhnlich stört die Patienten weder die erhöhte Temperatur noch die blau unterlaufenen Extremitäten, noch die gefleckte Haut. Sie verlangen keine Behandlung. Einige Patienten sind einer Zeit extremer Ausdünstung ausgeliefert und wollen gerne abgerieben werden, brauchen frische Leintücher und eine sorgfältige Hautpflege. Häufig tritt Urin oder Stuhl aus; der Urin verfärbt sich dunkel. Die zunehmende Schwäche führt möglicherweise zu Inkontinenz.

Einige Patienten leiden unter unkontrollierbaren Zuckungen, jenen nicht unähnlich, die beim Einschlafen auftreten. In der Regel werden die Patienten dadurch nicht besonders geplagt; wenn dem jedoch so ist, läßt sich mit Medikamenten eingreifen.

Je schwächer und verschlafener der Kranke wird, desto hintergründiger wird die Unterhaltung. Viele wünschen sich dann die Anwesenheit von ein oder zwei wichtigen Menschen. Nicht selten schenken sie dem Geschehen um sich herum nur wenig Aufmerksamkeit. Sie scheinen nicht zuzuhören, und ihre Augen glänzen, als ob sie sehen und doch nichts erkennen, weder Menschen noch Dinge. Manchmal bleiben die Augen halb geöffnet, ob sie nun wach sind oder schlafen. Aber selbst wenn diese Menschen schon zu schwach sind, um zu sprechen, oder das Bewußtsein ver-

loren haben, so können sie doch noch hören. Das Gehör ist der letzte unserer Sinne, der versagt.
Die Veränderungen tragen sich wenige Stunden vor dem Tod zu, gelegentlich auch zwei oder drei Tage zuvor, manchmal sogar noch früher. Bestimmte Anzeichen können sich auch Wochen und Monate vorher zeigen. Im Umgang mit dem Tod erfahrene Menschen erkennen die Anzeichen, die den Tod als nahe bevorstehend indizieren.
Vorausgesetzt, daß alle unangenehmen Symptome gut behandelt werden, kann das Sterben sehr friedlich verlaufen. Das Aussetzen der Atmung ist das offensichtlichste Zeichen dafür, daß der Tod eintritt. Sollte die Atmung aber schon sehr schwach sein oder zwischen einem sehr langsamen und einem sehr schnellen Rhythmus wechseln, so ist es nicht ganz einfach zu beurteilen, wann sie wirklich aussetzt. Manchmal klingen die letzten Atemzüge wie Seufzer. Ist der Sterbende noch bei Bewußtsein, so legt sich vielleicht ein Lächeln über das Gesicht, oder ein Blick des Abschieds ist zu erkennen. Der Blick kann sich aber auch verlieren, und die Augen können geschlossen werden. Schlief der Patient, oder war er bewußtlos, so läßt sich kaum feststellen, was passiert ist.
Die körperliche Verfassung spielt bei der Beschreibung der Patienten in diesem Buch eine untergeordnete Rolle. Nicht daß wir die Auswirkungen der physischen Verschlechterung herunterspielen wollten, aber *Mit Würde aus dem Leben gehen* handelt weniger von der medizinischen Pflege todkranker Menschen. Vielmehr geht es um das Todesbewußtsein, und die Mitteilungen darüber können helfen, Ihrer Traurigkeit und Ihrer Erschöpfung entgegenzuwirken.
Trotz des körperlichen Verfalls können Patienten, bei denen das Todesbewußtsein eintritt, sowohl Harmonie und Trost wie auch Genesung aller emotionalen und geistigen Leiden erfahren. Nehmen Familienangehörige daran teil, erkennen

sie das Todesbewußtsein und lernen sie davon, so sind sie viel eher in der Lage, jenen Teil eines geliebten Menschen zu erkennen, der wesentlicher ist als sein vergänglicher Körper. Physische Veränderungen können emotionale Schwierigkeiten sowohl beim Patienten selbst wie auch bei Familie und Freunden auslösen. Der Vater wird inkontinent, und sein Sohn muß ihn saubermachen und die Wäsche wechseln ... Der Ehemann kann sich nicht mehr die Zähne putzen, und seine Frau muß seinen trockenen und klebrigen Mund reinigen ... Der Bruder hat Schmerzen, und die Schwester muß ihm die Medizin einflößen ... All diese Dienste können Zeichen größter Liebe sein. Sie können aber genauso schmerzlich sein und viele Gefühle und Fragen hervorrufen, mit denen umzugehen schwieriger ist als mit körperlichen Beschwerden.

Stirbt ein nahestehender Mensch, so werden Sie immer mit großer Traurigkeit konfrontiert sein. Aber Ihre Antwort auf diese Traurigkeit beruht auf verschiedenen Faktoren, die nicht selten mit anderen Erfahrungen im Umgang mit dem Tod zusammenhängen. Vielleicht haben Sie nicht sehr viel Erfahrung oder keine Beispiele, die Ihnen vermittelt hätten, wie man mit sterbenden Menschen umgeht. Wie können Sie dennoch zurechtkommen? Es gibt keinen »richtigen« Weg, wie man einen Sterbenden begleitet. Die nächsten Seiten sollen Ihnen aber als Anregung dienen.

Wie Sie Ihre Gefühle dem Tod gegenüber verstehen lernen

Wie ist das Sterben für diejenigen, die betroffen sind, und für diejenigen, die sie lieben? Was sind Ihre Fragen und Sorgen? Würden Sie selbst sterben, wären Sie ungehalten darüber, daß wir zwar Menschen ins All senden können, aber keine Behandlungsmethode für unheilbare Krankheiten finden? Würden Sie sich ärgern, wenn Sie Ihre Arbeit an jemanden abtreten müßten, der zwar weniger kompetent, aber gesund ist? Würden Sie es hassen, von jemand anderem abhängig zu sein? Wären sie frustriert, die Kontrolle über so viele Aspekte Ihres Lebens aufgeben zu müssen? Hätten Sie Angst vor dem eigenen Tod? Wären Sie geängstigt von der Vorstellung, was nach dem Tod geschieht?

Den meisten Menschen geht es so. Es ist nicht unbedingt notwendig, auf alle diese Fragen zu antworten. Aber wenn Sie Ihre Sorgen, Ängste und Vorlieben herausfinden, kann dies Verständnislosigkeit gegenüber Sterbenden verhindern, deren Sorgen, Ängste und Vorlieben sich vielleicht von Ihren eigenen unterscheiden.

Sie selbst verabscheuen möglicherweise den Gedanken, ins Krankenhaus eingewiesen zu werden, und ziehen es vor, zu Hause zu sterben. Ein todkranker Freund jedoch fühlt sich vielleicht im Krankenhaus sicherer.

Überlegen Sie, wie Sie mit der Frage umgehen würden, ob eine Behandlung fortgesetzt werden soll. Dies ist ein sehr schwieriges Problem, das von einem sterbenden Menschen häufig erst nach langem, schmerzlichem Nachdenken und Abwägen gelöst werden kann. Stellen Sie eine getroffene Entscheidung nicht in Frage, sondern unterstützen Sie diese. Es fällt Ihnen vielleicht leichter, wenn Sie sich in Erinnerung rufen, was Sie selbst getan hätten, und wenn Sie feststellen, wo Ihre eigene Sichtweise mit der des Patienten übereinstimmt und wo sie sich unterscheidet. Es ist sehr wichtig, daß Sie Ihre eigene Auffassung nicht jemand anderem aufzwingen; geben Sie den Gedanken des Betroffenen selbst Vorrang.

Die Gefühle der sterbenden Menschen

Versuchen Sie nun, nachdem Sie über Ihre eigenen Gefühle reflektiert haben, die des sterbenden Menschen nachzuvollziehen. Indem Sie die Gedanken der Sterbenden durchspielen, erlangen Sie ein sichereres Gefühl, was Sie sagen und wie Sie helfen können. An dieser Stelle ist es sinnvoll, die verschiedenen Stadien des Sterbens zu betrachten, so, wie Dr. Kübler-Ross sie beschrieben hat: Verleugnen, Wut, Verhandeln, Depressionen und Akzeptieren.

Obwohl Dr. Kübler-Ross diese Erfahrungen als »Stadien« bezeichnet hat, werden sie vom Patienten nicht notwendigerweise in dieser Reihenfolge durchschritten. Außerdem sind diese Gefühle keineswegs nur den Sterbenden selbst vorbehalten; jede Krise oder wesentliche Lebensveränderung kann sie auslösen. Das bedeutet, daß sie nahezu jedem Erwachsenen bekannt sind. Diese Gefühle sind dann leichter zu begreifen, wenn wir uns vergegenwärtigen, in welchem Kontext sie bei todkranken Menschen entstehen: Sie kämpfen darum, die Diagnose zu akzeptieren. Sie kämpfen darum, dem Leben mit dieser Krankheit gerecht zu werden und sich auf den herannahenden Tod vorzubereiten. Das sind gewaltige Herausforderungen. Kein Wunder also, daß die Gefühle, die damit einhergehen, mannigfaltig und schmerzlich sind, manchmal schwierig zu verstehen und in ihrer Wirkung überwältigend.

Verleugnen

Das Verleugnen ist die Weigerung, die Realität zu akzeptieren. Es entsteht aus einem Schock. Menschen, die mit der Tatsache konfrontiert werden, daß sie an einer unheilbaren und tödlichen Krankheit leiden, reagieren häufig mit den Worten: »Ich kann es nicht glauben! Es muß ein Fehler unterlaufen sein! Das kann nicht wahr sein. Ich werde einen anderen Arzt konsultieren!« Manches Mal werden sie sich denken: »Gut möglich, daß die meisten Menschen an dieser Krankheit sterben, aber ich werde mich nicht unterkriegen lassen.«

Dieses Verleugnen kann sich auch auf das Verhalten auswirken. Eine zweite Meinung zu einer schwerwiegenden Diagnose einzuholen ist in jedem Fall angebracht, aber nach vielen »zweiten« Meinungen zu suchen deutet auf den Versuch hin, der Wahrheit aus dem Weg zu gehen. Das Nicht-wahrhaben-Wollen kann sich auch darin äußern, daß Medizin oder Behandlungstermine verweigert oder »vergessen« werden.

Warum geben sich Menschen dieser Verleugnung hin? Wenn wir eine Nachricht bekommen, die nur sehr schwer auszuhalten ist, dient die Verleugnung dem Selbstschutz. Wir schaffen uns Spielraum, um uns an eine neue und schmerzliche Realität zu gewöhnen. Wenn Sie davon ausgehen können, daß jemand um seinen Zustand weiß, so sollten Sie Äußerungen des Verleugnens respektieren. Werden Sie mit diesen Äußerungen konfrontiert, so fechten Sie diese nicht an. Es scheint nicht besonders klug, einen sterbenden Menschen dazu zwingen zu wollen, »der Realität ins Auge zu blicken«. Die meisten Menschen nehmen von dem Zustand des Nicht-wahrhaben-Wollens Abstand, je elender und schwächer sie sich fühlen. Andere sind zwischen Verleugnen und Akzeptieren hin- und hergerissen. Jemand, der noch gestern ganz realistisch über seinen unveränderlichen Zustand gesprochen hat, mag plötzlich sagen: »Wenn es mir wieder gutgeht, können wir zum Zelten fahren.«

Überflüssig und äußerst schroff wäre der Versuch, jemanden gewaltsam von diesem Nicht-wahrhaben-Wollen abzubrin-

gen, etwa mit den Worten: »Du weißt doch, daß du dafür viel zu krank bist. Du wirst nie wieder gesund werden. Und du wirst auch nie wieder zum Zelten fahren.« Allerdings sollten Sie diese Verweigerung, die Realität zu akzeptieren, auch nicht unterstützen oder verstärken, indem Sie sich anschließen. Lügen Sie nicht, denn das macht Sie zu einem Verbündeten. Selbst wenn falscher Frohsinn für den Augenblick tröstlich erscheint, so wird der Kranke doch schließlich dieses Stadium verlassen und das Bedürfnis haben, mit Ihnen über das Sterben zu reden. Sollten Sie selbst gezögert haben, die Realität anzunehmen, so wird sich der Kranke scheuen, mit Ihnen über den Tod zu sprechen. Schnell kann er sich dann einsam und sogar im Stich gelassen fühlen.
Wenn Sie nun aber das Nicht-wahrhaben-Wollen weder anfechten noch unterstützen sollen, was bleibt Ihnen zu tun übrig? Sie sollten versuchen, die dahinterliegenden Wünsche und Bedürfnisse zu ergründen. Äußert sich Ihr Freund über seine Genesung und darüber, zum Zelten fahren zu wollen, antworten Sie doch: »Ja, das wäre schön!« Oder: »Das kann ich mir vorstellen, daß dir das Spaß machen würde!« Mit diesen Antworten greifen Sie die Hoffnung Ihres Freundes auf, ohne jedoch die Verleugnung zu unterstützen.
Einige Menschen aber verschanzen sich hinter der Verleugnung und halten sie für immer aufrecht.

Amelia

Als ich meinen ersten Besuch bei der siebenundachtzigjährigen Amelia machte, erwartete mich ihr Sohn bereits in der Einfahrt.
»Sagen Sie bitte nichts über das Hospiz oder über Krebs zu meiner Mutter«, meinte er. »Sie wirkt häufig so verwirrt und weiß über ihre Krankheit nicht recht Bescheid. Er würde sie nur sehr verstören, wenn Sie die Krankheit erwähnten.«

Ich stellte mich Amelia als Krankenschwester vor, die sich eben einmal erkundigen wollte, wie es ihr ginge.
»Sehr nett!« antwortete sie.
Ich fragte sie nach ihrer Krankengeschichte. Sie erzählte in großer Ausführlichkeit über die Geburt ihrer Kinder vor ungefähr sechzig Jahren, über ihre Operation an der Gallenblase, als sie fünfundvierzig war, über die Entfernung des Ballens zehn Jahre später und über eine ganze Reihe von Zahngeschichten. Nicht einmal erwähnte sie dagegen die Tatsache, daß ihr erst vor drei Jahren beide Brüste amputiert wurden und daß sie sich seitdem der Chemotherapie und Bestrahlungen unterziehen mußte. Ich entschuldigte mich für einen Moment und ging die Treppe hinunter, um ihren Sohn zu fragen, ob denn der Arzt seiner Mutter Krankheit, Operationen und Behandlungen erläutert hätte.
»Ja«, sagte er mit einem Lächeln. »Oft.«
Als ich in Amelias Zimmer zurückkam, hörte ich ihre Lungen mit dem Stethoskop ab.
»Was ist denn hier passiert?« fragte ich und zeigte auf die Narben, welche die Entfernung der Brüste hinterlassen hatte. Sie sah mit großem Erstaunen an sich hinunter.
»Ach du meine Güte!« rief sie aus.
Ein ganzes Jahr noch lebte Amelia in Harmonie und Glückseligkeit. Ich besuchte sie zweimal jede Woche, aber sie konnte sich nie »erinnern«, wer ich war und warum ich zu ihr kam. Sie löste jeden Tag mit größter Aufmerksamkeit das Kreuzworträtsel der *New York Times,* aber weder sie noch ich erwähnten ihre Krankheit auch nur mit einer Silbe.

Was passiert nun aber, wenn nicht der Patient selbst verleugnet, wie es um ihn steht, sondern die anderen? Freunde und Familie geben sich dem Nicht-wahrhaben-Wollen manchmal länger hin als der Sterbende. Diese Nachricht ist nur schwer auszuhalten. Sie tun so, als existierte sie nicht. Das ist zwar sehr verständlich, dennoch wirkt sich diese Reaktion auf den Todkranken sehr belastend aus. Familienmitglieder machen möglicherweise Bemerkungen wie »Du siehst viel besser aus heute!« Solange es der Wahrheit entspricht, ist dies schon in Ordnung. Andernfalls aber hat der Patient schwer an der Unfähigkeit anderer zu tragen oder ihrem Unwillen, die Krankheit zu akzeptieren.

Denkbar ist dann, daß der Kranke selbst das Leugnen der Angehörigen durchbricht, indem er sagt: »Ich weiß, daß ich sehr krank bin. Und ich weiß auch, daß ich nicht mehr gesund werde.« Viel häufiger aber kommt er durch das Verhalten der Familie zu dem Schluß, daß die Wahrheit zu schmerzlich ist. So entsteht ein merkwürdiges Komplott, bei dem jeder vorgibt, der Patient werde gesund. Um diese Fiktion aufrechtzuerhalten, bedarf es einer Menge Energie – Energie, die schließlich bei der Pflege des Kranken fehlt. Die Last, die durch das Verleugnen der anderen für den Patienten entsteht, vergrößert noch die Bürde, die ihm durch die Krankheit entstanden ist. Nicht selten zieht sich ein Patient dann zurück und fühlt sich noch isolierter.

Wut

Todkranke Menschen empfinden häufig große Wut. Es ist keineswegs ungewöhnlich, jemanden, der an einer unheilbaren Krankheit leidet, fragen zu hören: »Warum gerade ich?« Manche Menschen hadern mit Gott, der zuläßt, daß sie krank werden.

Sie sind wütend auf ihren Arzt, der nicht in der Lage ist, die Krankheit zu heilen, auf die Regierung, die Geld in die

Rüstung steckt, statt in die medizinische Forschung zu investieren, oder auf die Welt im allgemeinen.

Worauf auch immer sie gerichtet ist, Ausdruck wird dieser Wut denen gegenüber verliehen, die am nächsten sind und deren man sich sicher ist, also Angehörigen und Freunden. Es ist nicht einfach, angesichts der Vehemenz die eigene Wut zurückzuhalten. Dann aber ebenfalls sehr heftig zu reagieren führt oft zu Argumenten, die nahezu nichts bewirken. Aus Wut auf jemanden einzureden – »Du weißt ja wohl, daß die Ärzte alles, was sie tun konnten, getan haben ... Du solltest dankbar sein, es könnte auch noch schlimmer sein ...« – nützt hier gar nichts, sondern verstärkt die Gefühle des Patienten eher. Am Ende wird Ihre Reaktion so verstanden, als nähmen Sie die Sorgen des Patienten auf die leichte Schulter oder als schlügen Sie sich auf die »gegnerische« Seite.

Viel hilfreicher ist es, nach den Gründen zu suchen. Betrachten Sie die Wut als ein Gefühl, das von anderen Emotionen herrührt. Bei todkranken Menschen geht die Wut nicht selten auf Frustration, Erbitterung oder Angst zurück.

Frustration kann aus der Hilflosigkeit entstehen, die aufkommt, wenn man die Kontrolle verliert und von anderen abhängig wird; Erbitterung entsteht daraus, zusehen zu müssen, daß das Leben anderer weitergeht; die Angst schließlich entwickelt sich aus der Unsicherheit darüber, wie es wohl ist zu sterben.

Dan

Konfrontiert mit der Diagnose eines wuchernden, unheilbaren Krebses, war Dan mit dreiunddreißig ein sehr wütender junger Mann. Bevor die Diagnose gestellt wurde, fühlte er sich in seinem Beruf als Elektriker, als Ehemann und Vater sowie als Leiter der Pfadfindergruppe seines Sohnes gleichermaßen ausgelastet. Innerhalb von nur neunzig Tagen jedoch war er so schwach geworden, daß er kaum noch das Bett verlassen oder sich die Zähne putzen konnte. Er mußte die Arbeit kündigen. Er brauchte Hilfe, wenn er etwas Wasser trinken wollte, wenn er Medizin einnehmen mußte, die seine immer schlimmer werdenden Schmerzen milderten, oder wenn er zur Toilette ging. Er konnte sich weder bei der Erziehung seiner Kinder nützlich machen noch auch nur die kleinsten Arbeiten übernehmen. Seine Frau bemühte sich sehr, den Haushalt in den Griff zu bekommen oder andere zu finden, die ihr halfen. Dans Klagen darüber, daß ihm ihr Drehen und Wenden im Bett, während sie schlief, Schmerzen verursachte, ließ sie zu der Entscheidung kommen, ihr Bett in ein anderes Zimmer zu stellen.

Als Dan in das Hospizprogramm aufgenommen wurde, vermuteten wir, daß seine Wut größtenteils aus der Frustration über seine Hilflosigkeit zustande kam. Er hatte seine Lebensaufgaben verloren, hatte darüber hinaus keine Kontrolle über seine Krankheit und war auf andere angewiesen, um auch nur die mindesten Bedürfnisse zu befriedigen.

Das alles klang logisch. Aber Logik scheint bei jemandem, der wütend ist, nicht gerade angebracht. Anstatt also auf Dans Wut einzugehen, reagierten wir auf die Gefühle, die dahinterlagen. Unsere Absicht war es nicht, seine Wut zu verringern, sondern wir wollten das Gefühl der Hilflosigkeit reduzieren, indem wir sein Empfinden, Kontrolle über sich zu haben, verstärkten und ihm vermittelten, daß er über ein gewisses Maß an Autonomie verfügte.

Wir begannen damit, Dan soviel wie möglich bestimmen zu lassen – Mahlzeiten, Besucher, Termine für die Bäder. Es waren nur Kleinigkeiten, aber sie wurden von Dan festgelegt. Wir respektierten seine Wünsche und unterstützten ihn. Auf diese Weise brachten wir ihn dazu, seine Wut zu verstehen und mit ihr umzugehen.

Dans erbitterte Kommentare und seine mürrischen Anweisungen um Hilfe kamen immer seltener. Nachdem eines Morgens seine Litanei von Klagen darüber, wie schlecht er geschlafen hatte, beendet war, erwiderte ich freundlich: »Das hört sich wirklich so an, als hätten Sie eine furchtbare Nacht hinter sich.«

»Das können Sie laut sagen«, schnauzte er zurück. Dann nickte er und seufzte. Seine Augen füllten sich mit Tränen, und er begann wieder zu sprechen.

»Sie können sich gar nicht vorstellen, wie schlimm die Nächte sind«, sagte er und schaute dabei seine Frau an. »Ich hasse es, mit Schmerzen aufzuwachen und sofort Elaine nach meiner Medizin fragen zu müssen. Manchmal hört sie mich nicht. Ich versuche, so lange wie möglich zu warten, aber die Schmerzen werden immer schlimmer. Ich hasse es, daß ich die Medizin nicht selbst einnehmen kann und Elaine gleich am Morgen beanspruchen muß. Ich hätte gerne, daß sie hier schläft, obwohl ich weiß, daß sie ihren Schlaf braucht.«

Jetzt wurde Elaine ärgerlich. »Du hast dich doch beklagt, daß die Schmerzen schlimmer werden, wenn ich mich im Bett umdrehe«, sagte sie mit Tränen in den Augen. »Man kann es dir einfach nicht recht machen!«

»Dan, es klingt so, als würden Sie Elaine vermissen«, sagte ich. Dies löste eine wahre Flut von Gefühlen aus. Dan weinte sehr, als er Elaine zu erklären versuchte, wie traurig und einsam er sich fühlte. Sie erzählte ihm, wie sehr es sie verletzte, in einem anderen Zimmer schlafen zu müssen mit dem Gefühl, er wolle sie nicht bei sich haben.

Sie einigten sich. Elaine schlief wieder im Schlafzimmer und hatte die Schmerzmittel und ein Glas Wasser auf ihrem Nachttischchen stehen. Dan würde sie aufwecken, aber ohne Theater zu machen. Sie brauchte nur neben sich zu greifen, konnte ihm die Medizin geben und den Strohhalm halten, solange er schluckte. Dann konnten sie entweder weiterschlafen oder aber wach liegen und miteinander sprechen. Dan lebte nur noch drei Wochen, aber sie verliefen besser als viele Wochen zuvor.

»Eines unserer wichtigsten Gespräche fand mitten in der Nacht statt«, erzählte Elaine später. »Er hat so oft gesagt, daß er besser schliefe, wenn ich da bin. Und ich weiß, daß es auch für mich besser war. Manchmal haben wir über die ersten Jahre unserer Ehe gesprochen, über seine Hoffnungen für die Jungen und darüber, wie furchtbar es für ihn war, krank zu werden. Wir haben geweint, weil wir nicht wußten, wie wir ohne einander zurechtkommen würden. Das hört sich traurig an, und es war sehr traurig. Aber es war besser, als sich gegenseitig anzuschreien, wie wir das zuvor getan hatten. In der letzten Woche war ich manchmal nachts aufgewacht, und er lag neben mir und sah mich an. Er lächelte mich an, und ich legte meinen Arm um ihn. So schliefen wir wieder ein.«

Dan und Elaine waren fähig, die Mauer aus Wut niederzureißen, die sie aufgebaut und wodurch sie sich voneinander entfernt hatten. Sie konnten über ihre Gefühle, über die Gründe, warum sie wütend aufeinander waren, über sich selbst und die ganze Situation sprechen. Einfach war es gewiß nicht, diese Mauer zu brechen. Aber es hat sie einander zu einem Zeitpunkt nähergebracht, als sie sich so nahe wie möglich sein mußten.

Sollten Sie mit der Wut eines kranken Freundes oder Verwandten konfrontiert sein und ahnen, daß eine Form der Hilflosigkeit dahintersteckt, versuchen Sie, ihn zu ermutigen. Sagen Sie so etwas wie »Ich kann mir gut vorstellen, daß es schwerfällt, ständig um Hilfe zu bitten« oder »Es scheint dich wirklich zu deprimieren«. Geben Sie einem sterbenden Menschen die Möglichkeit, zu wählen und die Kontrolle zu bewahren. Reagieren Sie auf die Frustration, nicht auf die Wut.

Diese Wut kann auch aus Erbitterung entstehen, wenn der Sterbende etwa Zeuge davon wird, daß Mitarbeiter, Freunde oder Familienangehörige ihren Verantwortungen, Möglichkeiten und ihren Zukunftsplänen nachgehen.

Liz

Liz, eine Krankenschwester, starb mit zweiunddreißig an Brustkrebs. Sie arbeitete in einem kleinen Krankenhaus in ihrer Heimatstadt, als die Diagnose gestellt wurde. Sie wurde siebenhundert Meilen entfernt behandelt, lag aber während ihrer letzten Lebensmonate in dem Krankenhaus, in dem sie selbst beschäftigt gewesen war.

Dies waren für alle Beteiligten sehr schwierige Monate. Zum einen fühlte sich Liz entstellt, zum anderen mußte sie große Schmerzen aushalten. Ihre ehemaligen Kolleginnen waren sehr traurig über ihren Zustand, aber auch sehr irritiert von der unaufhörlichen Flut von Klagen einer ständig ärgerlichen Liz.

Den Schwestern der Station, auf der die todkranke Liz lag, fiel eine Verhaltensweise besonders auf. Mehrere Male in jeder Woche brachten ehemalige Mitarbeiterinnen das Mittagessen für Liz. Sie erzählten, was auf der alten Station alles passierte, erzählten von Patienten, die Liz noch kannte, und über neue Fälle und Behandlungsmethoden. Noch während der Mahlzeiten wurde Liz immer mürrischer; den ganzen Nachmittag lang bis in den Abend hinein war sie bissig und feindselig gestimmt.

Eines Abends sprach die Schwester, die oft in der Abendschicht nach Liz sah, das Thema an.

»Sie scheinen so genervt«, sagte sie. »Kann ich Ihnen irgendwie helfen?«

»Nein, ich habe nur schlechte Laune«, antwortete Liz. »Ich glaube, ich bin immer schlecht gelaunt.«

»Immer?«

»Na ja, eigentlich nicht«, sagte Liz, nachdem sie einen Augenblick nachgedacht hatte. »Ich merke, daß ich häufig am Abend einfach keine Geduld mehr habe. Alle scheinen mich dann zu nerven.«

»Ja, ich habe aber bemerkt, daß diese Laune an ganz bestimmten Tagen aufkommt«, antwortete die Schwester, die neben Liz' Bett saß.

»Wie meinen Sie das?« fragte Liz.

Meine Schicht fängt am Nachmittag um drei Uhr an. Immer, wenn die Schwester mir erzählt, daß jemand von ihrer alten Station hier war, finde ich Sie völlig genervt vor.«

Liz dachte nach und nickte.

»Es ist wahr«, sagte sie. »Es ist schlimmer an den Tagen, an denen sie da waren. Sie nerven mich wirklich.«

Die Schwester fragte, wie diese Besuche in der Regel abliefen; Liz beschrieb die Gespräche und gab zu, daß sie zunächst gerne daran teilgenommen hatte.

»Ich mochte es, über alle Patienten zu erfahren, ich mochte den Tratsch«, sagte sie. »Es machte Spaß, und ich fühlte mich, als ob ich noch dazugehörte. Aber das ist jetzt nicht mehr so.«

»Was empfinden Sie denn jetzt?« fragte die Schwester.

Für ein oder zwei Minuten schwieg Liz. »Ich kann mir gut vorstellen, daß ich nun kindisch und schrecklich klinge, aber sie machen mich wahnsinnig, wenn sie hier reinkommen und mir erzählen, was auf *meiner* Station los ist«, sagte sie. »Früher oder später gehen sie zu ihrer Arbeit zurück und übernehmen, was ich eigentlich gerne getan hätte. Und ich muß hier in diesem bescheuerten Krankenhaus liegen und sterben!«

Liz' Wut entstand aus der Bitterkeit über die Gesundheit ihrer früheren Kolleginnen, deren Vitalität und Zukunft. Weil sie diese Vorgänge erfaßt hatten, konnten diejenigen, die sich um Liz kümmerten, die Umstände ändern, die zu ihrer Wut geführt hatten. Mit Liz' Erlaubnis sprach die Abendschwester mit den ehemaligen Mitarbeiterinnen, die ihrerseits frustriert waren.

»Früher war Liz ganz anders«, sagte eine. »Es fällt wirklich schwer, überhaupt Zeit mit ihr zu verbringen, ich glaube, ich werde sie erst wieder besuchen, wenn sie über diese Wut hinweg ist.«

Die Abendschwester erläuterte, was passiert war, und schlug ein anderes Verhalten vor. Am nächsten Tag begann eine Freundin der früheren Station bei ihrem Mittagsbesuch ein anderes Gespräch.

»Ich wette, dir geht unser Gerede über die Arbeit ganz schön auf die Nerven«, sagte sie. »Worüber möchtest du gerne reden?«

Liz sprach ihre Begeisterung für Gospelmusik an, und sie verbrachten eine vergnügliche halbe Stunde damit, zu der Musik einer Kassette zu singen.

Eine andere ehemalige Kollegin, die ihre eigenen Gefühle gut ausdrücken konnte, besuchte sie später in dieser Woche. Sie sprach das Thema von Liz' Krankheit direkt an.

»Ich vermisse deine Mitarbeit sehr«, sagte sie. »Es macht mich so traurig zu sehen, wie es dir geht.«

So kam es zu einem herzlichen Gespräch über ihre Freundschaft, ihre beiderseitige Traurigkeit und ihre Aussicht darauf, sich in einer anderen Welt wiederzusehen. Unter Tränen und Umarmungen endete dieser Besuch in großer Verbundenheit zwischen den beiden Frauen.

Wut kann aus Angst entstehen. Die meisten Menschen kennen eine gewisse Angst vor dem Sterben. Wenn todkranke Menschen über ihre Ängste sprechen, sagen sie meist: »Ich fürchte mich nicht davor, tot zu sein; es ängstigt mich eher, was geschehen wird.« Vorsichtiges Nachhaken bei solchen Äußerungen führt nicht selten zu klareren Aussagen über die Angst: »Ich fürchte mich davor, wie es ist zu sterben. Tut es weh? Was passiert?«

Viele Menschen scheuen sich, über ihre Angst vor dem Sterben zu sprechen. Eines späten Abends – Ängste dieser Art tauchen oft mitten in der Nacht auf – sagte Helen: »Wie ist es zu sterben?« Aber bevor ich antworten konnte, fügte sie hinzu: »Nein, sagen Sie es nicht.« Aber meine einfache Erklärung erlöste sie von ihren Ängsten, denn das, was sie sich vorgestellt hatte, war viel schlimmer als die Realität.

Manche Menschen sind in der Lage, sich klar zu artikulieren: »Ich habe Angst davor, daß es weh tut. Ich glaube nicht, daß ich große Schmerzen gut aushalten kann.« Andere sagen: »Ich habe immer an Gott geglaubt; der Glaube hat in meinem Leben immer eine große Rolle gespielt. Aber jetzt spüre ich großen Zweifel, ob das alles wahr ist, ob Gott wirklich dasein wird, wenn ich tot bin. Was aber, wenn mich gar nichts erwartet?«

Kann jemand seine Ängste nicht in Worte fassen, oder ist er nicht in der Lage zu sagen: »Ich habe vor alldem große Angst!«, so mag es nützlich erscheinen, nach Erfahrungen im Umgang mit dem Tod zu fragen oder herauszufinden, welche Probleme im Raum stehen. Unterschiedliche Erfahrungen führen zu verschiedenen Ängsten und Bedürfnissen. Manche Menschen fürchten sich einfach vor den Symptomen ihrer Krankheit. Kenntnis über die Vergangenheit und die Perspektive eines Menschen kann dazu beitragen, diese Angst aufzudecken. Ist man einmal soweit, so können diese

Ängste mit den geeigneten Menschen besprochen werden. Ein Arzt oder eine Krankenschwester kann Fragen beantworten wie »Wie wird mein physischer Tod aussehen?« oder »Werde ich leiden müssen?« Mit einem Priester, Pfarrer oder Rabbi wird über Ängste bezüglich Gottes gesprochen. Die Wut mancher Patienten geht aus der Angst hervor, daß die Ernährung oder medizinische Behandlung das Leiden eher verlängert, anstatt ihre Lebensqualität zu verbessern.

Gordon

Sterben zu müssen machte Gordon sehr wütend. In Anwesenheit von Familie und Freunden war er mürrisch, im Umgang mit Ärzten und Schwestern gab er sich aggressiv und schimpfte über sie – er war völlig anders als zu Zeiten, da er gesund war.

Wir suchten nach Auffälligkeiten. Es gab wirklich keine Zeit, in der Gordon nicht wütend war, aber wann wurde der Zorn heftiger? Wann schwächte er sich ab? Was ging einem Wutanfall voraus?

Gordon war besonders dann den Ärzten und Schwestern gegenüber sehr wütend, wenn sie ihm seine Medizin gaben. Eines Tages sagte er zum Priester, daß er den Krankenhausleuten nicht traue; er befürchtete, daß sie erneut eine Behandlungsmethode vorschlägen und ihn überredeten, sie auszuprobieren, anstatt ihn in Frieden sterben zu lassen.

»Alles, was diese Menschen tun, verlängert mein Leiden«, sagte er.

Es half ein bißchen, daß ihm der Arzt versicherte, es würden keine weiteren Behandlungen folgen. Was ihm aber wirklich half, war ein anderer Ansatz. Wenn die Schwestern ihm die Medizin brachten, bemühten sie sich sehr, ganz freundlich zu sagen: »Damit Sie sich einigermaßen wohl fühlen. Es zögert Ihr Sterben nicht hinaus.« Gordon war immer noch zornig, er wurde nie warm und freundlich, aber langsam war er weniger erregt, denn die Ursache seiner Wut war behoben.

Wut, die im Zusammenhang mit unheilbaren Krankheiten entsteht, hat vielfältige Gründe. Viele der Gefühle entstehen aus der Angst vor dem Verlust anderer Menschen, den Sterbende erfahren. Diese Gefühle zu benennen ist nicht immer einfach. Sich um das Verständnis zu bemühen erleichtert es aber, hilfreich auf die Wut reagieren zu können.

Verhandeln

Am leichtesten läßt sich der Aspekt des Verhandelns bei todkranken Menschen verstehen, wenn man sich Kinder vor dem Schlafengehen vorstellt. Nur noch einen Kuß, nur noch eine Geschichte, nur noch einen Schluck Wasser. Sie sind so erfinderisch, wenn es darum geht, ein paar Minuten länger aufzubleiben.

Sterbende Menschen verhalten sich ähnlich, wenn sie das Unausweichliche hinausschieben wollen. Sie verhandeln mit Gott. Glauben sie nicht an Gott, so verhandeln sie mit demjenigen, von dem sie glauben, es könnte in seiner Macht stehen, das Leben etwas zu verlängern.

Häufig dreht sich dieses Verhandeln um die Behandlungen. »Ich werde diese Chemotherapie über mich ergehen lassen«, beruhigen sich die Kranken. »Ich werde mich genau an eine gesunde Diät halten. Ich will nicht jammern, damit mich Gott so lange leben läßt, bis mein Enkel die Schule abgeschlossen hat.«

Patienten, die an Aids erkrankt sind, verhandeln nicht selten in dem Sinn, daß sie die ihnen verbleibende Zeit nutzen wollen, um bei dem Kampf gegen diese Krankheit mitzuwirken.

»Ich werde mich engagieren«, mögen sie denken. »Ich werde andere versorgen. Ich werde mich um die Aufklärung anderer Menschen kümmern. Aber, lieber Gott, wenn ich das tun soll, mußt Du mich noch ein bißchen leben lassen.« Erstaunlicherweise scheinen solche Vereinbarungen nicht selten zu funktionieren.
Meistens wird das Verhandeln todkranker Menschen gar nicht bemerkt. Spricht der Sterbende das Thema an, zollen Sie ihm Respekt, und sagen Sie etwas wie »Ja, das wäre toll!« oder »Wir tun, was in unserer Macht steht.«

Depressionen

Die Depressionen eines Todkranken erwachsen aus großem Leid. Sterbende grämen sich wie jeder Mensch darüber, etwas zu verlieren. Aber das Leid besteht aus zwei Seiten; zum einen beklagen sie, was ihnen schon aufgrund der Krankheit verlorengegangen ist – Gesundheit, die Aufgabe innerhalb der Familie, die Arbeit oder die Unabhängigkeit; zum anderen aber, was ihnen noch genommen werden wird, wenn sie sterben – persönliche Beziehungen, das Leben selbst, die Zukunft.
Die meisten von uns machen Pläne und haben Träume: Kinder, die wir uns wünschen, Reisen, die wir unternehmen werden, Bücher, die wir schreiben wollen, neue Karrieren, die wir anstreben. Erkennen wir die Tatsache an, daß der Tod bevorsteht, so müssen wir diese Ziele aufgeben. Weil wir dies als Verlust erleben, trauern wir.
Diese Gefühle der Trauer und Depression sollten ernst genommen und nicht übergangen oder heruntergespielt werden. Bemerkungen wie »Schau dir doch die guten Seiten an« oder »Du hast ein wunderbares Leben gehabt« wirken auf

Todkranke wie der Versuch, ihre emotionalen Qualen abzuwiegeln. Alles, was Sie tun können, wenn derartige Gefühle artikuliert werden, ist zuzuhören. Manchmal ist auch gar keine Antwort nötig. Dann geht es nur darum, sich um Verständnis zu bemühen.

Mark

Als alle glaubten, er sei gesund, brach Marks Krebs mit solcher Heftigkeit wieder aus, daß ihm nur noch wenig Zeit zu leben blieb. Er wirkte sehr traurig und sprach immer wieder davon, wie unglücklich es ihn mache, seine Frau Joyce und seine kleinen Kinder verlassen zu müssen. Es tröstete ihn kaum, daß er und Joyce versucht hatten, für die Zukunft der Kinder ohne Vater vorzusorgen. Mark wußte, daß Joyce stark war und daß sie Freunde hatte, an die sie sich wenden konnte, wenn er nicht mehr da war.

Er brauchte keine Aufmunterung. Er brauchte niemanden, der sagte: »Ich werde dabei helfen, die Kinder aufzuziehen.« Oder: »Ich werde mich um Joyce kümmern, wenn du gegangen bist.« Er brauchte auch niemanden, der sagte: »Wenigstens hast du keine Schmerzen. Wenigstens konntest du alles vorbereiten. Wenigstens hast du in deinem Leben etwas Sinnvolles zustande gebracht.«

Mark brauchte jemanden, der sich über die Schmerzen berichten ließ, der seine Traurigkeit teilte und der mit ihm weinte.

Akzeptieren

Akzeptanz ist ein Gefühl friedfertiger Resignation, das in der Regel erst auftritt, wenn der Tod nahe bevorsteht. Es ist nicht ungewöhnlich, daß Patienten Zeiten der Hinnahme erleben, um dann mit einemmal, vieleicht durch einen einzigen Satz ausgelöst, wieder in ein anderes Stadium zu verfallen. Aber schließlich naht der Tod, und damit geht das endgültige Akzeptieren einher. Zu diesem Zeitpunkt braucht der Patient, vorausgesetzt, er fühlt sich in seiner Umgebung wohl, wenig mehr als die Anwesenheit von ein oder zwei für ihn wichtigen Menschen.

Gehören Sie dazu, so werden Sie sehr gemischten Gefühlen ausgesetzt sein. Die Ruhe, die von einem Menschen ausgehen kann, der seinen Tod akzeptiert hat, mag auch für Sie wohltuend sein. Aber diese Hinnahme wird von einer Loslösung, einem Rückzug von anderen begleitet, ganz gleich, wie eng die Beziehung vorher war. Das kann für diejenigen, die zurückbleiben, sehr schmerzhaft sein.

Max

Ein Jahr bevor Max in den Ruhestand treten sollte, begann er zusammen mit seiner Frau Paula eine Reise quer durch das ganze Land zu planen. In seiner letzten Arbeitswoche wurde bei Max Krebs diagnostiziert. Sein Ruhestand begann nun nicht mit der Reise, sondern mit achtzehn Monaten an Behandlungen, Verordnungen, Krankenhausaufenthalten, zunehmender Schwäche und immer seltener werdenden Perioden des Wohlbefindens. In dieser Zeit haderte Max mit der Ungerechtigkeit des Lebens und schwor sich, wieder gesund zu werden.

»Ich will einfach nicht krank sein. Ich will den Grand Canyon sehen!« erklärte er Paula. »Ich will nicht sterben! Ich will dich nicht verlassen. Ich will das Vergnügen haben, so, wie wir uns das ausgedacht haben.«

Max konnte diese Reise nicht mehr unternehmen. Während seiner letzten Lebenstage lag er im Bett und sprach kaum noch. Die Kommunikation beschränkte sich auf ein liebevolles Lächeln, wenn Paula ihm den Rücken einrieb, ihm die

Medizin brachte oder ihm Eiscreme einflößte. Er schien sich vollkommen wohl und friedlich zu fühlen - ganz im Gegensatz zu Paula.

»Ich weiß, daß ich froh sein sollte, daß er nicht leiden muß, daß er mehr dagegen ankämpft«, sagte sie. »Aber ich bin nicht froh! Ich will nicht, daß er so ist - es ist schrecklich! Es scheint mit so egoistisch, es zu sagen, aber mir kommt es so vor, als wäre er froh zu gehen! Irgendwie so, als verlasse er mich, und das auch noch gerne. Das halte ich nicht aus!«

Max war in der Lage, sich loszusagen - von der geplanten Reise, von seinem Wunsch, gesund zu werden, sogar von dem Bedauern, seine Frau verlassen zu müssen. Er konnte deshalb loslassen, weil er sich dem Kummer gestellt hatte und nun für den Tod bereit war. Auf Paula wirkte dies wie eine Zurückweisung; Max kapselte sich von ihr ab. Das tat weh. Und dennoch schien sie irgendwie von ihrer eigenen Reaktion peinlich berührt.

Das ist keine außergewöhnliche Verhaltensweise. Viele Menschen denken, sie dürften sich nur mit den Bedürfnissen des Sterbenden abgeben, mit der Beendigung seines Leidens.

Wir müssen uns aber genauso um uns selbst und unseren eigenen Verlust kümmern. Paula hatte sich gewünscht, daß Max sich nicht mehr auflehnte und in Frieden starb. Gleichzeitig wollte sie natürlich nicht, daß er sie verließ. Das tat ihr weh. Um Paula zu helfen, mußte man sie weinen lassen, auf ihren Kummer hören, ohne ihn zu verurteilen, und an ihrem Leid Anteil nehmen.

Die meisten Sterbenden, wie auch ihre Familien und Freunde, befinden sich in immer anderen Stadien des Sterbens. Sie wechseln viele Male von Zorn über Nicht-wahrhaben-Wollen und Hinnahme zu Verhandeln und Depression.

Nachdem sie eine sechs Wochen dauernde Bestrahlung wegen eines ausgeprägten Lungenkrebses, der nicht operiert werden konnte, hinter sich gebracht hatte, mußte ihre Familie einsehen, daß Julia wohl nicht mehr gesund werden würde, und tatsächlich verschlechterte sich ihr Zustand zunehmend. Julia und ihr Mann sprachen mit dem Arzt, der die Bedenken bestätigte – ihr blieben vielleicht noch drei Monate zu leben. Sie erzählten es ihren beiden erwachsenen Töchtern, die ganz in ihrer Nähe wohnten, und ihrem Sohn, der an der Westküste lebte.

Als ich am nächsten Nachmittag kam, weinte Julias Tochter Jane, eine ehemalige Krankenschwester, die einen großen Teil der Pflege übernommen hatte, in der Küche.

»Es ist schwer, das alles auszuhalten«, meinte sie. »Letzte Nacht sagte meine Mutter, daß man den Ärzten ja nie ganz trauen könne und daß sie wieder gesund werde, wenn sie erst wieder normal essen könne. Das hat meinen Vater wirklich zur Verzweiflung getrieben. Er schrie sie an und rannte aus dem Haus. Er blieb für Stunden weg, und als er wiederkam, war er betrunken. Heute morgen dann schlug meine Schwester Sally am Telefon vor, mit einem Beerdigungsinstitut in Kontakt zu treten. Sie begriff nicht, warum ich nicht aufhören konnte zu weinen. Dann rief mein Bruder aus Kalifornien an, um von einer neuen Chemotherapie zu erzählen; er wollte wissen, ob Mutters Ärzte sie kannten, obwohl wirklich keine Hoffnung mehr besteht. Dreht diese Familie durch, oder bin ich's?

Wir begannen über ihre Traurigkeit und ihren Schmerz zu sprechen. Die Aussichten für ihre Mutter überraschten Jane nicht. Während ihrer Krankenhausarbeit hatte sie mit vielen Krebspatienten gearbeitet.

»Ich wußte, daß es ihr schlechterging, und ich dachte, ich wäre darauf vorbereitet«, sagte sie. »Ich dachte nicht, daß es so schwer werden würde.«

Diese Haltung findet sich immer wieder. Menschen, die im Krankenhausbereich arbeiten, glauben oft, daß sich das Leid irgendwie verringere, weil sie verstehen, was mit jemandem geschieht. Aber Wissen gewährt nur Verständnis; es verringert nicht den Schmerz.

Jane wußte, daß sie bekümmert und deprimiert war, aber sie war auch gleichzeitig froh, daß sie sich zumindest mit der Realität auseinandersetzte. Sie ging in ihrer Reaktion weiter als die anderen Familienmitglieder.

»Mutter will es nicht wahrhaben, aber das wird nicht lange andauern«, sagte sie. »Sie weiß schon eine ganze Zeit lang, daß es ihr schlechtergeht; letzte Woche teilte sie mir sogar mit, daß es so nicht länger weitergehen könne. Dad aber ist unverbesserlich. Er versteckt seine Gefühle immer hinter unwirschen Äußerungen und dem Trinken.«

Dann lachte sie und zeigte auf den Haufen benutzter Taschentücher auf dem Küchentisch.

»Aber unsere Generation zeigt sich auch nicht in einem viel besseren Licht«, meinte sie. »John ist ein echtes Schlitzohr. Ich wette, er glaubt, er könne ein Wundermittel für Mutter auftun, das alles heilt. Und Sally – sie wird ganz ruhig und kontrolliert sein, die Situation für eine gewisse Zeit akzeptieren. Bei einer Veränderung aber wird sie zusammenbrechen.«

Als ich einige Tage später wiederkam, hatte Jane einiges erreicht.

»Wir haben die Rollen getauscht«, erzählte sie. »Ich habe Vater wegen des Trinkens angeschrien. Er und Mutter hatten ein langes Gespräch über die Beerdigung; Mutter beauftragte ihn, den Priester zu rufen. Pfarrer Wheeler kam vorbei, und sie haben die Zeremonie besprochen. Vater weinte den ganzen Abend lang.«

»Mutter stellt jetzt eine Liste zusammen, wer von den Enkeln was bekommen soll«, fuhr Jane fort. »Sie sammelt Spieluhren und versieht ihre schönsten mit einem Schildchen, damit wir wissen, welche für wen bestimmt ist. Sally rief den Arzt an, um in Erfahrung zu bringen, wie das neue Medikament wirken würde. John rief an, um zu erzählen, daß er die letzten Nächte nicht geschlafen hatte, weil er besorgt war, daß er Mutter nicht mehr sehen würde, bevor sie starb. Er wird am Wochenende nach Hause kommen.«

Kurz gesagt, Janes Depressionen hatten sich in Wut verwandelt, das Nicht-wahrhaben-Wollen der Mutter in Akzeptieren, die Wut des Vaters in Depression, Sallys Akzeptieren in Verhandeln und Johns Verhandeln in Depression und schließlich Akzeptieren. Dabei handelte es sich aber nur um die Gefühle, die Jane verfolgen oder beobachten konnte. Dies ist ein sehr anschauliches Beispiel dafür, was mit den Gefühlen innerhalb einer Familie geschieht, wenn jemand stirbt. Jede der beteiligten Personen erlebt eine ganze Reihe von Gefühlen; jede bringt eine bestimmte Vorgeschichte an Erfahrungen und ein spezielles Verhaltensmuster in die Situation ein.

Bis zu einem gewissen Grad verhalten sich die meisten Menschen, wenn sie mit ihrem eigenen Tod oder dem eines anderen konfrontiert werden, so, wie sie auch sonst auf eine Krise reagieren. Ruhige Menschen bleiben ruhig; ungehaltene, dominante Menschen bleiben auch weiterhin ungehalten und dominant; Menschen, die bekannt dafür sind, sich um andere zu kümmern, werden sich vielleicht bis zu ihrem letzten Atemzug darum bemühen.

Wie reagiert man auf die genannten Gefühle? Was, wenn der Patient nicht wahrhaben will, der Partner wütend wird, die Tochter depressiv ist, der Sohn verhandeln will und der beste Freund akzeptiert? Der erste Schritt ist vielleicht der schwierigste: Bleiben Sie ruhig. Versuchen Sie nicht, jemanden zu Verleugnung, Wut und Depression hinzuführen, damit er letztendlich akzeptieren kann. Viele Menschen sehen dies als »richtige« Reaktion auf den Tod. Akzeptieren kann angenehmer sein als die anderen Stadien – vor allem für die Außenstehenden. Aber es gibt bezüglich der verschiedenen Stadien des Sterbens kein »richtig« oder »falsch«, kein »angemessen« oder »unangemessen«. Es handelt sich bei allen um normale, folgerichtige Reaktionen auf einen Prozeß.

Versuchen Sie nicht, Ratschläge zu erteilen oder nach Lösungen zu suchen. Hören Sie zu. Nehmen Sie an. Das ist sehr schwer. Wenn Sie wirklich zuhören, werden Sie die Qualen heraushören, sie vielleicht sogar selbst empfinden. Allein um Ihren eigenen Schmerz zu lindern, werden Sie versucht sein, Ratschläge einzubringen, die Wut zu entschärfen oder *irgend etwas* zu sagen, um Schmerz und Traurigkeit zu vermeiden. Unglücklicherweise gibt es dafür keinen vernünftigen Weg.

SICH NÜTZLICH FÜHLEN

Wie intensiv werden Sie beteiligt sein? Sollte es Ihr Partner, Ihr Kind oder ein Elternteil sein, der sterben wird, werden Sie für einen wesentlichen oder zumindest großen Teil der Pflege verantwortlich sein und die meiste Zeit dafür verwenden. Ist der Sterbende ein Freund, werden Sie darüber nachdenken, inwieweit Sie sich engagieren können. Wahrscheinlich werden Sie für einen Bekannten, der krank ist, weniger Zeit aufwenden als für jemanden, der Ihnen sehr nahe steht. Die Intensität des Einsatzes, die am fruchtbarsten ist, unterscheidet sich nicht oder nur geringfügig von der, die vor dem Ausbruch der Krankheit bestand. Aber es ist wichtig, ganz bewußt zu entscheiden, wie sehr Sie sich einsetzen wollen.

Entscheiden Sie sich dafür, keine Besuche zu machen oder aktiv in das Sterben eines Freundes eingebunden zu sein, so ist es vielleicht hilfreich zu beobachten, was vor sich geht. Viele Menschen senden Blumen, Briefe oder kurze Mitteilungen, in denen sie zum Ausdruck bringen, daß sie an den Sterbenden denken. Sie gewinnen dadurch das Gefühl, die Situation anerkannt zu haben. Würden sie es dagegen vermeiden, darüber nachzudenken, wie oft oder selten sie einen Menschen sehen wollen, oder denken sie zwar darüber nach, treffen aber keine Entscheidung, so können die Schuldgefühle leicht ein Unbehagen sowohl vor als auch nach dem Tod hervorrufen.

»Ich habe sie fallenlassen«, werfen Sie sich vielleicht vor. »Ich hätte Sie anrufen sollen. Jetzt tut es mir sehr leid, daß ich nicht mehr getan habe.«

Viele Menschen, die im Sterben liegen, fühlen sich sehr einsam, nicht nur, weil sie niemand besucht, sondern auch wegen des Verlaufs eines Besuches. Viele Besucher verbringen die Zeit, indem sie sich in ein Gespräch über das Wetter, den Sport oder die Politik stürzen. Mehr oder weniger bewußt ist dies vielleicht beabsichtigt, um durch das Geschwätz zu verhindern, daß sich der Sterbende vertraulich an einen wendet. So wird die Welt eines sterbenden Menschen immer kleiner und reduziert sich auf einige wichtige Beziehungen und auf das Fortschreiten seiner Krankheit. Wird es todkranken Menschen nicht zugestanden, darüber zu sprechen, was mit ihnen geschieht, so werden sie einsam, sogar inmitten liebevoller und besorgter Menschen. Sie fühlen sich isoliert und verlassen und werden ihrerseits ärgerlich und wütend.

Es ist also sehr wichtig, vorab darüber nachzudenken, wie Sie helfen und was Sie sagen wollen.

Jean

Kurz vor ihrem Tod schrieb Jean: »Konnte die Freundin, die mich die meiste Zeit umsorgte, einmal für ein paar Tage nicht dasein, boten andere ihr an, ich könnte sie anrufen, wenn ich etwas brauchte. Einige sagten mir dies auch persönlich. Aber nur eine Frau machte ein konkretes Angebot.«

»›Ich weiß, daß du zur Kirche gehst, wann immer du kannst‹, sagte sie. ›Ich würde dich gerne am Sonntag mitnehmen. Ich komme um zehn Uhr bei dir vorbei. Und mach dir keine Gedanken, wenn du dich in letzter Sekunde entscheidest, daß du doch nicht mitkommen willst. Es macht mir überhaupt keine Umstände.‹«

»Dieser Anruf erleichterte mich wirklich sehr«, schrieb Jean. »Ich bringe es nicht fertig, einfach jedes beiläufig geäußerte Angebot aufzugreifen, weil ich dann um Hilfe fragen muß. Aber ich bin sehr dankbar dafür, wenn jemand einen Vorschlag macht, wie er mir helfen könnte, und ihn dann auch in die Realität umsetzt!«

Wollen Sie bei ganz alltäglichen Erledigungen helfen, formulieren Sie Ihr Angebot lieber sehr konkret als allgemein. Sagen Sie nicht »Ruf mich an, wenn ich etwas für dich tun kann« oder »Laß mich wissen, wenn du Hilfe brauchst«. Zum einen sind todkranke Menschen überfordert, wenn sie Aufgaben an andere delegieren sollen, zum anderen sind sie sich ihrer Bedürfnisse vielleicht gar nicht so bewußt oder fragen

sich, ob Sie lediglich höflich sein wollen. Werden Sie also möglichst konkret.
»Ich weiß, daß du gerne Musik hörst«, könnten Sie zum Beispiel zu einem Freund sagen. »Soll ich dir nicht morgen ein paar CDs oder Kassetten mitbringen?«
Bieten Sie an, den Einkauf zu erledigen. Schlagen Sie vor, im Haus Staub zu saugen oder zu wischen. Geben Sie dem Kranken stets die Möglichkeit, in letzter Minute abzusagen. Wenn Sie dann noch eine Bemerkung wie »Wenn dies nicht das richtige ist, laß mich wissen, wonach dir sonst ist« hinzufügen, erleichtern Sie es dem Kranken, einen Wunsch zu äußern.
Sind Sie an erster Stelle für die Pflege verantwortlich, so lassen Sie Hilfe zu. Die Unterstützung und das Engagement anderer werden in Ihnen das Gefühl, überlastet zu sein, verringern. Sollte Ihnen jemand das Angebot zu helfen machen, zögern Sie nicht, einen konkreten Vorschlag zu machen. Freunde wollen nicht selten zur Seite stehen, wissen aber nicht, wie. Sie werden sich nützlicher fühlen, wenn Sie in der Lage sind, ihnen konkrete Aufträge zu erteilen. Ihnen selbst bleibt dabei mehr Kraft für andere Dinge.

Über den Tod sprechen

Über den Tod zu sprechen gehört zu den schwierigsten Angelegenheiten. Vielleicht haben Sie Angst, mit dem, was Sie sagen, irgend etwas »schlimmer zu machen«.
Viele Menschen glauben, daß sie Kranke aus der Fassung bringen könnten, wenn sie über den Tod sprächen. Sie befürchten, daß sie selbst und dadurch vielleicht auch der Todkranke in Tränen ausbrechen könnten, wenn sie eine so traurige Gegebenheit wie den bevorstehenden Tod eines

Freundes zu thematisieren versuchen. Diese Selbstbeherrschung aber wird nicht selten als Zeichen der Gleichgültigkeit empfunden.

Sonia

Sonia beklagte sich darüber, daß ihre Kinder so bemüht waren, stets tapfer und ruhig zu wirken. »Warum weinen sie nicht? Nach allem, was ich für sie getan habe, müßten sie doch traurig sein, daß ich sterben muß!«
Ihr Sohn war sehr betroffen.
»Wir wollten es nur nicht noch schlimmer für dich machen, Mutter«, sagte er. »Ich weiß doch, daß du es schon immer nur schwer ausgehalten hast, wenn einer von uns aus der Fassung geraten war. Immer hast du mit uns geweint.«
»Ich habe geglaubt, meine Situation sei euch egal!« erwiderte sie.

Vergegenwärtigen Sie sich, daß Schweigen als Zeichen mangelnden Mitgefühls verstanden werden kann. Viele Faktoren hängen von der Ernsthaftigkeit und Vertrautheit ab, mit der Sie und der Patient über Tod und Sterben sprechen. Versucht der Patient, die Diagnose anzunehmen, mit der Krankheit zu leben und sich auf den Tod vorzubereiten, sollten Sie daraus schließen, daß es hilfreich sein könnte, das Thema aufzugreifen. Und häufig ist dem tatsächlich so.
Es kann jedoch auch passieren, daß der Patient für ein Gespräch über den Tod noch nicht vorbereitet ist oder nicht die Kraft dazu verspürt. Vielleicht gibt es jemand anderen, mit dem er spricht. Vielleicht will er Sie schonen oder eben einfach nicht darüber sprechen. Zwingen Sie niemanden zu einem Gespräch, weichen Sie aber auch nicht aus.
Eine Möglichkeit, ein Gespräch zu beginnen, besteht darin, dem todkranken Menschen Ihr Interesse zu vermitteln.

Wenn Sie nicht wissen, ob der Patient wieder genesen wird, kann eine Frage wie »Ist alles in Ordnung?« oder »Sagst du mir, was vor sich geht?« einen Gesprächsanfang für beide erleichtern. Das erste Gespräch ist in der Regel das schwierigste. Ist das Eis erst einmal gebrochen, fällt es ein wenig leichter.

Zeigen Sie Ihre Gesprächsbereitschaft, und lassen Sie den Austausch sich dann entwickeln. Sie können mit einer einfachen Bemerkung beginnen: »Es tut mir sehr leid zu hören, daß du so krank bist.« Oder: »Es macht mich sehr traurig, was mit dir geschieht.« Warten Sie auf eine Antwort. Hören Sie zu. Es gibt kein Rezept für das »richtige« Wort. Aber über Ihre Liebe und Anteilnahme zu sprechen ist niemals falsch.

Seien Sie unbesorgt, daß Sie etwas »Falsches« tun oder sagen könnten. Den meisten von uns ist schon eine verkehrte Bemerkung herausgerutscht. Aber wirklich gute Beziehungen gehen daran nicht kaputt. Kranke können in der Regel Fehler tolerieren, die bei ehrlichem, liebevollem Bemühen zu helfen unterlaufen.

Weit schwerer fällt es - sowohl dem Kranken als auch sich selbst - zu verzeihen, wenn etwas zu tun oder zu sagen versäumt wurde. Todkranke Menschen sind auf die Begleitung derjenigen angewiesen, die zuhören und ihre Situation verstehen wollen, die nicht aufhören, auch im Angesicht des Todes ihre Liebe und Freundschaft anzubieten.

II
TODESBEWUSSTSEIN: WAS ICH ERLEBE

Die folgenden fünf Kapitel beschäftigen sich mit den Erfahrungen sterbender Menschen, wenn sie sich dem Tod nähern. Sie werden uns erzählen, daß sie über ihr Sterben Bescheid wissen, und beziehen sich oft auf eine Reise oder eine Veränderung. Einige berichten, daß sie mit Menschen gesprochen oder deren Anwesenheit gespürt haben, die wir nicht sehen können, die sie aber auf ihrer Reise begleiten. Einige schildern den Frieden und die Schönheit eines anderen Ortes, der unsichtbar ist für alle, die um sie herum sind. Wieder andere wissen - und erzählen uns sogar davon -, wann sie sterben werden.

Wenn todkranke Menschen derartige Erlebnisse haben, wirken sie nicht selten gedankenverloren, außer sich und vielleicht sogar ein bißchen konfus. Sie stellen Fragen, ihr Blick wirkt glasig, sie scheinen durch uns hindurchzusehen, als würden sie etwas anderes anvisieren. Es läßt sich eine Parallele zur Geburt herstellen. Sie sehen aus wie Frauen, die in den Wehen liegen - beschäftigt, hart arbeitend und konzentriert darauf, was mit ihnen geschieht.

Sterbende Menschen fühlen sich von solchen Erlebnissen nicht gestört, sondern empfinden sie vielmehr als angenehm, beruhigend und sogar tröstlich. Familienangehörige und Freunde dagegen empfinden die Versuche eines Patienten, seine Erfahrungen zu beschreiben, als belastend oder beängstigend, weil sie glauben, daß der Kranke halluziniert, daß er verwirrt oder verrückt sein könnte. Diejenigen, die solche Beschreibungen als das verstehen, was sie sind - nämlich Informationen darüber, wie es ist zu sterben -, können von den Sterbenden lernen und an dem Frieden und Wohlgefühl, die sie erfahren, teilhaben.

Kapitel fünf

»Wo ist der Stadtplan?«

Ellen

Ellen sah wie ein ganz normaler siebzehnjähriger Cheerleader aus - blauäugig, blond, hübsch, strahlend, ein ganzer Kerl. Alles, was sie anpackte, gelang ihr hervorragend. Sie war eine gute Schülerin und freute sich darauf, im Herbst zusammen mit ihren Freunden aufs College zu gehen. Aber im September ihres letzten Schuljahres verspürte sie einen stechenden Schmerz im Oberschenkel.

Zuerst dachte sie, sie hätte sich eine Muskelzerrung zugezogen, als sie für eine Fußballmannschaft das Hurrageschrei anstimmte. Aber der Schmerz hielt an und verschlimmerte sich. Das Bein wurde immer schwächer, und so ging sie schließlich zum Arzt. Zum Schrecken ihrer Familie gaben die Röntgenaufnahmen eine Krebsgeschwulst preis, die sich von einer anderen Stelle im Körper in die Knochen ihres Beines ausgedehnt hatte.

Trotz ausführlicher Untersuchungen konnte der Herd von Ellens Geschwulst nie ausfindig gemacht werden. Der Krebs hatte bereits auf andere Knochen - Rippen, rechte Hüfte und Schulter - übergegriffen, so daß an eine Amputation nicht mehr zu denken war. Mit der Bestrahlung wurde sofort begonnen.

Ellen und ihre Familie reagierten auf die Krankheit mit stiller Benommenheit, fühlten sich näher zueinander hingezogen und unterstützten sich gegenseitig. Das Mädchen entschloß sich, die Krankheit als Herausforderung zu sehen und nicht so sehr als Katastrophe. Ihre Entschlossenheit griff auch auf ihre Familie und ihre Freunde über. Jeder sprang ein, um ihr zu helfen, daß sie die Schule fortsetzen konnte, solange sie die Bestrahlungen erhielt.

Viele Male trugen Ellens Brüder, Lehrer und Freunde ihre Bücher oder schoben ihren Rollstuhl durch die Schulkorridore. Ein Nachhilfelehrer arbeitete zu Hause mit ihr, wenn sie sich zu schwach fühlte, um zur Schule zu gehen. Irgendwie war sie in der Lage, ihre Noten zu halten, und beendete die Schule gemeinsam mit ihrer Klasse, die ihr stehende Ovationen darbrachte.

Als ihre Freunde dann im Herbst auf das College wechselten, verkündete sie ihnen unter Tränen: »Ich treffe euch im nächsten Semester wieder, wenn meine Bestrahlungen abgeschlossen sind!«

»Wir haben einen engen, christlichen Familienzusammenhalt«, sagte ihre Mutter. »Wenn einer von uns ein Problem hat, tragen wir alle daran. Wir kämpfen uns zusammen durch.« Und sie kämpften in der Tat.

»Meine Prinzessin ist eine Kämpfernatur; der Krebs wird sie nicht aufhalten können!« sagte ihr Vater.

Aber der Krebs hielt sie auf. Auf verschiedene Behandlungen reagierte sie nur mäßig, und ihre Krankheit breitete sich in alarmierendem Tempo aus. Ellens Träume vom College und vom Erwachsenwerden verblaßten. Ihr Interesse an der Welt schwand. Die Besuche von Freunden verloren allmählich an Interesse bei ihr. Sie wollte einfach zu Hause bei ihrer Familie sein.

Weil nichts half, entschloß sich Ellen, die Behandlungen einzustellen. Die »guten Zeiten« wurden immer kürzer und seltener. Als sie zunehmend schwächer wurde und kaum mehr in der Lage war, irgend etwas ohne Hilfe zu erledigen, drängte der Arzt die Familie, das Hospiz um Anleitung für die letzten Phasen der Krankheit zu bitten. Aber die Familie sträubte sich dagegen.

»Wir brauchen niemand anderen«, sagte die Mutter. »Wir kommen gut alleine zurecht.«
Der Arzt ließ nicht locker. »Ellen wird so schwach werden, daß sie nicht mehr in meine Praxis kommen kann«, erklärte er. »Ich mache keine Hausbesuche und möchte sie von Fachleuten betreut wissen, damit ich sicher sein kann, daß sie es so gut wie möglich hat.«
»Wir geben viel auf Ihre Meinung, deshalb werden wir darüber nachdenken«, sagte Ellens Vater. »Wir befürchten eben, daß Ellen das Gefühl haben wird, daß wir alle sie aufgegeben haben, wenn sie das Wort ›Hospiz‹ hört.«
Dies war ungefähr einen Monat bevor Ellens Eltern uns benachrichtigten. Der Zustand des Mädchens hatte sich inzwischen dramatisch verschlechtert. Sie war nun ans Bett gebunden, und die Schmerzen wurden immer stärker.
Als ich zu meinem ersten Besuch in ihre Einfahrt fuhr, stand Ellens Vater resolut im Hof und wartete auf mich.
»Sie werden mit ihr nicht über das Sterben sprechen, oder?« fragte er. »Wir müssen stark für sie sein.«
Ich versicherte ihm, daß ich Ellen und ihre Familie gerne kennenlernen wollte und daß ich nur über Dinge sprechen würde, die auch sie erörtern wollte. Aber, fuhr ich fort, ich würde ihr eine ganze Menge Fragen zu ihrem Wohlbefinden stellen. Ich wollte vor allem, daß Ellen sich in meiner Gegenwart wohl fühlte.

Es kommt häufig vor, daß die Hospizschwester von der Familie zunächst mit einer Warnung begrüßt wird: »Sagen Sie nichts über das Sterben. Sie weiß nichts davon und könnte bestimmt nicht damit umgehen!« Kurz darauf teilt der Patient der Schwester ganz vertraulich mit: »Sagen Sie meiner Familie nichts davon, daß ich sterben muß. Sie wissen nichts davon und könnten nicht damit umgehen!« Mit Unterstützung und Ermutigung können sowohl Patient als auch Familie diese Verschwörung beenden und zu einer ehrlichen, offenen Haltung übergehen.

»Sie weigert sich, irgendwelche Schmerzmittel einzunehmen«, sagte Ellens Vater und lehnte sich an mein Auto. »Sie weiß, daß es Narkotika sind, und sie will nicht abhängig werden davon.«

»Ich werde mich nach Ellens Bedürfnissen richten, wie auch immer sie aussehen«, sagte ich. »Es ist sehr wichtig, daß sie die richtigen Informationen erhält, damit sie mit der Situation wirklich auf ihre Weise umgehen kann, und dies so angenehm wie möglich.«

Der Vater wirkte sehr erleichtert. »Wir wollen einfach nicht wahrhaben, was mit ihr geschieht«, sagte er und kämpfte mit den Tränen. »Wir möchten Ihnen wirklich nicht die Arbeit schwermachen, aber sie mußte schon so viel erleiden. Wir wollen einfach nicht, daß Sie etwas sagen oder tun, was sie aus der Fassung bringen könnte.«

»Ich verstehe Ihre Sorge«, sagte ich. »Aber ich glaube, Sie werden sich alle wohler fühlen, wenn Sie mich besser kennen. Wie wäre es, wenn wir sie einfach gemeinsam besuchten?« fragte ich. Immer noch etwas zögernd gestatteten mir Ellens Eltern schließlich, ihre Tochter zu besuchen.

Durch den hohen Gewichtsverlust zeichneten sich Ellens Knochen scharf ab. Sie sah aus wie ein junges, zerbrechliches Fohlen. Große, weiche Kissen umgaben sie. Ihre Mutter und ich saßen auf der einen Seite des Bettes, während ihr Vater wie eine Wache hinter dem Kopfende stand, um mir schnell genug ein Zeichen geben zu können, falls das Gespräch ein Tabuthema berühren sollte.

Ellen schien unbefangen und erfreut, mich kennenzulernen. »Das wäre ganz toll, wenn Sie einige Vorschläge machen könnten, welche die Situation für meine Leute erleichtern würden«, sagte sie. »Es ist ein harter Kampf für sie.«

»Weißt du was, Ellen«, sagte ich. »Das ist genau, was deine Eltern über dich gesagt haben. Ich habe gehört, daß du selbst ganz schön hart gekämpft hast. Wie wäre es also, wenn wir alle zusammenarbeiten würden, um es für jeden erträglicher zu machen?« fragte ich. Ellen lächelte zustimmend, und ihr Vater entspannte sich sichtlich.

Das Gespräch näherte sich langsam den Schmerzen und ihrer Angst, abhängig zu werden.

»Würdest du dieses Medikament einnehmen, wenn du nicht krank wärest und keine Schmerzen hättest?« fragte ich. »Würdest du dieses Mittel nehmen, um der Realität zu entfliehen oder weil du dich gerne high fühlen möchtest?«

»Natürlich nicht!« antwortete Ellen entrüstet.

Ich erklärte ihr, daß die Angst vor einer Abhängigkeit ganz gewöhnlich sei. Einige Menschen werden auch abhängig, weil sie Schmerz- und Beruhigungsmittel falsch handhaben. Abhängigkeit aber ergibt sich dann, wenn Medikamente aus physischen *und* psychischen Gründen eingenommen werden. Werden die Medikamente richtig und ausschließlich aus physischen Gründen angewandt, besteht das Problem der Abhängigkeit nicht. Ein physischer Gewöhnungseffekt kann auftreten, wenn die Medikamente über einen längeren Zeitraum hinweg eingenommen werden, dann aber kann die Dosis erhöht werden, um wieder Erleichterung zu verschaffen. Ich erklärte ihr, daß eine Sucht auch den Faktor der psychischen Abhängigkeit einschließt. Fehlt diese Komponente, so handelt es sich nicht um Sucht. Verantwortlich angewandt muß Schmerzmedikation also nicht zur Abhängigkeit führen.

Ich erklärte, daß Ellen regelmäßig kleine Dosen ihrer Schmerzmittel einnehmen sollte, auch wenn sie sich nicht sehr unwohl fühlte. Damit könnte sie sowohl Phasen extremer Schmerzen vermeiden, die dann die hohe Dosierung verlangten, die sie unregelmäßig eingenommen hatte. Zudem würde sie sich dadurch aber auch nicht ruhiggestellt fühlen.

»Ich werde es zwei Tage lang so ausprobieren, und wir werden dann sehen, in Ordnung?« fragte sie.

»Gut«, sagte ich. »Wir machen einen Schritt nach dem anderen. Du bist der Chef!«

Danach begleitete mich Ellens Vater zu meinem Auto.

»Würden Ihnen meine Besuche zwei- oder dreimal in der Woche passen?« fragte ich ihn. »Ich denke, es gibt noch eine ganze Menge zu tun, das Ihnen helfen könnte. Offensichtlich ist Ellen gleichermaßen um Sie und Ihre Frau besorgt wie Sie um Ellen.«

»Könnten wir das für einen Monat ausprobieren und uns dann entscheiden?« fragte er. Es wurde ganz klar, daß es innerhalb der Familie eine große Rolle spielte, die Kontrolle zu bewahren.

»Natürlich!« sagte ich. »Sie können mich jederzeit feuern.«

Fast einen Monat lang sorgte die Familie sehr gut für Ellen und hatte eine ruhige, von Liebe erfüllte Zeit, bis ich eines Tages einen verzweifelten Anruf von Ellens Mutter erhielt.

»Kommen Sie schnell«, bat sie. Im Hintergrund konnte ich Ellen jammern hören: »Wir verlaufen uns!«

Als ich eintraf, fuchtelte Ellen wild im Bett herum und schien gequält. Ihre Eltern versuchten vergeblich, sie zu beruhigen.

»Wo ist der Stadtplan?« rief sie. »Ich habe mich verlaufen!«

An diesem Morgen hatten die Eltern Ellen in das Zimmer unten neben ihrem eigenen verlegt. Ihre Stimme war immer leiser geworden, und sie befürchteten, daß sie überhören könnten, wenn Ellen in der Nacht Hilfe brauchte.

Weil sie dachten, daß die Veränderung sie verwirrt habe, liefen sie die Treppe rauf und runter, um die gewohnten Dinge aus dem alten Zimmer zu bringen und ihr damit wieder eine Orientierung zu verschaffen. Je mehr sie aber rannten, je mehr sie anbrachten, desto verwirrter und aufgeregter wurde Ellen. Sie stieß sie zur Seite, während Angst und Unbehagen sich steigerten.

»Wo ist der Stadtplan?« schrie sie. »Wenn ich nur den Stadtplan finden würde, könnte ich nach Hause gehen! Wo ist der Stadtplan? Ich will nach Hause!«

Ihr Vater stürzte hinaus, brachte einen Stadtplan und heftete ihn an die Wand neben ihrem Bett, weil er dachte, daß es helfen würde. Aber Ellen geriet nur noch mehr aus der Fassung. Als auch die zusätzliche Dosis Schmerzmittel, die ich ihr verabreichte, nicht half, nahm ich die Eltern zur Seite.

»Könnte es sein, daß sie von einem anderen Zuhause spricht?« fragte ich.

»Wir haben kein anderes Haus«, sagte ihre Mutter. »Aber wir haben immer vom Himmel als unserem zukünftigen Zuhause gesprochen. Meint sie das vielleicht? Glauben Sie, daß sie bald sterben wird?«

»Ellen sieht nicht so aus, als würde sie bald sterben«, sagte ich. »Aber so krank, wie sie ist, ist es durchaus möglich.«

Ihre Eltern nahmen an, daß sie sich auf den Himmel bezog und ihnen durch ihre »Verwirrung« mitzuteilen versuchte, daß sie bald sterben würde.

Wir gingen in Ellens Zimmer zurück. Die Eltern saßen links und rechts neben dem Bett, hielten ihre Hände und küßten sie.

»Ellen, alles ist in Ordnung«, sagten sie. »Du *wirst* den Stadtplan finden, und du *wirst* deinen Weg finden. Wir verstehen, was geschieht, und wir sind bei dir.«

Ellen wurde sofort ruhig und friedlich und schlief sanft ein. Ihre Eltern streichelten ihre Hände und wurden so selbst ganz ruhig. Die Krise schien behoben, und ich ging leise weg.

Am nächsten Tag, es war ein Samstag, beauftragte ich die Bereitschaftsschwester, nach ihnen zu sehen.

»Ich rief sie an, um sie zu informieren, daß ich in der Nähe sei«, berichtete die Schwester später. »Obwohl sie mir sagten, daß alles in Ordnung sei, teilte ich ihnen mit, daß ich irgendwann am Nachmittag auf einen kurzen Besuch vorbeischauen würde.«

»Als ich dort war, war Ellen zwar wach, aber sehr schläfrig und schien sich ganz wohl zu fühlen«, fuhr sie fort. »Ihren Eltern und Brüdern schien es gutzugehen. Abwechselnd saßen sie neben ihrem Bett und hielten ihre Hand. Sie hatten die ganze Nacht hindurch verschiedene Schichten eingelegt, so daß jeder zu etwas Ruhe gekommen war. Ich konnte keine Schwierigkeiten erkennen.

Ellen schlief. Deshalb befanden sich alle im Wohnzimmer und sprachen mit mir, als Ellen ohne Vorankündigung starb – ganz ruhig und voller Frieden. Wir waren sehr überrascht, aber Ellens Mutter sagte: ›Sie war so in Sorge, daß dies für uns alle zu schwer würde. Ist es nicht sonderbar, daß sie starb, gerade als die Schwester hier war, um uns zu helfen?‹ Sie versammelten sich an ihrem Bett, berührten sie und murmelten ihre Abschiedsworte. Weinend sagte die Mutter: ›Nun ist sie zu Hause. Sie hat den Stadtplan gefunden.‹«

Sterbende benutzen oft die Metapher des Reisens, um ihre Mitmenschen darauf aufmerksam zu machen, daß die Stunde des Todes gekommen ist. Zudem sind sie äußerst an dem Wohlergehen derer, die sie lieben, interessiert und fragen sich selbst: »Verstehen sie es? Sind sie vorbereitet? Werden sie zurechtkommen?« Es scheint so, als ob todkranke Menschen ein Einverständnis bräuchten, sterben zu dürfen.

Wenn es erteilt wird, führt dieses Einverständnis zu großer Erleichterung. Sein Ausbleiben dagegen kann den Sterbeprozeß schwer und langwierig machen. Intuitiv wissen Sterbende durch das Verhalten anderer, wann – und häufig auch, warum – das Einverständnis zurückgehalten wird. Dieses Vorenthalten verdeutlicht zum einen, daß die Menschen, denen die Sterbenden nahestehen, ihre Auseinandersetzung nicht verstehen, und zum anderen, daß sie emotional nicht vorbereitet sind, mit der Endgültigkeit des Sterbens umzugehen.

Vergegenwärtigen Sie sich die Verzweiflung von Ellens Eltern, als sie die Treppe rauf- und runterrannten, um immer noch mehr Gegenstände in Ellens Zimmer zu bringen. Und betrachten Sie Ellens Ängste, als sie klagend und wild im Bett fuchtelte und keinen Erfolg hatte, mit ihrer Familie zu kommunizieren. Vergleichen Sie dies mit der Szenerie von Ellens friedvoller Ruhe, als ihre Familie bei ihr war und still ihre Hände hielt.

Sie können sehen, daß Ellens Familie ihr gegeben hat, was sie brauchte, indem sie sie wissen ließ, daß sie ihre so verzweifelt hervorgebrachten Mitteilungen verstanden hatte: »Ich werde sterben. Es wird Zeit für meine Reise aus diesem Leben. Ich muß wissen, daß ihr mich versteht und daß ihr vorbereitet seid. Ich brauche euer Einverständnis zu gehen.«

Ist eine Familie in der Lage, zu verstehen und auf einen sterbenden Menschen so einzugehen, wie dies Ellens Familie getan hat, dann werden alle Beteiligten an der daraus entstandenen Entspannung und dem Frieden teilhaben können.

Kapitel sechs

Vorbereitungen für eine Reise oder Veränderung: »Ich bin bald soweit zu gehen.«

Entgegen der weitverbreiteten Ansicht, oder besser gesagt, entgegen unserem Wunschdenken, das aus unserem eigenen Unbehagen bezüglich des Todes hervorgeht, wissen todkranke Menschen, daß sie sterben werden, auch wenn es sonst niemand weiß und ihnen gesagt haben könnte. Sie versuchen, diese Information mitzuteilen, und bedienen sich einer sehr symbolträchtigen Sprache, die als Zeichen der Vorbereitung für eine bevorstehende Reise oder Veränderung verstanden werden kann. Die Reise ist eine eindeutige Metapher, die häufig benutzt wird, wenn das Bedürfnis weiterzugehen – zu sterben – beschrieben werden soll.
Viele nehmen dieses Wissen über ihren nahen Tod ohne Verzweiflung oder Angst an, brauchen dann aber eine Bestätigung oder eine Information darüber, wie es ist zu sterben. Manche empfinden eine dunkle Ahnung, die oft mit der großen Sorge einhergeht, daß die Familie oder die Freunde der Realität nicht ins Gesicht blicken können und auf die Endgültigkeit ihres Weggehens nicht vorbereitet sind.

Dick

Dick war mit seinen fünfundfünfzig Jahren ein ruhiger, liebenswerter Mann, der als Postbote gearbeitet hatte. Er und seine Frau Ruth hatten in einem weitläufigen Haus, das er aufgrund seines beachtlichen handwerklichen Geschicks aufgebaut und in Ordnung gehalten hatte, vier Kinder großgezogen. Die drei ältesten Kinder hatten das College abgeschlossen und gute Arbeitsstellen bekommen; das jüngste war gerade dabei, das College zu beenden. Zum ersten Mal konnten Dick und Ruth Geld zur Seite legen.

Es war einer ihrer Träume, sich ein Segelboot zu kaufen. Nach sorgfältiger Planung erstanden sie ein größeres Boot, das sie *Unsere Wende* nannten. Jedes Wochenende fuhren Dick und Ruth nun zur Küste und verbrachten dort viele Stunden. Nicht selten bereiteten sie sich ihr Abendessen in der winzigen Kombüse und schliefen in der Nacht zum Sonntag an Bord. Bei schlechtem Wetter blieben sie im Hafen und beschäftigten sich damit, das Holz zu polieren und die Chromteile zum Glänzen zu bringen, während sie sich berieten, wohin ihr nächster Trip gehen sollte, wenn der Himmel sich wieder aufklären und die See sich wieder beruhigen würde.

Aber diese guten Zeiten dauerten nur zwei Jahre an. Als Dick siebenundfünfzig Jahre alt war, wurde ein Pankreaskrebs diagnostiziert, der sich bereits auf Leber und beide Lungenflügel ausgebreitet hatte. Er und Ruth wußten, daß es eine unheilbare Krankheit war, aber sie erhofften sich durch die Behandlungen einen kleinen Zeitaufschub.

Viel Zeit gewann er nicht. Die Nebenwirkungen der Chemotherapie waren erheblich. Sie schien den Krebs auch nicht aufzuhalten, so daß der Arzt vorschlug, sie abzusetzen. Dicks Zustand verschlechterte sich rapide. Er wurde in ein Hospiz überwiesen und stationär dort aufgenommen.

Ruth besuchte ihn täglich und ging am Abend zum Schlafen nach Hause. Eines Nachts, kurz nach Mitternacht, sah ich nach, ob Dick noch etwas benötigte.

»Na, wie steht die Flut heute nacht?« fragte er und überraschte mich damit einigermaßen.

»Ich weiß nicht«, sagte ich. »Wollen Sie, daß ich es herausfinde?«

Dick lächelte. »Ach nein, es ist nicht wirklich wichtig«, sagte er. »Ich bin sowieso nicht mehr da, wenn Sie zurückkommen.«
Ich fragte Dick, was er damit meinte; er lächelte nur und sah mit leerem Blick in den Raum. Ich fragte nach, ob er mir etwas anderes mitzuteilen versuchte. Aber die einzige Antwort war nur ein sanftes Lächeln. Ich konnte keine Anzeichen erkennen, daß der Tod bevorstand, war mir aber völlig im klaren darüber, daß es sehr wichtig war, was er geäußert hatte. Ich rief Ruth an, beschrieb ihr unser Gespräch und erläuterte ihr meine Interpretation: Dick läßt uns vielleicht wissen, daß es eine Veränderung geben wird und daß er bald sterben wird. Ruth sagte, daß sie sich von ihrem Sohn Scott zur Hospizstation fahren lassen würde.
Als ich wieder in Dicks Zimmer trat, sagte ich ihm, daß ich noch nicht wüßte, wie der Stand der Flut sei, daß Ruth und Scott aber in etwa einer Stunde hier seien. Wieder lächelte er. Ich blieb bei ihm, bis die anderen eintrafen. In dieser Zeit nickte und lächelte er als Antwort auf meine Fragen und Bemerkungen, sagte aber wenig. Als seine Frau und sein Sohn den Raum betraten, lächelte er sie an und schloß die Augen ein letztes Mal.
Er schlief bis zum Morgen. Ruth verbrachte die Nacht neben ihm und Scott im benachbarten Zimmer. Um kurz vor fünf setzte seine Atmung aus, und er starb.
Als wir auf den Beerdigungsunternehmer warteten, erzählten mir Ruth und Scott, wie froh sie waren, daß sie dabeisein konnten, als Dick starb. Ich schrieb dies Dick selbst und seiner kurzen, einfachen Mitteilung zu.
»Irgendwie war das ganz typisch für ihn!« sagte Ruth. »Er wollte über die Flut Bescheid wissen, er wollte uns ein bißchen darauf vorbereiten, und er wollte, daß ich bei ihm war.«

Aus ihren eigenen, ganz spezifischen Gründen sind manche Familien nicht in der Lage, die Mitteilungen zu verstehen und darauf zu reagieren. Es ist sehr wichtig, hier keine Kritik zu üben, sondern vielmehr für ihre Bedürfnisse offen zu sein. Auch ein todkranker Mensch hat Bedürfnisse, aber die Verantwortung fällt in solchen Situationen jemand anderem zu - vielleicht der Krankenschwester, dem Pfarrer oder einem Freund.

George

George war mit seinen sechsundsechzig Jahren charmant, redegewandt und hatte sein Leben gut organisiert - was zu einem nicht unwesentlichen Teil auf seine Laufbahn bei der Armee zurückzuführen war, die er als Oberstleutnant verlassen hatte, um in den Ruhestand zu treten. Nach seinem Dienst in der Armee begann er eine zweite Laufbahn als Berater.

Seine erste Frau war gestorben, als er vierundvierzig war; sie hatten keine Kinder. Mit zweiundsechzig verheiratete sich George wieder. Seine zweite Frau, Joan, war zweimal verwitwet. Nur achtzehn Monate nach ihrer Hochzeit wurde bei George Dickdarmkrebs diagnostiziert. Er wurde operiert und schien sich ganz gut zu erholen, aber der Krebs tauchte in seiner Leber auf und war nun unheilbar. Innerhalb der nächsten sechs Monate ging es ihm immer schlechter. Er wurde so schwach, daß er sogar das Lesen aufgeben mußte, das er so liebte. Nach ein oder zwei Schlagzeilen ließ er die Zeitung sinken und war zu müde weiterzulesen.

Wir fanden einen freiwilligen Helfer für ihn, seinerseits ein ehemaliger Militär, der ihn besuchte und ihm vorlas. Dies bedeutete eine große Erleichterung für Joan, die seine Hilfe nutzte, um gemeinsam mit ihrer Tochter Einkäufe zu machen oder Zeit mit ihren Enkeln zu verbringen.

Als ich eines Tages hinkam, begrüßte sie mich traurig.
»Nun, er scheint irgendwie außer sich«, sagte sie. »Was er sagt, ergibt keinen Sinn.«
Ich fragte, was sie veranlaßte, so zu denken.
»Er fragt mich dauernd nach der Zeitung, nach seinem Paß und nach seinem Fahrschein«, sagte Joan, die sehr betrübt aussah und ihr Taschentuch um die Finger wickelte.
Ich erwähnte, daß Bemerkungen über das Reisen für sterbende Menschen häufig eine Möglichkeit sei, über ihren Tod zu sprechen. Ich fragte, ob dies bei George der Fall sein könnte.
»Nein, nein«, sagte Joan. »Er läßt einfach seine Gedanken schweifen und denkt an die Reisen, die er in all den Jahren unternommen hat.«
Ich stimmte zu, daß sich George wahrscheinlich an frühere Reiseerlebnisse erinnerte, zog aber in Erwägung, daß er gleichzeitig damit ausdrücken wollte, für eine andersgeartete Reise vorbereitet zu sein, nämlich das Sterben, und daß er darüber reden wolle. Joan wollte davon nichts hören und wiederholte nur, daß George nicht zu durchschauen sei. Sie ging noch nicht einmal mit mir in sein Zimmer.
Ich konnte sehen, daß Joan emotional völlig erschöpft war. Sie hatte schon zwei Ehemänner begraben müssen, die sie mit ähnlichen Krankheiten wie dieser gepflegt hatte, und flüchtete sich nun in die Überzeugung, daß er nicht wußte, was ihm geschah oder wer bei ihm war. Dies ermöglichte ihr eine gewisse Distanz zu einer weiteren Berührung mit einer unerträglich schmerzhaften Erfahrung. Sie gestand mir zu, daß es in Ordnung sei, wenn ich George selbst fragte, was er wohl meinte und ob es irgend etwas gab, was er noch brauchte.
Als ich in Georges Zimmer trat, wirkte er ängstlich, begrüßte mich aber wie immer.

»Wie geht es Ihnen heute?« fragte ich.
»Na ja, ich esse nicht besonders viel«, sagte er zu mir. »Ich fühle mich schwächer, aber ich habe im Garten eine kleine Fahrt in meinem Rollstuhl unternommen, und die Schmerzen machen mir nicht besonders zu schaffen. Aber ich kann meinen Paß nicht finden. Und wissen Sie, wo meine Fahrscheine sind?«
»Das klingt ja so, als wollten Sie irgendwohin aufbrechen«, antwortete ich. George nickte.
»Gehen Sie auf eine Reise?«
Wieder nickte George und sagte: »Mir fehlen meine Papiere.«
»Sprechen Sie darüber, von hier wegzugehen? Vielleicht über das Sterben?«
George reagierte auf diese Vermutung mit großer Erleichterung. Er nickte und öffnete den Mund, als wolle er etwas sagen, zuckte dann aber mit den Schultern.
»Wenn Sie über diese Reise sprechen, brauchen Sie weder Paß noch Fahrscheine«, sagte ich. »Fragen Sie sich vielleicht, was Sie wirklich brauchen könnten? Fragen Sie mich, wie es wohl sein wird?«
Diesmal nickte er sehr energisch. Er lächelte und sagte: »Ja, ich muß mich bereit halten.«
Ich setzte mich neben ihn und erklärte ihm, was er aller Wahrscheinlichkeit nach erleben würde. Ich beschrieb ihm so einfach wie möglich, wie sich sein Tod wohl ankündigte, hielt dabei aber immer wieder inne, um mich zu vergewissern, daß es wirklich das war, was er hören wollte. Ich erklärte, daß er wohl immer schwächer werden würde. Vielleicht würde er so schwach werden, daß er nicht mehr in der Lage wäre, sich zu bewegen, zu sprechen oder auch nur zu schlucken. Zu diesem Zeitpunkt würden ihm seine Schmerzmittel auf andere Weise verabreicht, nicht mehr als Tabletten, sondern flüssig oder in Form von Injektionen oder

Zäpfchen. Sein Atem würde langsamer werden, schwächer und ruhig und schließlich ganz aufhören.
»Wird es weh tun?« fragte er. »Werde ich leiden müssen?«
Ich verneinte. Er würde in Licht, Wärme und Frieden eintreten. Nichts davon würde ihn in Schmerz oder Angst versetzen. Meine Worte schienen Georges Sorgen zu zerstreuen. Ich erkundigte mich, ob es noch etwas gab, das er zu brauchen glaubte, um sich auf seine Reise vorbereiten zu können.
»Joan weiß nichts von Pässen und Fahrscheinen«, sagte er.
»Fragen Sie sich, ob sie versteht, daß Sie sterben werden?«
George nickte.
»Ich glaube schon, daß sie es verstehen wird«, sagte ich. »Aber ich werde es ihr noch einmal erläutern, wenn Sie möchten.«
Er nickte wieder, lächelte mich an und ging abrupt dazu über, wieder über seinen veränderten Appetit zu sprechen. Er lebte noch zehn Tage, fragte hin und wieder nach seinem Paß oder den Papieren, aber ohne Verzweiflung. Er schien kontrollieren zu wollen, ob alles in Ordnung sei, ob er davon ausgehen könne, daß die Vorbereitungen für seine letzte Reise so gut wie möglich getroffen wären, und ob Joan auf seinen Weggang vorbereitet sei.
Obwohl sie unsere Unterstützung dankbar annahm, konnte Joan mit George nie über den Tod sprechen. Sie war jedoch erleichtert, daß jemand anderes es für sie tat. Sie selbst konnte ihm ihre Liebe und ihre Sorge zeigen, indem sie ihn pflegte.

Wie Joan haben viele Familienangehörige Bedürfnisse, die sie davon abhalten, die symbolhaltige Sprache sterbender Menschen zu verstehen und darauf einzugehen. Unter solchen Umständen mag es angebracht sein, daß andere helfen. Joan brauchte Einfühlungsvermögen und Unterstützung, George brauchte Informationen.

Es mag merkwürdig oder grausam klingen, wenn man einem Sterbenden gegenüber äußert: »Ich denke, du wirst bald sterben, und so wird es aller Voraussicht nach sein.« Da aber die meisten Todkranken wissen, daß sie bald sterben werden, sind sie von dieser Offenheit nicht belastet. Im Gegenteil, sie begrüßen sie. Gewöhnlich haben sie Angst, aber nicht vor dem Tod selbst oder davor, was danach kommt, sondern vielmehr davor, was geschehen wird, bis sie sterben. Nicht selten wollen sie eine Bestätigung dafür haben, daß sie sterben werden, und eine Beschreibung dessen, wie es sein wird. Für diejenigen, die nach solchen Auskünften verlangen, ist es weniger beängstigend, sie zu erhalten, als unwissend zu bleiben. Und so führt auch die Bestätigung, daß ihre Verwandten über den bevorstehenden Tod Bescheid wissen und darauf vorbereitet sind, bei sterbenden Menschen zu großer Erleichterung.

Die Familie, über die wir im folgenden berichten, gewann nicht nur sehr schnell Einblick in die Vorstellung vom Todesbewußtsein, sondern war auch angetan von der Möglichkeit, die wichtigen Mitteilungen des Sterbenden in ihrer Mitte zu verstehen.

Paul

Elise beschrieb ihren Mann als ein »Genie«, und in vielen Punkten hatte sie dabei nicht übertrieben. Als erfolgreicher und angesehener Flugzeugbauer war Paul in früheren Jahren bei der NASA angestellt worden und arbeitete an verschiedenen Raumfähren mit.

»Paul macht immer ein Dutzend Dinge gleichzeitig. Er kann alles reparieren oder bauen. Er ist sehr gerne aktiv«, sagte Elise.

Wegen seines Prostatakrebses und des daraus resultierenden

erheblichen Gewichtsverlusts war Pauls Blutdruck sehr niedrig, und jedesmal, wenn Paul aufzustehen versuchte, sank dieser noch weiter, so daß Paul ohnmächtig wurde. Folglich verbrachte er die meiste Zeit im Bett oder in einem Ruhesessel in seinem Zimmer. Trotz verschiedener Medikamente waren wir nicht in der Lage, seinen Zustand zu verbessern.

»Es entspricht einfach nicht seiner Mentalität. Damit wird er nicht lange zurechtkommen«, sagte Elise.

Als Paul erste Anzeichen von Unklarheit zeigte, machte ich Elise und die beiden zwölf und sechzehn Jahre alten Töchter mit der Vorstellung vom Todesbewußtsein vertraut. Ich riet ihnen, auf alles sehr aufmerksam zu achten, was Paul von sich gab. Es fand ihre volle Zustimmung.

»Das gelingt uns bestimmt. Ich habe so viele Jahre damit zugebracht herauszufinden, was zum Kuckuck er gerade wieder dachte!« lachte Elise.

Paul hatte ein besonderes Interesse an der Astronomie, vor allem an Mondfinsternissen. Eine solche sollte sich in wenigen Wochen ereignen. Er sprach oft davon, wie gerne er Zeuge sein wollte.

»Regeln Sie diesen verdammten Blutdruck, so daß ich wieder rechtzeitig auf die Beine komme, ja? Das ist vielleicht die letzte Möglichkeit für mich, dabei zuzusehen«, sagte er.

Aber sein Blutdruck besserte sich nicht dahingehend, daß er aktiver hätte sein können. Als Paul erkennen mußte, daß seine Bitte vergeblich war, wurde er sehr mißmutig und zog sich mehr und mehr zurück. Er schien das Interesse an seiner Umwelt verloren zu haben.

Einen Tag nach der Mondfinsternis sagte die ältere Tochter: »Raten Sie mal, was passiert ist! Dad hat in der vergangenen Nacht von der Finsternis geträumt. Obwohl er nicht zuschauen konnte, hatte er eine Menge darüber zu berichten, wie sie ausgesehen hat und wo sie stattfand. Ich sagte zu ihm, das wäre ja gerade so, als hätte er einen Logenplatz gehabt. Er lächelte nur. Meine kleine Schwester meinte: ›Vielleicht hatte er ja wirklich einen!‹«

Einige Tage später rief Elise an.

»Er wirkt so merkwürdig heute«, sagte sie. »Aber er will nicht sagen, was nicht in Ordnung ist.«

Ich bot an, zu kommen und nach ihm zu sehen. Eine kurze physische Untersuchung ergab keine auffälligen Veränderungen, aber seine Stirn war vor lauter Konzentration gerunzelt. Sein sonst so friedfertiges Auftreten hatte sich verändert; er schien sehr beschäftigt, gedankenverloren und von unserer Unterbrechung fast genervt.

»Was geht vor sich, Paul?« fragte ich. »Hat sich etwas verändert?«

»Ich versuche herauszufinden, wie ich das Haus und alles darin mitnehmen kann!«

»Wohin das Haus mitnehmen?«

»Mit mir!« Er schien irritiert und ungehalten.

»Willst du die Menschen im Haus auch mitnehmen?« Elises Augen wurden weit.

»Natürlich!«

»Können wir irgendwie dabei helfen?« fragte ich.

»Nein, das muß ich ganz allein regeln!« Er drehte sich zur Seite und schlief ein.

In der Küche fragte ich Elise und die Mädchen, was sie glaubten, daß dies zu bedeuten hätte.

»Ich bin froh, daß er die Finsternis gesehen hat, weil er sich das so sehr gewünscht hatte«, meinte seine jüngere Tochter.

»Vielleicht will er uns oder das Haus nicht verlassen. Wußten Sie, daß er es selbst gebaut hat?« fragte die ältere Tochter.

Wir stimmten überein, daß dies möglich war.

In der folgenden Woche sprach Paul mit seiner Familie häufig und in aller Ausführlichkeit über seine Pläne, die Familie und sein Haus mitzunehmen, wenn er sterben würde. Er würde das Fundament ausgraben, Wasser- und Gasleitungen absperren, Lebensmittel lagern und ein unabhängiges Heizungssystem installieren.

Eines Tages fand Elise einen sehr ruhigen Paul vor, der kaum etwas zu sagen hatte.

»Was ist los, Paul?« fragte sie. »Du bist so ruhig! Stimmt etwas nicht?« Seine Augen füllten sich mit Tränen.

»Es ist nicht zu machen«, sagte er.

»Ich weiß.« Elise hielt ihn ganz fest.

»Aber wir werden nie vergessen, wie sehr du es versucht hast«, fuhr sie unter Tränen fort. »Wir werden uns sehr umeinander und um das wunderbare Haus kümmern. Wir lieben dich, und wir werden dich sehr vermissen. Es wird sehr schwer werden ohne dich. Aber wir werden es schaffen.«

Nach diesem Gespräch hörte Paul auf zu reden. Seine einzigen Antworten bestanden darin, zu nicken oder den Kopf zu schütteln. Aber er wirkte sehr friedlich. Am nächsten Tag fiel er in ein Koma und starb einige Stunden später, Elise und die Mädchen neben seinem Bett. Bei seiner Beerdigung erzählten sie die Geschichte einigen von Pauls Mitarbeitern.

»Ist das nicht ganz typisch für Paul, das Unmögliche zu versuchen?« sagte Elise mit leisem Lachen. »Könnte irgend jemand es fertigbringen, seine Familie und sein Haus mitzunehmen, es wäre Paul gewesen!«

Das Geschenk des Teilens, der Liebe und der Sorge, das Paul seiner Familie gegeben hatte, erleichterte ihnen den Umgang mit ihrem Verlust und ihrem Kummer.

Die Art und Weise, wie die Mitteilungen, die wir in diesem Kapitel festgehalten haben, gemacht wurden, spiegelt die Persönlichkeit und die Erfahrungen des Absenders wider.

Einige Äußerungen sind lang und ausführlich und werden oft wiederholt. Andere sind kurz und flüchtig. Manche scheinen undurchsichtig, andere kristallklar. Alle haben jedoch den gleichen Inhalt: »Ich bereite mich darauf vor zu gehen.«

Dick, der die Boote mochte, fragte nur einmal nach dem Stand der Flut, während der Ingenieur Paul regelrecht in das komplexe und unlösbare Problem eintauchte, wie er seine Familie und sein Haus mitnehmen könnte.

George, der korrekte Militärangehörige, erinnerte seine Umgebung daran, daß er seine Papiere und seinen Paß benötigte.

Im Zentrum einer jeden dieser Mitteilungen steht die Botschaft, daß Sterbende - vielleicht vor allen anderen - über ihren Tod Bescheid wissen. Anstatt von Angst wird dieses Wissen von einem Bedürfnis nach Informationen über den Sterbeprozeß begleitet oder von Sorge um diejenigen, die sie lieben. Einfache, kurze und präzise Informationen helfen, diese Ängste zu zerstreuen. Die Bestätigung durch die Familie, daß sie zurechtkommen wird und daß sie weiß, was geschieht, verhilft einem sterbenden Menschen oft zu dem ersehnten Frieden. Wenn irgend möglich sollte dieses Wohlbehagen durch die Familie selbst vermittelt werden. Ist dies nicht möglich, so kann - und sollte - ein Dritter versuchen, den einzelnen zu beruhigen und zu trösten.

Kapitel sieben

Jemanden gewahren, der nicht lebt: »Ich bin nicht allein.«

Das vorherrschende Erleben, welches das Todesbewußtsein kennzeichnet, scheint die Gegenwart von jemandem zu sein, der nicht lebt. Der Zeitpunkt variiert; dieses Erlebnis kann sich Stunden, Tage, manchmal sogar Monate vor dem Tod ereignen.

Sterbende Menschen haben oft Kontakt zu jemandem, der für die anderen nicht sichtbar ist. Sie reden mit ihm, lächeln ihn an oder nicken ihm zu. Manchmal sind mehrere unsichtbare Personen beteiligt.

Die Identität dieser unsichtbaren Person ist den Sterbenden bekannt. In der Regel erkennen sie jemanden wieder, der bereits tot ist und der in ihrem Leben eine wichtige Rolle gespielt hat, also Eltern, Ehepartner, Geschwister oder Freunde. Häufig sind solche Zusammenkünfte von Freude, ja sogar Fröhlichkeit begleitet. Manche Menschen sehen Gestalten aus dem religiösen Bereich - Engel vielleicht oder Geister. Auch dann wirken sie nicht verstört oder geängstigt. Die meisten gehen mit diesen Begegnungen wie mit etwas Vertrautem um.

Die berufliche Beschäftigung mit Sterbenden ist keine notwendige Voraussetzung für die Deutung von Mitteilungen dieser Art. Gerade die Familie und die Freunde des Kranken sind nicht selten am besten geeignet, versteckte Mitteilungen zu entschlüsseln. Ein Freund aus New England erzählte uns die folgende Geschichte.

Steve

Steve war ein intelligenter junger Mann mit ausgeprägtem Humor und der Jüngste einer großen, fröhlichen Bostoner Familie. Bevor er seine berufliche Laufbahn antrat, verbrachte er jeden Sommer in Cape Cod. Dort freundete er sich mit Ralph an, dessen Familie alljährlich aus Ohio herkam. Beide waren begeisterte Schwimmer. Steves Mutter nannte sie »das teuflische Gespann«, weil ihr Sommer voller Aktivitäten und Streiche war.

Beide Jungen schlossen das College ab, was leider auch das Ende ihrer gemeinsamen sorgenfreien Sommer bedeutete. Sie sahen sich kaum noch und schrieben sich auch außer einer Weihnachtskarte nicht mehr.

Ein tragischer Autounfall ließ Steve im Alter von siebenundzwanzig vom Nacken an abwärts gelähmt werden. Nachdem er viele Monate im Krankenhaus zugebracht hatte und noch einige weitere in Rehabilitationskliniken, entschied sich seine Familie für den Versuch, ihn zu Hause zu pflegen. Aber nach zwei Monaten waren sie von seiner Hilfsbedürftigkeit rund um die Uhr völlig erschöpft. Schweren Herzens und mit dem schrecklichen Gefühl, versagt zu haben, gaben sie ihn in ein Pflegeheim.

Trotz alledem hatte Steve seinen Humor nicht verloren. Obwohl er nicht in der Lage war, auch nur irgend etwas für sich selbst zu tun, drohte er damit, sich auf und davon zu machen, sollten die Schwestern ihn nicht ein wenig verwöhnen.

»Aber es war so einfach, Steve zu verwöhnen«, erzählte eine Schwester der Mutter. »Er saß gerne in seinem Rollstuhl im Gang, so daß er am Geschehen teilnehmen konnte. Er war so ein Spaßvogel. Er brachte uns alle zum Lachen! Wirkte einer der Patienten mitgenommen oder war deprimiert, schoben wir Steve auf einen Besuch rein. Er konnte so gut mit den neuen Patienten umgehen und sie aufmuntern, daß es eine Freude war.«

Unglücklicherweise erkrankte Steve, wie das bei Patienten mit beidseitiger Extremitätenlähmung nicht selten der Fall ist, an einer Lungenentzündung, die sich mit keiner Behandlungsmethode heilen ließ. Steve starb. Seine Familie war völlig überwältigt, und eine Welle des Kummers wogte durch das Pflegeheim.

Wochen später traf ein Brief mit einem Poststempel aus Ohio ein. Der Absender erwies sich als Ralphs Witwe. Sie schrieb, um mitzuteilen, daß Ralph kürzlich an Krebs gestorben sei. Ralph hatte nichts von Steves Lähmung oder seinem Tod gewußt. In den letzten Wochen, bevor er starb, hatte er jedoch Visionen. Zunächst tat seine Frau es als Verwirrung ab. Kurz vor seinem Tod – und kurz nachdem Steve gestorben war, rief Ralph aufgeregt: »Oh, schau! Da kommt Steve! Er wird mich zum Schwimmen abholen.«

Steves Familie entnahm diesem Brief und dem Gedanken, daß Steve irgendwo heil angekommen war und das tat, was er liebte, großen Trost.

»Das ›teuflische Gespann‹ ist zu neuen Streichen bereit!« sagte Steves Mutter. Und Ralphs Witwe war sehr getröstet, als sie erfuhr, daß der Freund ihres Mannes tatsächlich gekommen war, um ihn abzuholen, denn er war in Begleitung gestorben.

Es ist sehr interessant, daß diese Geschichte bestätigt, was in anderen Büchern bereits berichtet worden ist, daß wir nämlich unabhängig von unseren physischen Leiden und Grenzen in einem nächsten Leben gesund und vollkommen sind.

Fred, seine Frau Ann und ihr einziges Kind Ruth hatten eine sehr enge familiäre Beziehung. Ann und Fred waren in ihren Achtzigern. Ruth, siebenundvierzig, lebte bei ihnen. Fred litt an unheilbarem Prostatakrebs, der auf Knochen und Lunge übergegriffen hatte. Trotz ihres hohen Alters war Ann mit Ruths Unterstützung in der Lage, ihn zu Hause zu pflegen.

Fred war geistig ganz da, sein Körper aber ließ nach. Er lebte weit länger, als überhaupt möglich schien. Das brachte für Ann Probleme mit sich! Sie wußte, daß Fred sterben würde, und konnte nicht verstehen, warum er es nicht tat. Es war auch für Ruth sehr schlimm. Zum einen war sie traurig über die schwere Krankheit des Vaters, zum anderen fragte sie sich, wie lange sie und ihre Mutter die Pflege noch übernehmen konnten.

Eines Tages fragte ich Ann, ob sie sich vorstellen könnte, daß Fred nicht aufgab, weil er sich Sorgen machte, wie sie ohne ihn zurechtkommen würde.

»Das ist gut möglich«, meinte Ann.

»Wie wäre es, wenn Sie mit ihm darüber sprechen würden?« fragte ich.

»Das erscheint mir schon sinnvoll«, sagte Ann, »aber ich weiß nicht, was ich sagen soll. Würden Sie mich begleiten und mir helfen?«

Ann rief nach Ruth, und wir gingen ins Schlafzimmer. Sie saßen auf beiden Seiten von Freds Bett und gaben sich alle die Hände.

»Fred, hast du Angst zu sterben?« fragte Ann.

»Nein«, sagte er.

»Machst du dir irgendwelche Sorgen?«

»Ich mache mir Sorgen um dich und wie du ohne mich auskommen wirst«, sagte er. Er versuchte zu lächeln, aber seine Augen verrieten Angst.

»Hab keine Angst zu gehen«, sagte Ann. »Ich werde dich schrecklich vermissen, aber ich werde es schon schaffen. Und du weißt ja auch, daß es nicht lange dauern wird, bis ich wieder bei dir bin.«

Die drei saßen länger als eine Stunde zusammen und sprachen über viele Dinge. Sie sprachen über Anns und Freds gemeinsames Leben, wie sie sich am Strand getroffen und verliebt hatten, wie Ann zu Freds Glauben, dem Judentum, übergetreten und wie wichtig ihnen ihre Religion über die Jahre hinweg gewesen war. Sie sprachen von der Freude, die es für sie bedeutet hatte, Ruth heranwachsen zu sehen, und über die Liebe, die sie alle drei verband. Unterbrochen wurden diese liebevollen Erinnerungen von Freds praktischen Anweisungen an Ann, wie sie bestimmte Dinge erledigen und wie sie nach seinem Tod weiterleben sollte.

Plötzlich setzte sich Fred auf und brachte uns mit einer Handbewegung zum Schweigen, als wollte er eine Ablenkung verhindern. Danach brach er das Gespräch immer wieder ab, um durch den Raum hindurchzusehen, als entdeckte er dort jemanden, den wir nicht sehen konnten. Einmal wendete er wieder seinen Kopf in eine Richtung, in der wir nichts Besonderes entdecken konnten, und sagte in ungeduldigem Tonfall: »Würden Sie bitte noch etwas warten, ich bin noch nicht fertig!«

Kurz danach, als er über seine Sorgen um Ann gesprochen, ihr seine Ratschläge erteilt und ihren beruhigenden Worten zugehört hatte, daß sie zurechtkommen würde, lehnte er sich in sein Kissen zurück, atmete einige Male ganz ruhig und starb.

Fred brauchte nicht besonders viele Worte, um mitzuteilen, daß noch »andere im Raum« gewesen seien. Er drückte es in seinem Verhalten aus, das darauf schließen ließ, daß er sie einzuordnen wußte und das er weder überrascht noch

geängstigt war – nur ungeduldig, so, als versuchten sie, ihn zu drängen.
Aber auch Ann und Ruth waren durch Freds Gesten und Aussagen keineswegs aufgeschreckt. Sie gingen davon aus, daß er mit Menschen sprach, die er liebte und die ihn auf seiner Reise begleiten würden.

Sehr oft wissen Familie und Freunde nicht, wer es ist, den ein sterbender Mensch sieht, weil sie nicht danach fragen. Manchmal weiß es aber auch der Sterbende selbst nicht, empfindet dies aber keineswegs als Belastung.

Martha

Martha war Anfang Sechzig und lag wegen eines Gebärmutterkrebses, der sich im ganzen Becken ausgebreitet hatte, im Sterben. Als Witwe hatte sie über viele Jahre hinweg bei ihrer Tochter und deren Familie gelebt.
Marthas Erlebnis mit unsichtbaren Personen war nicht besonders dramatisch, ihre Reaktion darauf aber war ganz typisch. Sie war überhaupt nicht überrascht oder verstört und sogar in der Lage, ihrem Vergnügen, etwas zu sehen, das sonst niemand sehen konnte, Ausdruck zu geben.
Mehrere Wochen vor ihrem Tod sagte Martha zu mir: »Wissen Sie, wer das kleine Mädchen ist?«
»Welches kleine Mädchen?« fragte ich.
»Sie wissen schon, das mich immer besuchen kommt und das die anderen nicht sehen können.«
Martha beschrieb verschiedene Besucher, die von den anderen nicht gesehen wurden. Sie kannte die meisten von ihnen – ihre Eltern und Schwestern, die alle tot waren –, konnte aber ein Kind nicht bestimmen, das mit den anderen zusammen erschien. Das störte sie allerdings nicht.
»Nur keine Sorge«, sagte sie zu mir. »Ich werde das schon

noch herausbekommen, bevor ich gehe, oder aber ich finde es heraus, wenn ich dort bin. Haben Sie sie gesehen?«

»Nein«, sagte ich. »Aber ich glaube Ihnen, daß Sie das tun. Sind sie jetzt im Moment da?«

»Sie sind vor kurzer Zeit gegangen«, sagte Martha. »Sie bleiben nicht die ganze Zeit über hier. Sie kommen und gehen.«

»Wie ist das, wenn sie hier sind?« fragte ich.

»Na ja, manchmal reden wir miteinander, aber in der Regel weiß ich nur einfach, daß sie hier sind«, sagte Martha. »Ich weiß, daß sie mich lieben und daß sie hier sein werden, wenn es Zeit wird.«

»Wenn es Zeit wird …?«

»Wenn ich sterben werde«, sagte Martha nüchtern.

In den meisten Fällen handelt es sich bei den Personen, die gesehen werden, um Verwandte oder Freunde, manchmal aber erzählen uns Menschen, daß sie einen Engel oder Gott oder eine andere geistige Gestalt sehen. Ein Mann erzählte, daß er Gottes Gesicht gesehen habe, ein anderer sagte: »Ein Engel stand neben meinem Bett.« Keiner der Menschen, die davon berichtet hatten, geistige Wesen gesehen zu haben, wirkte verstört. In der Regel waren sie ganz ruhig, als sie davon sprachen, und wirkten in der Gegenwart ihrer unsichtbaren Besucher getröstet und friedvoller.

Wir fragten uns, ob Menschen über geistige Wesen sprachen, weil ihre religiöse Überzeugung sie veranlaßte, sie zu erwarten – ganz besonders dann, wenn die Personen an ein Leben nach dem Tod glaubten. Wir hatten auch Bedenken, ob wir unsere eigenen Überzeugungen und Erwartungen auf diese Situation projizierten. Unserer Bedenken wegen waren wir an folgendem Fall besonders interessiert.

Angela war eine wunderbare Musikerin, die im Alter von fünfundzwanzig an einem Melanom starb. Als sie in die Hospizstation aufgenommen wurde, schien es, als ob ihre Eltern, drei jüngere Brüder und verschiedene enge Freunde mit ihr einziehen würden. Ihre Eltern verbrachten abwechselnd die Nacht in ihrem Zimmer. Während des Tages versammelte sich hier eine kleine Schar.

Das Melanom hatte als kleiner Leberfleck an ihrem Arm begonnen und sich dann ausgedehnt. Viele der sie wesentlich stärker beeinträchtigenden Symptome resultierten aus seiner Wirkung auf das Gehirn. Ihre linke Körperseite war gelähmt. Sie war blind und zu schwach, um das Bett zu verlassen. Aber Angela konnte noch sprechen und war keineswegs hilflos. An dem Tag, an dem sie in die Station aufgenommen wurde, sagte sie mit fester Stimme: »Ich kenne euch Hospizleute. Ich will von dem ganzen geistigen Zeug nichts wissen, keine Gebete, kein Pfarrer. Das ist nichts für mich. Ich bin Atheistin. Ich glaube nicht an Gott oder den Himmel.«

Die Belegschaft respektierte Angelas Auffassung, ihre Mutter aber hatte Schwierigkeiten damit. Als überzeugte Katholikin konnte sie die Zurückweisung Gottes und des Glaubens, in dem sie groß geworden war, durch ihre Tochter nicht akzeptieren.

»Alle anderen Kinder glauben an Gott und gehen zur Kirche«, sagte die Mutter. »Wir wissen nicht, was mit Angela geschehen ist! Wir haben sie alle gleich erzogen, aber bei ihr hat es nicht gefruchtet.«

Eines dunklen, kalten Februarmorgens reagierte ich auf Angelas Klingelzeichen. Ihre Mutter verbrachte die Nacht bei ihr und regte sich auf ihrem Feldbett, als ich die Tür öffnete.

»Hallo, Angela, was kann ich für Sie tun?«
»Ist jemand hier hereingekommen, um mich zu besuchen?« fragte sie.
»Ich glaube nicht. Ich habe niemanden gesehen. Es ist noch nicht einmal hell draußen. Es ist niemand in der Nähe«, sagte ich. »Warum fragen Sie?«
»Ich habe einen Engel gesehen.«
Ich setzte mich auf ihr Bett.
»Erzählen Sie, was geschehen ist«, sagte ich.
»Als ich aufwachte, saß ein Engel im Licht des Fensters«, sagte Angela mit einem Lächeln auf ihrem Gesicht. Sie beschrieb, daß sie sich von diesem Wesen, das Wärme, Liebe und Fürsorglichkeit ausstrahlte, sehr angezogen fühlte. Ihre Mutter sprang von ihrem Feldbett.
»Angela, das ist ein Zeichen Gottes!« rief sie.
»Ich glaube nicht an Gott, Mutter!« sagte Angela jetzt ziemlich verärgert.
»Das macht nichts«, sagte ihre Mutter. »Du hast Gott gesehen oder zumindest einen Boten Gottes!«
»Spielt es eine Rolle, wer es war?« schnauzte Angela. »Genügt es nicht zu wissen, daß es jemand so Liebevolles und Fürsorgliches gibt, der auf mich wartet?«
»Was, glauben Sie, hat das zu bedeuten, Angela?« fragte ich.
»Ich glaube nicht an Engel oder an Gott, aber jemand war hier bei mir. Wer auch immer es war, er liebt mich und erwartet mich. Das bedeutet, daß ich nicht allein sterben muß«, sagte sie, und das Lächeln kehrte auf ihr Gesicht zurück. Die Augen ihrer Mutter füllten sich mit Tränen, und sie legte ihre Arme um ihre Tochter.
»Liebling, es spielt keine Rolle, wer es ist«, sagte sie. »Ich bin nur so froh, daß es geschehen ist!«
Später sagte mir ihre Mutter draußen: »Ich weiß, daß es entweder Gott oder ein Engel war. Und sie beharrt darauf, daß

das nicht sein kann. Sie wissen, wie dickköpfig sie sein kann. Aber was zählt, ist, daß es geschehen ist; es ist unwichtig, wie wir diese Gestalt benennen!« Sie hatte erkannt, daß die Angst ihrer Tochter vor der Einsamkeit des Todes durch die Gewißheit gelindert wurde, mit dieser großen Liebe erwartet zu werden.

Sterbende Menschen selbst werden vielleicht durch die Erfahrung einer solchen Gegenwart, die andere nicht wahrnehmen können, nicht verstört sein, die Angehörigen aber wie auch Freunde oder Pflegepersonal können von diesen Erscheinungen durchaus irritiert sein. »Du weißt doch, daß Mutter schon seit vielen Jahren tot ist«, mag da ein Sohn zu seinem todkranken Vater sagen. »Es ist ganz unmöglich, daß du sie gesehen hast!« Die Antwort kann auch lauten: »Du träumst; vielleicht bewirkt das deine Medizin.«

Diese Bemerkungen nützen nichts; im Gegenteil, sie entmutigen den Sterbenden in der Regel, seine Erlebnisse mitzuteilen, und führen eher zu Bestürzung.

Die häufigste Fehleinschätzung der Botschaften von sterbenden Menschen über unsichtbare Erscheinungen lautet, daß es sich um eine Halluzination aufgrund der Medikamente handeln muß. Dies kann wohlwollende Außenstehende dazu verleiten, möglicherweise verhängnisvolle Veränderungen der medikamentösen Behandlung zu veranlassen.

Pete

Petes größtes Problem vor seiner Anmeldung beim Hospiz waren seine Schmerzen. Er war ein großer, schroffer Mann und rühmte sich für seine Zähigkeit.

»Ich traue diesen Pillen nicht«, sagte er.

Sein gewöhnliches Verhalten war es, Schmerzmittel zurückzuweisen. Wenn die Schmerzen so schlimm wurden, daß er

sie kaum noch aushalten konnte, nahm er eine Dosis der Medizin, die dann aber nicht half, weil der Schmerz bereits zu stark war. Also nahm er eine weitere Dosis ein, manchmal sogar drei bis vier, bis der Schmerz nachließ. Aber diese Anhäufung machte ihn müde und konfus, wodurch sich wiederum sein Widerwille gegen die Medikamente verstärkte.
Als Pete zu uns kam, konnten wir ihn davon überzeugen, daß sich der Schmerz unter Kontrolle bringen ließe, wenn er alle vier Stunden eine kleine Dosis einnähme. Diese Maßnahme verhalf ihm dazu, die nächsten sechs Monate als angenehme Zeit zu erleben.
Als er jedoch seiner Schwester gegenüber erwähnte, er habe mit ihrem Bruder John gesprochen, machte sie sich Sorgen, denn John war seit über zehn Jahren tot. Ein Nachbar, der da war, meinte, es handele sich um Halluzinationen aufgrund der Medizin, und riet dringend, diese abzusetzen. Petes Schwester rief mich an. Ich kam vorbei, um Petes Zustand zu kontrollieren, und erklärte, daß die Medizin nicht die Visionen hervorrief. Ich deutete an, daß Pete tatsächlich John vor sich sah. Die Schwester hatte keine Mühe, dies zu akzeptieren.
»John war der älteste, er wollte immer auf seinen Bruder aufpassen«, sagte sie und fügte hinzu, es sei sehr hilfreich für sie zu wissen, daß ein anderes Familienmitglied bei Pete sei, wenn er sterben würde und auch danach.
Der Rat des Nachbarn hätte unter Umständen einen Verlust der Schmerzkontrolle bewirkt und für Pete starkes Leiden bedeutet.

Manchmal entscheiden sich Familien, die Nachricht über den Tod eines Menschen, den auch der Sterbende kannte, zurückzuhalten. Dieses Bedürfnis, jemandem emotionale Schmerzen ersparen zu wollen, mag löblich sein, aber die Wahrheit führt häufig zu Harmonie und nicht zu Unbehagen.

Su, eine würdige Chinesin, wurde auf rührende Weise von ihrer Tochter Lily versorgt. Beide waren Buddhistinnen und akzeptierten den unheilbaren Zustand der Mutter ganz.

»Ich hatte ein gutes Leben, das dreiundneunzig Jahre währte«, sagte sie. »Ich war lange genug auf dieser Erde.« Sie träumte häufig von ihrem Mann, der einige Jahre zuvor gestorben war. »Bald werde ich bei ihm sein«, sagte sie.

Aber eines Tages schien Su sehr konfus.

»Warum ist denn meine Schwester bei meinem Mann?« fragte sie. »Sie rufen mir beide zu, ich solle kommen.«

»Ist Ihre Schwester tot?« fragte ich.

»Nein, sie lebt immer noch in China«, sagte sie. »Ich habe sie seit vielen Jahren nicht gesehen.«

Als ich der Tochter von diesem Gespräch berichtete, reagierte sie mit Erstaunen und Angst. Was sie mir erzählte, erstaunte auch mich.

»Meine Tante starb vor zwei Tagen in China«, sagte Lily. »Wir haben uns entschlossen, Mutter nichts davon zu sagen, denn ihre Schwester hatte die gleiche Art Krebs. Es war ein sehr schmerzhafter Tod. Sie lebte in einem abgelegenen Dorf, in dem es keine gute medizinische Versorgung gab. Wir wollten Mutter nicht verstören oder ängstigen, weil sie ja selbst so krank ist.«

»Was halten Sie von der Frage Ihrer Mutter, warum sie sowohl von ihrer Schwester als auch Ihrem Vater dazu aufgefordert wird zu kommen?« fragte ich.

»Meine Mutter hat mir erzählt, daß mein Vater sie in den letzten Wochen immer wieder gerufen habe, damit sie bei ihm sein sollte«, sagte Lily. »Es tröstet mich zu wissen, daß sie in ihrem nächsten Leben zusammensein werden. Ich nehme an, daß nun auch ihre Schwester auf sie wartet«, sagte Lily nach langem Nachdenken.

»Glauben Sie wirklich, daß die Nachricht vom Tod ihrer Schwester Ihre Mutter sehr beunruhigen wird?«

»Nein, wahrscheinlich nicht – sie haben sich sehr geliebt. Es wird wunderbar für sie, wieder alle zusammenzusein. Ich denke, ich sollte ihr die Wahrheit sagen.«

Als Lily ihrer Mutter mit Tränen in den Augen von der Krankheit und dem Tod ihrer Schwester berichtete, sagte Su mit wissendem Lächeln: »Jetzt verstehe ich.« Ihre Verwirrung verschwand, und sie starb drei Wochen später in Frieden und mit einem Gefühl der Vorfreude.

Die Unterstützung, die aus derartigen Erlebnissen erwächst, ist erheblich. Manche unheilbar kranke Menschen machen diese spirituelle Erfahrung schon Monate vor ihrem Tod, so daß sie über einen wesentlich längeren Zeitraum hinweg von Vorfreude und Frieden erfüllt sind.

Peggy

Peggy lag aufgrund einer Lymphknotengeschwulst im Sterben. Die Krankheit befand sich bereits in einem so fortgeschrittenen Stadium, daß die junge Frau die meiste Zeit schlief, sehr schwach und manchmal leicht konfus war.

Als eine Kollegin von uns zu einem Routinebesuch vorbeischaute, rief Peggy mit klarer Stimme: »Kommen Sie nur herauf. Ich bin oben!« Sie sah fröhlich aus, strahlte und war ungewöhnlich aktiv.

»Wie geht es Ihnen?« fragte die Schwester. »Sie sehen heute ganz besonders gut aus.«

»Lassen Sie mich erzählen, was mir passiert ist«, begann Peggy. »Gestern lag ich hier im Bett, döste so vor mich hin und erinnerte mich an die glücklichen Zeiten meiner Kindheit. Mein Bruder und ich waren zu einem Zeitpunkt, als es meinen Eltern finanziell sehr schlechtging, von einer Tante aufgenommen worden. Ich liebte meine Tante sehr. Sie war wunderbar und ging sehr liebevoll mit uns um. Es war eine sehr glückliche Zeit für mich. Ich mag sie immer noch sehr. Ich erwachte mit einem Schreck, als ich eine warme, sorgende Hand auf meiner Schulter spürte. Ich drehte mich um, und da stand meine Tante und lächelte mich an. Ich fühlte mich so gut und sicher.«

»Wo ist Ihre Tante?« fragte die Schwester.

»Sie lebt in Massachusetts«, sagte Peggy. »Ich habe sie lange nicht gesehen, weil sie krank ist. Aber ich habe sie immer wieder bei mir gespürt. Ich habe mich so gut gefühlt! Gestern abend rief mein Onkel an, um mitzuteilen, daß sie gestern gestorben ist – genau zu dem Zeitpunkt, als ich das erste Mal den Eindruck hatte, daß sie bei mir war. Und als ich heute aufwachte, berührte sie mich wieder!«

»Das ist ein schönes Erlebnis«, sagte die Schwester. »Ich kann ja sehen, wie gut Ihnen das tut. Was, glauben Sie, bedeutet es?«

»Sie wird dasein, wenn ich sterbe«, erwiderte Peggy mit einem strahlenden Lächeln. »Wir werden wieder zusammensein.«

Leona

Leona war nur halb bei Bewußtsein, und Ray war verzweifelt.

»Es ist so ungerecht«, sagte er. »Sie hat immer versucht, anderen Menschen zu helfen, und jetzt kann sie nichts für sich selbst tun. Sie stand unserem Sohn Chuck bei, als er Schwierigkeiten mit Drogen hatte, und es hat ihr schier das Herz gebrochen, als unsere Tochter Jo Beth starb.

Ich fragte nach Jo Beth. Ray erzählte, daß sie das Licht in ihrem Leben gewesen sei – intelligent, beliebt und ganz ihre Mutter, wenn es darum ging, anderen zu helfen.

»Als sie noch auf die High School ging, zog eine taube Familie ins Viertel. Die Nachbarn hielten irgendwie Abstand, aber

Leona und Jo Beth nahmen Unterricht in Zeichensprache, damit sie sich mit den neu zugezogenen Leuten unterhalten konnten. Die beiden benutzten die Zeichensprache nun ständig. Sie beknieten mich und Chuck, die Sprache ebenfalls zu erlernen, aber mehr als ein paar einfache Zeichen beherrschten wir nie«, sagte Ray und erhob seine rechte Hand zu einer Geste. »Das bedeutet: ›Ich liebe dich.‹ Jo Beth zog uns damit auf, daß wir nicht an ihrer und Leonas ›Geheimsprache‹ herumnörgeln könnten, solange wir sie nicht erlernten.«

Ray fuhr fort zu erzählen, wie Jo Beth gestorben war. In ihrem ersten Jahr auf dem College eines benachbarten Staates erkrankte sie an einer Blinddarmentzündung. Während der Notoperation setzte ihr Herz aus, da sie die Narkose nicht vertrug. Sie wurde wiederbelebt, aber der Sauerstoffmangel hatte ihr Gehirn geschädigt und ließ sie in einem Koma zurück, ähnlich dem, in welchem Leona nun lag.

»Wochenlang beteten wir, sie möge wieder aufwachen und in Ordnung sein«, sagte Ray. »Endlich kam sie wieder zu sich, aber sie konnte nicht sprechen oder irgend etwas für sich tun. Sie schien uns nicht zu kennen. Es brachte ihre Mutter schier um, und ihr Bruder beteuerte immer wieder, daß es ihn doch statt ihrer getroffen haben sollte. Irgendwie fiel die Familie auseinander.

Schließlich gaben wir Jo Beth in ein Pflegeheim. Sie lebte noch achtzehn Monate, aber es war ihr nie wieder bessergegangen. Leona besuchte sie jeden Tag, saß neben Jo Beth und sprach mit ihr, als könnte sie sie hören. Nach ihrem Tod trat Leona einer Gruppe bei, die sich mit Menschen in unserer Situation beschäftigte. Sie sagte, sie wolle aus unserem Schmerz etwas Gutes hervorgehen lassen.«

Die Wochen vergingen, und Leona näherte sich dem Tod in Frieden und getröstet. Chuck kam von der Westküste herge-

flogen. Sie saßen bei Leona und sprachen mit ihr, so, wie sie selbst das Jahre zuvor mit Jo Beth getan hatte.
Augenblicke bevor sie starb, schien Leona aufzuwachen. Sie öffnete ihre Augen, sah Ray und Chuck an, und ein strahlendes Lächeln legte sich über ihr Gesicht. Sie bewegte ihre Hand, schloß dann die Augen und starb.
»Dad, hast du gesehen, was sie mit ihrer rechten Hand gemacht hat?« fragte Chuck. »Sie machte das Zeichen für ›Ich liebe dich‹, wie sie das immer mit Jo Beth getan hat.«
Der Vater umarmte seinen Sohn. »Sie sind wieder zusammen«, sagte er.

Am besten können wir auf Menschen eingehen, welche die Gegenwart von jemandem erfahren, der nicht lebt, wenn wir uns auf dieses Geschehen einstellen. Derartige Botschaften sind in der Regel nicht sehr schwer zu verstehen. Nehmen Sie sie auf, und versuchen Sie zu verstehen, was Ihnen jemand mitteilen möchte, bevor Sie nach Erklärungen wie Medikamenten, Halluzinationen oder dem Verlust intellektueller Funktionen suchen.
Diskutieren Sie nicht darüber, was wirklich ist. Versuchen Sie nicht, jemanden davon zu überzeugen, daß das, was er sieht, unwirklich ist. Angenommen, es fragt jemand: »Weißt du, wo John ist? Er war vorher hier!«, dann sagen Sie ruhig: »Erinnerst du dich – John ist vor einigen Jahren gestorben.« Das ist die Information, nach der Sie gefragt wurden und die den nächsten Schritt in ein Gespräch eröffnen kann. Sich über jemanden lustig zu machen, etwa mit den Worten »Ja, Liebling, er ist nebenan«, wäre herablassend und falsch. Eine glatte Verneinung dessen, daß John anwesend sein könnte – »Du kannst ihn unmöglich gesehen haben. John ist seit zehn Jahren tot.« –, könnte große Bestürzung hervorrufen und bewirken, daß der Sterbende nicht mehr mit Ihnen spricht.

Was auch immer Sie für die Wahrheit halten, der Sterbende *hat* John gesehen; er wird nicht glauben, daß es nicht so war, sich aber fragen, warum Sie sich bemühen, es ihm auszureden.

Ebenfalls sehr destruktiv ist es, Informationen über den Tod eines anderen zurückzuhalten. Es ist ein gutgemeinter Gedanke, aber die Wahrheit führt weit häufiger zum Frieden als zu Unbehagen.

Wenn Sie nicht verstehen können, was ein Sterbender meint, fragen Sie freundlich nach. Ist er bereit zu sprechen, so werden Sie mehr erfahren.

Das Wichtigste, an das Sie sich erinnern sollten, wenn ein Sterbender jemanden sieht, der für Sie unsichtbar bleibt, ist, daß er die Schwelle nicht einsam überschreiten wird. Die meisten Menschen haben Angst davor, daß sie selbst oder jemand, der ihnen nahesteht, ganz allein sterben müssen. Tatsächlich aber zeigen uns die Erlebnisse so vieler, daß sie nicht allein sterben mußten, und auch uns wird es nicht so ergehen. Diejenigen, die vor uns gestorben sind, oder andere geistige Wesen werden uns auf unserer Reise begleiten.

Kapitel acht

Einen Ort des Lichts erkennen: »Ich kann sehen, wohin ich gehe.«

Viele sterbende Menschen berichten davon, einen Ort gesehen zu haben, der für alle anderen unsichtbar ist. Ihre Schilderungen sind nicht sehr detailliert, aber gewöhnlich sehr schillernd. Sie beschreiben diesen Ort vielleicht als wunderschön oder herrlich, aber ihre Antwort auf die Aufforderung, doch mehr zu erzählen, besteht meist nur in einem verträumten Blick, einem Kopfschütteln oder einigen mißglückten Versuchen und schließlich der Erklärung, daß sich das Erlebnis nicht mit Worten vermitteln ließe.

Immerhin scheint ein Blick auf diesen anderen Ort für den sterbenden Menschen Frieden, Trost und Sicherheit zu bedeuten, wie seine Reaktionen all denen zeigen, die in der Lage sind, zuzuhören und zu verstehen.

Bobby

Bobby, zweiunddreißig, wurde im Haus seines älteren Bruders Bill versorgt. Er litt an Inkontinenz, seine Haut war infolge einer Hepatitis ganz gelb, und er hatte so viel Gewicht verloren, daß sein früher starker Körper nur noch aus Haut und Knochen zu bestehen schien. Bill und ihrer beider Schwester Mary wuschen Bobby im Bett, putzten ihm die Zähne, rieben seinen Rücken und taten alles, um es ihm so bequem wie möglich zu machen.

Bobby konnte nicht mehr schlucken, und so zeigten wir Bill und Mary, wie man die Schmerzmittel injizierte und wie man den Mund feucht hielt, indem man ihn immer wieder mit einem weichen Schwamm auswusch.

Bobby fiel es auch sehr schwer zu sprechen. Todkranke Menschen können so schwach werden, daß selbst ein Flüstern mehr Anstrengung und Energie erfordert, als sie aufbringen können.

Eines Tages hatte Bill den Eindruck, daß sein Bruder ganz besonders litt, aber nicht darüber sprechen konnte, und so rief er das Hospiz an.

Als ich hinkam, fand ich Bobby in einem sehr verängstigten Zustand vor. Ich kontrollierte seinen Blutdruck, seinen Puls, die Atemfrequenz und die Lungenfunktion und stellte ihm außerdem einige Fragen. Weil er nicht in der Lage war zu sprechen, wählte ich einen anderen Weg, um einige Informationen zu erhalten.

»Ich werde Ihnen einige Fragen stellen, Bobby«, sagte ich. »Blinzeln Sie einmal mit den Augen, wenn Ihre Antwort ›ja‹ heißt, und zweimal für ›nein‹. Haben Sie verstanden?«

Bobby blinzelte einmal.

»Haben Sie Schmerzen?«

»Nein«, blinzelte er als Antwort.

»Sie wirken auf mich so verängstigt. Stimmt das?«

»Ja.«

»Soll ich Ihnen vielleicht erläutern, was mit Ihnen geschehen wird?«

»Ja.«

Noch während er seine Antwort blinzelte, schien er bereits etwas erleichtert zu sein. Ich sprach langsam und hielt immer wieder inne, um nachzufragen, ob es das sei, was er wissen wolle. Ich sagte ihm, daß er wohl schwächer geworden sei und daß er bald noch schwächer werde. Vielleicht würde er seine Augen nicht mehr öffnen und gar nicht mehr auf uns reagieren können, obwohl er uns durchaus noch hören könnte.

»Ihr Atem wird schwächer und langsamer werden ...« fuhr ich fort.
»... und dann wirst du ganz ruhig heimgehen zu Jesus«, mischte sich Bill in unser Gespräch ein.
Bobby sah erst seinen Bruder, dann mich fragend an. Als ich zustimmend nickte, lächelte er. Ich fügte hinzu, daß sein Tod ganz ruhig, einfach und friedlich und ohne Schmerzen verlaufen werde. Bobby lächelte wieder, schloß die Augen und legte sich entspannt in sein Kissen zurück.
Von da an war er beruhigt, Bill und Mary saßen neben seinem Bett und sprachen mit leiser Stimme. Hin und wieder öffnete er seine Augen und lächelte sie an.
Weil ihr Bruder zu schwach gewesen war zu sprechen, hatten Bill und Mary sein Verhalten auf große Schmerzen zurückgeführt. Er *hatte* Schmerzen, aber sie waren emotionaler, nicht physischer Natur. Die Lösung lag nicht in irgendeiner Medizin, sondern in Informationen und Versicherungen darüber, was geschehen würde. Meine Erklärungen wie auch die fürsorgliche Anwesenheit seiner Geschwister nahmen dem Sterbenden viel von seinen Ängsten.
Es war Zeit für Bobbys Schmerzmittel, also bot ich an, sie ihm zu verabreichen. Ich ging aus dem Zimmer und kam mit der Spritze wieder.
»Kann ich die Kissen anders hinlegen und Ihnen die Spritze verpassen, damit die Schmerzen aufhören?« fragte ich.
Bobby blinzelte einmal.
Als ich meinen Arm um seine Schulter legte, veränderte sich der Atem, setzte für einige Sekunden aus, dann wieder ein.
»Seine Atmung verändert sich«, sagte ich zu Bill und Mary. »Ich denke, er wird bald gehen.«
Bill rief nach den anderen Familienmitgliedern überall im Haus. Sie versammelten sich um das Bett. Wieder veränderte

sich Bobbys Atem. Einige Male wurde er langsamer, stand für mehrere Sekunden still und setzte wieder ein.
Mary klammerte sich an Bobby und bat ihn inständig, sie nicht zu verlassen. Bill strich die Wange seines Bruders und sagte: »Du wirst jetzt zu Jesus gehen, Bobby.« Alle, die um das Bett standen, versicherten Bobby, daß sie ihn liebten und daß sie ihn vermissen würden.
Schließlich starb Bobby mit einem letzten, langen Seufzer. Als wir so dasaßen, ihn und uns untereinander an den Händen fassend, erzählte Bill, daß Bobby zum ersten Mal nach drei Tagen ganz klar geredet hatte, als ich aus dem Zimmer gegangen war.
»Er hat uns berichtet: ›Ich kann das Licht am Ende der Straße sehen, und es ist wunderschön‹«, sagte Bill.

Dieser Blick auf den jenseitigen Ort verhilft vielen zu unermeßlichem Trost, und die Mitteilung darüber wird von den Hinterbliebenen oft als letzte Zuwendung des Sterbenden empfunden.
»Ich war nie religiös, aber dabeigewesen zu sein, als Bobby starb, war eine spirituelle Erfahrung für mich«, sagte seine Schwester später. »Ich bin nicht mehr dieselbe.«
Bill wiederholte ihre Gefühle bei der Beerdigung. »Weil Bobbys Tod so friedlich verlief, brauche ich keine Angst mehr vor dem Sterben zu haben«, sagte er. »Er hat mir einen kleinen Vorausblick auf das ermöglicht, was ihn erwartete und vielleicht auch mich erwarten wird.«
Interpretationen dieser Visionen hängen davon ab, wie und ob überhaupt Menschen sich ein Leben nach dem Tod vorstellen. Die meisten deuten dieses »Erkennen eines anderen Orts« als Zeichen dafür, daß das Leben nach dem Tod weitergeht. Detaillierte Deutungen hängen vom individuellen Glauben ab. Bobby war als Christ erzogen worden, fragte

aber nicht nach einem Geistlichen, während Bill nach seinem Tod einen Priester rief, der kam, als Bobbys Körper noch im Schlafzimmer lag. Bill und Mary erzählten, wie ihr Bruder gestorben war und was er zu berichten hatte.
»Was, glauben Sie, hat er uns mitgeteilt?« fragte der Priester.
»Er muß den Himmel gesehen haben«, sagte Bill.
»Unser christlicher Glaube basiert auf der Grundlage des Leidens, des Todes und der Auferstehung Jesu«, sagte der Priester. »Sie waren Zeugen der Leiden und des Todes Ihres Bruders. Er gewährte Ihnen einen kleinen Blick auf seine Auferstehung.«
Dann gaben sich alle, die um Bobby herumstanden, die Hände, und er bat in einem Gebet um Bobbys ewigen Frieden und um die Kraft und den Trost für diejenigen, die ihn liebten.

Der Zeitpunkt, zu dem Bobby diesen anderen Ort beschrieb, ist nicht ungewöhnlich. Häufig gehört dies zu den letzten Aussagen eines sterbenden Menschen und ist Zeichen dafür, daß der Tod unmittelbar bevorsteht. Aber manche Menschen sehen diesen Ort Tage, Wochen, sogar Monate vor ihrem Tod. Und andere deuten diese Visionen anders, als es Bobbys Familie getan hat.

Lynn

Als Lynn, eine Wirtschaftswissenschaftlerin, nach ihrer religiösen Zugehörigkeit gefragt wurde, sagte sie: »Ich habe keine Religion. Ich habe nie an Gott oder etwas Ähnliches geglaubt. Ich habe kein Interesse daran.«
Sieben Wochen vor ihrem Tod erzählte sie mir: »Ich hatte einen Traum, aber eigentlich war es kein richtiger Traum. Ich war an einem so wundervollen Ort.«
Sie wollte oder konnte nicht fortfahren und sagte nur noch, daß sie gesehen hatte, wohin sie gehen würde.

»Ich weiß, daß es kein Traum war, es war so herrlich«, sagte sie mehr als einmal. Dann schüttelte sie ihren Kopf, lächelte und zuckte die Achseln. Sie schien durch das, was sie gesehen hatte, getröstet worden zu sein, hatte oft ein verträumtes Lächeln im Gesicht und einen fernen Blick in den Augen.
»Sie scheinen so weit weg zu sein«, sagte ich.
»Es ist nicht so weit«, sagte Lynn. »Und es ist so schön.«
Lynns Tochter Sandra fragte daraufhin, ob ihre Mutter zuviel Medizin einnehme. Wir versicherten ihr, daß dies nicht der Fall sei. Lynn nahm nur sehr wenige Medikamente ein und auch nur in kleinen Dosen. Wir ermutigten Sandra, häufiger mit ihrer Mutter über diesen Traum, der keiner war, zu sprechen.
»Sie weiß, daß sie sterben wird, aber nun scheint sie auch zu wissen, daß sie auf irgendeine Weise auch danach existieren wird«, sagte Sandra. »Mutter hatte immer behauptet, daß Menschen nach dem Tod einfach aufhören zu existieren, aber jetzt hat sie etwas Neues entdeckt. Sie erzählt von einem Ort, an den man nach dem Tod gelangt. Ich zweifle daran, aber gleichzeitig ertappe ich mich dabei, daß ich mich frage, ob sie wohl recht hat.«
Monate nach Lynns friedvollem Tod erzählte Sandra, daß sie die Konfrontation mit der veränderten Vorstellung ihrer Mutter bezüglich eines Lebens nach dem Tod sehr irritiert habe, andererseits aber auch als eine sehr befreiende Erfahrung empfinde.
»Ich glaube immer noch nicht an diese religiösen Geschichten, aber ich glaube auch nicht länger, daß es mit mir einfach zu Ende ist, wenn ich einmal sterbe«, sagte Sandra. »Ich habe von meiner Mutter erfahren, daß wir auf irgendeine Weise nach dem Tod weiterbestehen, und ich denke immer noch darüber nach, wie diese Existenz aussehen könnte.« Es tröstete sie, daran glauben zu können, daß es ihre Mutter immer

noch irgendwie gab und daß sie sich vielleicht irgendwann wiedersehen werden.

Sandras Deutung dessen, daß ihre Mutter einen anderen Ort wahrnahm, unterscheidet sich von der Deutung, die Bobbys Familie dem Geschehen gab. Der Unterschied aber liegt im Detail und nicht in der Kernaussage, daß das Leben nach dem Tod nämlich weitergehe.

Wenn Menschen wie Bobby und Lynn als Teil ihres Todesbewußtseins einen anderen Ort sehen, scheinen sie nicht die Erfahrung zu machen, ihre Körper zu verlassen. Eher bleiben sie ihren Körpern verhaftet und sind sich zweier Existenzen bewußt. Bei außerkörperlichen Erfahrungen dagegen erzählen Menschen davon, daß sie ihre Körper verlassen, sogar auf sie zurückgeschaut hätten und woandershin gegangen wären. Sie berichten von Begebenheiten, die sie anders gar nicht gesehen oder gehört haben können.

Lucy

Es dämmerte, als die Tochter einer Patientin anrief.

»Mutter berichtet davon, daß sie außerhalb ihres Körpers und anderswo gewesen sei, aber jetzt ist sie zurück und möchte immer wieder mit mir darüber sprechen«, sagte Ellie. »Würden Sie vorbeischauen?«

»Wie geht es ihr jetzt?« fragte ich.

»Es geht ihr gut.«

»Macht sie einen veränderten Eindruck auf Sie?«

»Nein, sie ist wie immer. Es ist nur diese Geschichte, daß sie ihren Körper verlassen hat.«

»War sie verstört darüber, außerhalb ihres Körpers gewesen zu sein?«

»Nein, es ging ihr gut, sie fühlte sich ganz wohl und bat um eine Tasse Kaffee.«

Ich sagte zu Ellie, daß sie den Kaffee kochen sollte und daß ich gleich da wäre.

Als ich eintraf, wirkte Ellie sehr zittrig, ihre Mutter dagegen gelassen.

»Wie geht es Ihnen?« fragte ich Lucy

»Ich habe Ellie nur erzählt, daß ich hinausgegangen war und diesen alten Körper für eine Weile zurückgelassen hatte«, sagte Lucy.

»Wohin sind Sie gegangen?« fragte ich.

»Zu dem alten Bauernhof in Pennsylvania, wo ich aufgewachsen bin«, sagte sie. »Die Küche sah noch genauso aus. Und der Blick über die Felder, wo immer die Kühe gegrast hatten, war frisch und grün.«

Lucy erzählte in aller Ausführlichkeit über das alte Bauernhaus, wie sie darin gelebt hatte, bis sie fast zwanzig war, und danach bis zum Tod ihres Onkels, der den Hof besaß, immer noch zu Besuch kam. Nach dem Verkauf des Hofes kam sie nicht wieder zurück. Ihrer Meinung nach war sie an einen Ort gelangt, den sie ganz besonders gern mochte.

»Was hat das zu bedeuten?« fragte ich Lucy.

»Oh, ich weiß nicht. Ich glaube, daß ich das einfach noch mal sehen wollte.«

Lucy nannte mir viele Einzelheiten dieser außerkörperlichen Erfahrung. Im Unterschied dazu fassen sich Sterbende, die einen anderen Ort beschreiben, eher kurz und bleiben ungenau. Manchmal berichten sie nur von einem Licht.

Emma

Emma, fünfundfünfzig, war verheiratet und hatte zwei Kinder von Anfang Zwanzig. Als ich Emma fragte, was sie aufgrund der Einschränkung durch die Krankheit am meisten vermißte, antwortete sie: »Unterhaltung – ich gehe so gern auf Parties, und ich koche gern gutes Essen für meine Familie und meine Freunde.«

Ihr Mann berichtete, daß viele Freunde nun Mahlzeiten zu ihnen brächten, immer in der Hoffnung, das Richtige getroffen zu haben, um Emmas nachlassenden Appetit anzuregen. So konnte Emma davon ausgehen, daß ihre Familie immer gut zu essen hatte, auch wenn sie nicht länger für sie kochen konnte. Die Freude am gemeinsamen Kochen mit Leuten, die sie gern mochte, war es aber, was sie so sehr vermißte.

Ihre Tochter war gerade dabei, das College abzuschließen, und Emma sprach oft davon, wie sehr sie sich darauf freute, sie in Hut und Talar zu sehen. »Sie ist die erste Collegeabsolventin in unserer Familie!« sagte sie stolz.

Je weiter die Krankheit fortschritt, desto mehr Zeit verbrachte Emma im Bett. Ungefähr einen Monat bevor sie starb, besuchte ich sie und fand sie auf Kissen gestützt vor. Mit einem verträumten Blick schaute sie in den Raum. Sie lächelte friedlich.

»Was geht vor sich, Emma?« fragte ich.

»Dort ist ein so wunderschönes Licht«, flüsterte sie. Trotz meines freundlichen Nachfragens lächelte sie nur weiterhin verträumt, gab aber keine weiteren Auskünfte. Sie erwähnte das »Licht« noch zwei- oder dreimal während meiner folgenden Besuche und behielt den glänzenden, friedlichen Blick.

Emma war eine willensstarke Frau, die sich sehr bemühte, mit dem zunehmenden Kontrollverlust umzugehen, als sie immer kränker wurde. Sie bestand darauf, auch weiterhin ihre Medikamenteneinnahme selbst zu handhaben, obwohl sie manchmal leicht konfus war. Ihre Familie und die Schwestern waren sehr um ihre Sicherheit besorgt und empfanden es als Gefahr, dennoch konnte sie diese Kontrolle nicht aufgeben. Emma wollte sich lieber ins Hospiz einweisen lassen, als eine privat engagierte Schwester zu Hause zu haben, die

ihr mit den Medikamenten half. Ich besuchte sie, kurz nachdem sie aufgenommen worden war.
»Oh, wenn ich nur ruhig werden könnte!« klagte sie.
»Was wäre, wenn Sie ruhig werden könnten?« fragte ich.
»Nun, dann käme das Licht näher, und ich könnte all diese Leute erkennen.« Für einen kurzen Augenblick dachte ich, sie spräche von ihren Bettnachbarinnen oder der Belegschaft der Station.
Zögernd fragte ich: »Welche Menschen?«
Emma schaute überrascht auf, als hätte ich eine völlig lächerliche Frage gestellt.
»All diese Menschen um mein Bett natürlich!« sagte sie und wedelte mit ihrem Arm, um mir die Menschenmenge zu veranschaulichen, die ich nicht sehen konnte.
»Sie werden ruhig werden. Das hier ist ein sicherer Ort, um ruhig zu werden, und auch ein sicherer Ort, um all diese Menschen um Sie herum kennenzulernen. Das wunderbare Licht wird immer näher kommen, und alles wird sich fügen.«
Die Schwester notierte auf Emmas Krankenakte, daß sie sich nicht unwohl fühlte, ihr Zustand sich aber verschlechterte und sie häufig beschäftigt und gedankenverloren wirkte, so, als ob sie diesen unsichtbaren Menschen Anweisungen gäbe.
Am Abend des Collegeabschlusses ihrer Tochter besuchte ich sie wieder und fragte: »Was ist los, Emma?«
»Ach, ich bin so sehr beschäftigt mit all diesen Leuten! Und das Licht kommt immer näher!« antwortete sie mit einer Spur von Verdruß.
»Kennen Sie irgendeinen dieser Menschen?« fragte ich sie.
»Nun, da ist mein Vater.« Sie zwickte die Augen zusammen, als ob sie ihn so besser sehen könnte. Ich lächelte und nickte, wohl wissend, daß ihr Vater vor weniger als einem Jahr gestorben war.
»Wartet er auf Sie?« fragte ich.

Sie war überrascht. »Um Himmels willen, ist es *das*, was er tut?« fragte sie.
»Emma, wann werden Sie all Ihre Arbeiten erledigt haben?« fragte ich mit wachsender Neugier.
»Oh, ich denke mal, am Sonntag«, antwortete sie. Ich benachrichtigte sofort ihre Familie, um ihr einen Hinweis zu geben. Am nächsten Tag setzte Emma ihre Perücke auf, schminkte sich und bereitete sich so auf den Besuch ihrer Tochter nach dem Abschluß vor. Was war das für ein Fest, mit Kuchen, Sekt und vielen Schnappschüssen von der Familie.
Am nächsten Morgen setzte Emma wieder die Perücke auf, schminkte sich und lehnte sich mit einem Seufzer in ihre Kissen zurück. Innerhalb weniger Stunden fiel sie schlafend in ein kurzes Koma. Die Familie saß ruhig um sie herum, und sie starb in Frieden. Wie sie vorhergesagt hatte, war es Sonntag und ihre Arbeit getan.

Wir wissen nicht, was Emma vor sich sah, das sie als Licht beschrieb. Andere haben uns von einem »Ort des Lichtes und der Wärme« berichtet oder von »einer Gestalt voller Licht«. Die Beschreibungen sind sehr vage, aber die Gefühle, die diese Erfahrungen hervorrufen, sind klar erkennbar: Wohlbehagen und Frieden.
Vielleicht sind diese Schilderungen auch deshalb so vage, weil die Menschen das Gefühl haben, etwas Unbeschreibliches zu beschreiben. Eine Mitarbeiterin, die ebenfalls die Erfahrung des Todesbewußtseins machte, sagte: »Ich kann euch erzählen, was abgelaufen war, aber ich kann nicht wirklich erklären, wie es war. Worte sind einfach unzureichend.« Sie erzählte von dem Erlebnis eines anderen Patienten und stimmte seiner Erklärung darüber zu, warum wir nicht mehr zu hören bekommen.

Clare, dreiundzwanzig, hatte gerade ihre Arbeit als Grundschullehrerin aufgenommen, als die Kopfschmerzen begannen. Sie war so beschäftigt mit ihrer neuen Tätigkeit, daß sie diese zunächst ignorierte. Über den Winter hinweg hatte sie einige ganz besonders hartnäckige Erkältungen. Im Dezember erkrankte sie an einer Grippe.
Im Frühjahr drängte ihre Mutter sie, zum Arzt zu gehen. Für Clare lautete die Diagnose Leukämie. Man gab ihr nur noch wenige Wochen zu leben.
Die Prognose war falsch. Eine experimentelle Behandlungsweise brachte die Krankheit zum Stillstand. Clare mußte zwar ihre Lehrtätigkeit aufgeben, fand aber eine andere Möglichkeit, mit Kindern zu arbeiten. Zwischen ihren eigenen, häufigen Krankenhausaufenthalten betätigte sie sich auf freiwilliger Basis als Lehrerin in einem Kinderkrankenhaus.
Fünf Jahre später aber war es dann soweit. Sie zog zu ihren Eltern nach Hause und wurde in den Betreuungsplan des Hospizes aufgenommen.
Auf dem Klavier, das sie gelegentlich noch spielte, sah ich Photos von Clare, wie sie einmal ausgesehen hatte - jung und gesund, mit einer Mähne von roten Haaren, am Strand, beim Fahrradfahren, beim Softballspielen. Heute bestanden ihre Haare aus ein paar Büscheln auf dem blanken Schädel, ihr Körper war ausgezehrt und schwach, ihre Wangen aufgedunsen. Sie verbrachte die Tage im Rollstuhl oder auf der Couch im Wohnzimmer. Ihre Mutter, auch eine Lehrerin, hatte sich beurlauben lassen, um Clare pflegen zu können. Sie war eine sehr gute, liebevolle Pflegerin und ging auch auf das ein, was Clare ihre »Achterbahn-Launen« nannte.
Viele Menschen, die ernsthaft krank sind, kennen diese Höhen und Tiefen, von denen Clare sprach. An »Höhentagen« scheint die Behandlung erfolgreich zu wirken, Heilung

und Besserung scheinen nicht nur möglich, sondern unmittelbar bevorzustehen. Hochstimmung und Vorfreude kommen auf.

»Aber an Tagen, an denen die Behandlung nichts nützt oder so viele Nebenwirkungen auftreten, daß ich das Gefühl habe, sie bringen mich eher um als der Krebs selbst – das sind die echten Tiefen«, sagte Clare. »Dann habe ich das Gefühl, als ob es abwärtsginge mit mir, ohne daß ich auch nur irgendeine Kontrolle hätte. Ich habe wirklich das gleiche Gefühl, das ich als Kind beim Achterbahnfahren hatte. Einzusteigen ist aufregend, aber auch beängstigend, weil ich schon weiß, wie tief ich fallen werde. Abwärts zu fahren ist wie eine Mischung aus Angst und Übelkeit, weil ich den Aufprall schon kommen sehe.«

Ihr Bruder Sam war Clares anderer Stützpfeiler. Er war drei Jahre älter und voller Energie und Witz. Wenn er in der Nähe war, nahm das liebevolle Hänseln kein Ende.

Eines Tages zeigte mir Clare eine Ausgabe von Kenneth Rings Buch *Den Tod erfahren – Das Leben gewinnen*, das die Wirkung des Todesbewußtseins auf Wertvorstellungen und Verhalten untersuchte. »Sam hat es mitgebracht«, sagte sie. »Er wollte, daß ich es lese, aber es klingt irgendwie komisch. Er schlug vor, daß ich Sie fragen soll, was Sie davon halten. Lohnt es sich, das Buch zu lesen?«

Ich las das Buch, und da es mich faszinierte, sagte ich ihr, daß sie es sicher als hilfreich empfinden würde.

Bei meinem nächsten Besuch erzählte Clare, daß sie das Buch gelesen, dazu aber einige Fragen hätte. Sie wollte wissen, ob ich die Geschichten für wahr hielt und ob die Leute vielleicht unter Drogen gestanden hätten.

»Ring und auch andere haben die Erfahrungen Hunderter von Menschen untersucht«, sagte ich. »Beantwortet er Ihre Fragen nicht direkt in seinem Buch?«

»Doch«, sagte Clare mit einem Grinsen. »Ich wollte nur prüfen, was Sie davon halten. Ich glaube schon irgendwie daran, bin aber immer noch ein bißchen skeptisch. Ich habe nie jemanden kennengelernt, der so eine Erfahrung gemacht hat. Haben Sie so etwas vielleicht schon erlebt?«

»Ja«, sagte ich. »Ich habe diese Erfahrung gemacht.«

»Wirklich? Wie war es?«

»Als Teenager bin ich einmal fast ertrunken«, sagte ich. »Ich wurde von einer Strömung im Meer erfaßt. Als sie mich herauszogen, glaubten sie schon, ich sei tot, aber irgend jemand hat mich wiederbelebt.«

»Und Sie hatten so ein Erlebnis damals?« fragte Clare. »Würde es Ihnen etwas ausmachen, mir davon zu erzählen?«

»Ich war hinausgeschwommen und hatte einen Krampf bekommen. Zuerst dachte ich, ich könnte mich treiben lassen, bis er vorbei war, aber die Strömung war stärker, als ich dachte. Ich schrie um Hilfe. Niemand hörte mich. Eine Welle überrollte mich, und ich geriet in Panik. Ich war mal über, mal unter Wasser und wurde immer weiter hinausgetrieben. Es war schrecklich. Ich bekam keine Luft mehr, meine Lungen fühlten sich an, als würden sie gleich platzen. Ich kam noch nicht einmal mehr über die Wasseroberfläche. Als ich dann den Mund aufmachte, schluckte ich noch mehr Wasser. Ich wußte, daß ich sterben würde.

Plötzlich, viel schneller, als ich es Ihnen beschreiben könnte, veränderte sich alles. Die Panik verschwand. Ich rang nicht mehr nach Luft. Ich war völlig entspannt und in Frieden und wurde von einem warmen hellen Licht umgeben. Irgendwie wurde ich Teil dieses Lichts. Ich habe niemanden gesehen, fühlte aber Gottes Anwesenheit. Ich wußte, ich würde sterben, und es war völlig in Ordnung.«

Ich hielt inne, meine Augen hatten sich mit Tränen gefüllt. Clare nahm meine Hand.

»Nein, es ist nicht schlimm«, sagte ich. »Aber wenn ich darüber spreche, sehe ich alles so lebhaft vor mir, daß ich fast das Gefühl habe, es wieder zu erleben. Es war so ein überwältigendes Erlebnis ...«
Ich dankte Clare für das Taschentuch, das sie mir gegeben hatte.
»Noch nie habe ich Ihnen die Tränen getrocknet«, sagte sie. »Gewöhnlich tun Sie das für mich. Vielen Dank, daß Sie mir all das erzählt haben. Wissen Sie, was es zu bedeuten hat?«
»Alles veränderte sich, als ich aufhörte zu atmen. In diesem Augenblick war ich dabei, zu sterben und von diesem in ein nächstes Leben zu gehen. Das Licht war Gott, und ich fühlte mich friedlich und geliebt.«
»Wird das auch mit mir geschehen?« fragte Clare.
Ich sagte, ich ginge davon aus, daß sie wohl ein ähnliches Erlebnis haben, daß es bei ihr aber allmählicher eintreten und länger andauern und ihr die Wahrnehmung zweier Orte zur gleichen Zeit vermitteln würde.
Clare starb zwei Monate später. In ihrer letzten Woche schien sie, völlig erschöpft, häufig durch die Leute hindurchzusehen. Sam fragte mich, ob ich glaubte, sie würde etwas oder jemanden sehen. Er hatte sie gefragt und keine Antwort erhalten, nur ein Lächeln.
»Clare, was sehen Sie?« fragte ich.
»Es ist dieser Ort, *Sie* kennen ihn. Sie waren ja dort«, sagte sie.
»Clare, wie ist es da?« fragte Sam und legte seine Hand auf ihre Wange. »Du mußt es mir einfach sagen.«
Clare schmiegte sich an die Hand des Bruders und lächelte.
»Ich kann nicht«, sagte sie. »Du mußt warten, bis du dran bist.«

Vielleicht ist Clares Antwort an Sam für uns alle bestimmt: Wir werden es nicht wissen, bis wir nicht selbst sterben. Aber bis dahin können wir den Menschen zuhören, die es sehen und uns zu vermitteln versuchen; wir können von ihnen lernen und durch sie getröstet werden.

Manchmal sind die Bemerkungen über einen anderen Ort leicht zu überhören oder nur schwer verständlich. Häufig erwähnen Menschen einen Ort oder äußern den Wunsch, nach Hause zu gehen, selbst wenn sie zu Hause sind. Fragen Sie in solch einem Fall nach: »Welches Zuhause?« Hat es den Anschein, daß Ihnen jemand mitteilen möchte, er werde bald sterben, fragen Sie ruhig: »Sprichst du davon, zu diesem anderen Ort zu gehen?« Oder: »Hast du den Eindruck, es ist soweit zu gehen?« Mit manchen Menschen können Sie ganz offen sprechen: »Glaubst du, du wirst bald sterben?«
Wenn ein todkranker Mensch diesen anderen Ort erwähnt, fragen Sie freundlich, ob er darüber sprechen möchte. Vielleicht bekommen Sie nicht besonders viel zu hören, lernen werden Sie aber in jedem Fall davon. Sterbende Menschen vermitteln uns, daß es eine Fortsetzung des Lebens nach dem Tod gibt. Indem sie immer wieder diesen Ort vor sich sehen, erfahren auch wir nicht nur von seiner Existenz, sondern auch von seiner Schönheit und seinem Frieden.

Kapitel neun

Das Wissen über den Zeitpunkt des Todes: »Es wird geschehen, wenn ...«

Häufig scheinen sterbende Menschen den Zeitpunkt zu kennen, an dem der Tod eintreten wird, manchmal bis hin zu Tag und Stunde. Überraschenderweise sehen sie dieser Tatsache meist nicht mit Angst oder Panik entgegen, sondern eher mit leiser Resignation. Ihre Aussagen über den Zeitpunkt des Todes können sehr klar und direkt sein. Andererseits gibt es auch sehr vage und subtile Versuche, sich darüber mitzuteilen; sie werden von Außenstehenden leicht übersehen, bewußt ignoriert oder als konfus abgetan.

Doug

Doug war Ende Zwanzig. Er war der geborene Athlet, der in einer Familie von Sportfans groß geworden war. In der High School und auch im College spielte er Football und kehrte danach als Assistent des Footballtrainers an seine ehemalige High School zurück.

Er hatte diesen Trainerjob etwas mehr als zwei Jahre ausgeübt, als ein immer größer gewordener Lymphknoten als Geschwulst diagnostiziert wurde. Sechs Monate chemotherapeutische Behandlung vertrug er so gut, daß er kaum bei der Arbeit fehlen mußte. Aber der Krebs kehrte zurück, diesmal an verschiedenen Körperstellen, und alle Versuche der Behandlung schlugen fehl.

Unfähig, für sich selbst zu sorgen, zog Doug wieder zu seinen Eltern zurück. Er wurde in das Hospizprogramm seiner

Stadt aufgenommen. Wir erreichten es, die Symptome unter Kontrolle zu bringen. Doug war sehr schwach, fühlte sich aber nicht schlecht. Es sah so aus, als hätte er noch einige Monate vor sich.

Seine drei Geschwister lebten in derselben Gegend wie er und kamen ihn regelmäßig besuchen. Die Eltern übernahmen den größten Teil der Pflege, aber sie waren völlig überfordert, als auch bei seiner jüngsten Schwester Jane Krebs diagnostiziert wurde. Die Chancen für ihre Heilung standen gut, aber aus Angst, ihn völlig zu verstören, entschied die Familie, Doug nichts von ihrer Krankheit zu erzählen.

Eines Samstagabends rief Dougs Vater das Hospiz an. »Etwas scheint verändert«, sagte er.

Diejenigen von uns, die mit todkranken Menschen zu tun haben, horchen bei einer solchen Mitteilung auf. Manchmal spüren die Patienten oder ihre Familien, daß sich etwas verändert, aber sie können es nicht genau beschreiben. Wenn wir nach einem solchen Anruf den Todkranken besuchen, finden wir nicht selten nur subtile und dennoch bedeutende Veränderungen vor. Manchmal auch liegt ein Mensch unmittelbar im Sterben.

Als ich diesmal hinkam, redete ich mit Doug und untersuchte ihn, konnte aber keine Veränderungen erkennen. Weder er noch seine Eltern konnten erklären, was anders war – nur, *daß* es so war. Ich rief dennoch die Ärztin an. Gemeinsam mit Doug überlegte ich, ob sie ins Haus kommen oder ob Doug ins Krankenhaus gehen sollte. Doug entschied sich dafür, abzuwarten und zu sehen, was passieren würde. Er und seine Eltern wollten ruhig ins Bett gehen, weil sie wußten, daß sie mich jederzeit anrufen konnten. Als Doug sich schlafen legte, wünschten ihm seine Eltern eine gute Nacht und boten mir eine Tasse Tee an. Wir saßen in der Küche. Ich fragte, wann Doug seinen Bruder und seine Schwestern wiedersehen würde.

»Sie werden morgen nachmittag kommen und zum Abendessen bleiben, um mit uns das Footballspiel anzusehen«, sagte seine Mutter. »Diese Familie ist ganz verrückt auf Football! Schauen Sie sich nur an, was Doug heute gemacht hat.«

Sie zeigte mir ein Blatt Papier, auf das Doug ein Diagramm eines Footballspiels gezeichnet hatte. Kreise und Pfeile standen für die beiden Mannschaften und für die Richtungen, in die jeder Spieler laufen sollte.

Bei einer der beiden Mannschaften waren die sechs Kreise, die die Spieler wiedergaben, mit den Initialen der Eltern und Geschwister versehen. Von dem Kreis mit Janes Initialen führte ein Pfeil in eine Ecke des Spielfelds. Der Kreis, der Dougs Initialen trug, hatte auch einen Pfeil, der aber über die Linie und das Spielfeld hinauswies. Daneben war gekritzelt: »Aus dem Spiel am Sonntagmittag«.

Ich sah mir das Diagramm genau an.

»Es klingt vielleicht ein bißchen komisch, aber da ist etwas dran, das wir beachten sollten«, sagte ich. »Doug scheint damit zu sagen, daß etwas Ernstes vor morgen mittag geschieht.«

»Was meinen Sie mit ›etwas Ernstes‹?« fragte seine Mutter.

»Ich weiß es nicht genau«, sagte ich. »Aber es könnte bedeuten, daß eine Veränderung seines Zustands eintritt, oder vielleicht sogar, daß er stirbt.«

Nach ersten Zweifeln wurden Dougs Eltern immer besorgter.

»Könnten wir nicht Doug bitten, uns das Diagramm zu erklären?« fragte ich. »Er kann das wahrscheinlich besser als ich.«

»Ich möchte ihn nicht gerne aufwecken«, sagte seine Mutter. »Wir wissen ja, daß Doug kurz vor dem Tod steht. Wenn er uns das durch das Diagramm sagen will, sind wir vorbereitet. Wir können Sie ja jederzeit rufen, falls sich noch etwas verändern sollte. Ich werde die anderen Kinder anrufen und ihnen sagen, daß sie früher hier sein sollen.«

Am Morgen war Doug ruhiger als sonst, aber es ging ihm ganz gut. Alle trafen ein. Jedes Familienmitglied verbrachte einige Zeit mit ihm. Kurz vor Mittag lag Doug im Bett und sprach mit seiner Mutter. Plötzlich wurde er unruhig, sagte, daß er sich nicht wohl fühlte, setzte sich auf und bat seine Mutter, die Kissen zu verändern. Dann legte er sich zurück, schloß die Augen und starb.

»Sehen Sie, wie friedlich er daliegt?« fragte mich seine Mutter, als ich eintraf, um seinen Tod zu bestätigen. »Er wußte, daß dies geschehen würde, nicht wahr?«

Doug war nicht an der direkten Folge des Krebses gestorben. Erstaunt über den plötzlichen Tod, bat der Arzt um Einverständnis für eine Autopsie, die ein tödliches Blutgerinnsel zeigte, das in die Lungen gewandert war. Diesen Umstand konnte Doug nicht vorhergesehen haben.

»Vielleicht weiß man als Betroffener mehr als jeder andere über den Tod, wenn er so nahe bevorsteht«, sagte sein Vater. »Ich bin sehr froh, daß er uns mit dem Diagramm aufmerksam gemacht hat.«

Hatte Dougs Zeichnung eine Bedeutung? Spürte er den Zeitpunkt des Todes und benutzte eine Sprache, die seiner Familie vertraut war, um bildhaft mitzuteilen, daß er diesen Zeitpunkt überschreiten würde? Hat er irgendwie Janes Erkrankung geahnt, obwohl seine Familie ihm diese Information vorenthalten hatte? Vielleicht.

Er bediente sich in seiner Zeichnung einer Passion, welche die Familie mit ihm teilte. Der Symbolgehalt hätte leicht übersehen werden können. Wenn wir uns darum bemühen, werden wir in den Äußerungen eines sterbenden Menschen eine tiefere Bedeutung finden – sogar in einem dahingekritzelten Footballspiel. Dougs Familie verstand, was er ausdrücken wollte, und war so auf seinen Tod vorbereitet.

Polly

Polly war seit über zwanzig Jahren verwitwet und lebte bei ihrer Tochter Sue. Vor zehn Jahren war ihr wegen einer Geschwulst eine Brust abgenommen worden. Länger als sieben Jahre lebte sie ganz offensichtlich ohne Krebs. Aber die Krankheit kam zurück, befiel den Knochenbau und durchsetzte die Narbe auf ihrer Brust, so daß eine offene Wunde mit einer übelriechenden Absonderung entstand. Manchmal blutete sie, nicht gefährlich, aber genug, um Mutter und Tochter zu beunruhigen. Das andere große Problem für Polly waren die Schmerzen, eine häufige Begleiterscheinung, wenn die Knochen bereits mit betroffen sind.

Polly war physisch und emotional geschwächt und hatte die übelriechenden oder blutverschmierten Kleider satt. Sue war entmutigt und in Sorge. Ihr Arzt hatte sie vor den starken Schmerzmitteln gewarnt, also gab sie der Mutter die Pillen nur, wenn die Schmerzen überhandnahmen, weil sie befürchtete, daß zu häufige Anwendung die Wirkung beeinträchtigen könnte.

Sue haßte es, die Kleidung zu wechseln. Die Wunde anzusehen nahm ihre Mutter jedesmal sehr mit, und sie blutete häufig, wenn die Kleider ausgezogen wurden. Also schob Sue das Umziehen so weit wie möglich hinaus, was wiederum den unangenehmen Geruch hervorrief. Was auch immer sie tat, Sue hatte das Gefühl, daß sie ihrer Mutter gar nicht helfen konnte. Zudem war sie besorgt, daß ihren beiden kleinen Töchtern nicht genügend Aufmerksamkeit zukam.

Wegen ihrer extremen Schmerzen erhielt Polly Hospizbetreuung, obwohl ihr Krebs noch nicht akut lebensbedrohend war. Die Hausbesuche einen Monat lang sollten zeigen, ob wir ihr die Beschwerden nehmen konnten. Das Ziel war, die Symptome unter Kontrolle zu bekommen und Sues Fähigkeiten und Selbstvertrauen als Pflegerin zu stärken. Bei allem, was wir gehört hatten, würde Polly wohl noch eine ganze Weile leben. Nach Ablauf des Monats, so zogen wir in Erwägung, würden wir sie wieder in die Obhut ihres Hausarztes geben.

Bei meinem ersten Besuch weinte Sue, als sie mir von den Schmerzen ihrer Mutter erzählte. Ohne Tränen, aber völlig erschöpft erklärte Polly, daß sie sich entmutigt fühlte und sich Sorgen um ihre Tochter machte. »Sie bringt so viel Zeit für mich auf, daß ihr kaum Zeit für ihren Mann und die kleinen Mädchen bleibt«, sagte Polly. »Ich habe so ein schlechtes Gewissen.«

Innerhalb einer Woche waren die Schmerzen unter Kontrolle. Polly und Sue wußten nun mehr über die Verwendung schmerzstillender Mittel und darüber, wie die Dosis unbesorgt erhöht werden konnte, sobald ein Gewöhnungseffekt beim Patienten auftrat. Sue lernte die Pflege ihrer Mutter effizienter zu gestalten. Wir zeigten ihr eine einfache Methode, wie sie die Wunde auf der Brust säubern und verbinden konnte, um die Geruchsbildung zu verhindern und die Blutungen zu vermeiden.

Als Polly sich wieder wohler zu fühlen begann, nahm sie wieder mehr Anteil an ihren Enkeltöchtern und half auch bei der Hausarbeit. Nach vierzehn Tagen stimmten Polly, Sue und ich überein, daß ein Besuch einmal in der Woche nun genügen würde.

Ich hatte einen Urlaub geplant, und eine andere Schwester sprang für mich ein. Kurz vor der Reise verabschiedete ich

mich von Polly und Sue und erinnerte sie daran, daß wir uns in zwei Wochen wiedersahen.
»Aber ich werde nicht dasein«, sagte Polly.
»Wie meinen Sie das, Polly?« fragte ich.
»Ich weiß nicht genau«, antwortete sie. »Ich habe nur so ein Gefühl ...«
Mehr konnte Polly nicht sagen. Sue fragte mich, wie ich darüber dächte. Ich sagte, daß ihre Mutter, auch wenn ihr vom medizinischen Standpunkt noch einige Zeit zu leben blieb, wohl besser als jeder andere Bescheid wüßte, und fragte Polly, was sie gerne tun würde. Nach einigem Hin und Her sagte Polly, daß alles so weitergehen sollte wie bisher. Sie wünschte sich aber, ihre Schwester Jeannie, die als einziges von den Geschwistern noch lebte, zu sehen, wenn sie auch keine allzu enge Verbindung zu ihr hatte.
Sofort nachdem Sue angerufen hatte, kam Jeannie aus einem anderen Staat angereist und blieb einige Tage. Für sie und Polly war es ein wunderbarer Besuch. »Es war die beste Zeit, die wir in vielen Jahren gemeinsam verbracht haben«, sagte Jeannie zu Sue, als sie zum Flughafen aufbrach.
In der darauffolgenden Woche starb Polly im Schlaf.
Einige Wochen später sagte Sue: »Ich dachte, sie würde noch viele Monate leben. Ich hätte nicht darauf geachtet, was Mutter sagte, hätten Sie uns nicht darauf aufmerksam gemacht, daß es von Bedeutung sein könnte. Meine Tante war ein klein wenig verärgert, als sie ankam. Sie hatte sich sehr darum bemüht, noch einen Flug zu bekommen, und ihren Alltag umgekrempelt. Nun war sie da, und ihre Schwester sah so gut aus. Aber nachdem Mutter gestorben war, konnte Tante Jeannie mir gar nicht genug dafür danken, daß ich sie gebeten hatte zu kommen.
Diese letzten beiden Wochen waren ziemlich erstaunlich. Ich habe wirklich nicht geglaubt, daß Mutter so bald sterben

würde, und so war ich nicht in Sorge. Aber ich habe mich sehr viel mehr zu ihr hingezogen gefühlt. Ich habe meine Mutter sonst nicht so oft umarmt, sie geküßt und ihr gesagt, daß ich sie liebhätte. Aber in dieser Woche hatten wir einige sehr gute Gespräche. Ich habe ihr erzählt, wie sehr ich sie für ihren Mut bewundert habe, als Vater starb, und für ihre Stärke, als der Krebs wieder auftrat. Sie sagte mir, daß ich ihr liebstes Kind wäre - ich war ihr einziges Kind! - und eine sehr gute Krankenschwester. Sie sagte mir, daß ich sie sehr gut gepflegt hätte.

In der Nacht, bevor Mutter starb, saß ich neben ihr«, fuhr Sue fort. »Wir redeten - nicht über irgend etwas Besonderes, nur über dieses und jenes. Aber es war schön und gemütlich. Als ich am nächsten Morgen in ihr Zimmer kam, war sie tot. Sie sah so friedvoll aus, als ob sie einfach nur schliefe.

Das erstaunlichste ist, daß Mutter wußte, daß sie sterben würde, und trotzdem keine Angst hatte. Sie glaubte nicht an Gott oder den Himmel oder etwas Ähnliches. Einmal äußerte sie, daß sie den Gedanken nicht mochte, sich in nichts aufzulösen. Aber ganz offensichtlich wußte sie, daß sie bald sterben würde, und trotzdem hatte sie keine Angst. Deshalb nehme ich an, daß sie dachte, es würde nicht so schlimm sein. Vor allem bin ich froh darüber, daß sie uns mitteilte, es würde bald geschehen. Ich hätte Tante Jeannie nicht angerufen oder Mutter all das, was ich ihr unbedingt noch sagen wollte, auch wirklich gesagt. Wir hätten diese ganz besondere Zeit, die wir gemeinsam erlebt haben, versäumt.«

Darin liegt die Bedeutung des Zuhörens und des Vertrauens, wenn Menschen uns verschlüsselt erzählen, daß sie sterben werden. Nehmen wir die Botschaft wahr, so können wir die verbleibende Zeit nutzen, Dinge zu sagen und zu tun, die wir tun wollen und müssen. Wir können »Ich habe dich lieb«

sagen oder »Ich bin so froh, daß du mein Freund warst« oder »Du hast mir so viel bedeutet« oder »Es tut mir so leid, daß ...« oder sogar »Ich verzeihe dir, daß ...«. Oder wir haben wie Tante Jeannie die Möglichkeit, »die schönste Zeit seit Jahrzehnten« zu erleben. Wird uns keine Ankündigung gegeben oder wir überhören sie, so bedauern wir nach dem Tod eines Menschen vielleicht, daß wir nicht die Gelegenheit ergreifen konnten, all diese Dinge zu sagen.

Michael

Von Geburt an litt Michael an Muskelschwund. Selbst die kleinsten Aktivitäten stellten eine Herausforderung für ihn dar. Aber er war ein entschlossener junger Mann, intelligent und kreativ, mit einem sonnigen Gemüt.

»Mein Körper macht nicht, was ich will, also bin ich mehr auf meinen Kopf angewiesen«, sagte er.

Seine Krankheit und sein geschwächter Zustand machten Michael sehr anfällig für Infektionen. Selbst eine leichte Erkältung konnte sich schnell in eine Lungenentzündung verwandeln. Infolgedessen war er im örtlichen Krankenhaus kein Fremder, wo die Ärzte und Schwestern ihn schätzten. Je älter und anfälliger er wurde, desto häufiger traten diese Infektionen auf. Die Ärzte waren zunehmend besorgt angesichts seiner schwindenden Kräfte und seiner schwachen Lungen. Sie warnten, daß jede ernste Infektion tödliche Folgen haben konnte. All dies entmutigte Michael nicht, der immer noch vorhatte, das College zu besuchen.

Wegen seiner vielen Krankenhausaufenthalte war er schon fast zwanzig Jahre alt, als er die High-School beendete – mit Auszeichnung und als Klassensprecher bei der Abschlußfeier. Als die Universität ihn aufnahm, war er völlig aus dem Häuschen. Trotz der Bedenken seiner Eltern konnte er sie

überzeugen, daß er auf dem Campus leben wollte – »wie ein ganz normaler Junge«.
Sie stimmten einem Versuch zu. Weil er an den Rollstuhl gebunden war, brauchte Michael Hilfe beim Duschen und Anziehen. Um zu verhindern, daß es in seinen Lungen zu einem Blutstau kam, mußte er zweimal in jeder Nacht im Bett gedreht werden – dies konnte er ohne Hilfe nicht bewerkstelligen.
»Keine Sorge, ich bin ein Rambo auf Rädern!« sagte er zu seinen Eltern. »Ich krieg' das schon raus.«
Michael organisierte bald eine hilfsbereite Gruppe von Studienfreunden, die ihm schichtweise halfen. Zimmernachbarn stellten ihren Wecker, so daß sie ihm in der Nacht helfen konnten, seine Position zu verändern. Die Schwestern der Studentenkrankenstation behielten ihn immer im Auge und rieten ihm eindringlich, auf der Station zu bleiben, wenn es nötig wurde. Seine Freunde begleiteten ihn auf die Station, um »sicherzugehen, daß die Schwestern ihn auch richtig versorgten«. Gelächter war zu hören, wohin auch immer diese Schar zog, und die Schwestern legten nie Einspruch gegen »Michaels Schlafanzugparties« ein.
Er überstand sein erstes Jahr an der Uni mit nur einem geringen Rückschlag. Aber im zweiten Jahr breitete sich eine Grippeepidemie an der Uni aus, und Michael wurde krank. Er bekam eine Lungenentzündung und wurde sofort ins Krankenhaus eingewiesen. So viele Male zuvor schon war Michael sehr krank gewesen und hatte sich immer wieder erholt. Michael schien auch diesmal wieder gut auf die Antibiotika anzusprechen. Seine Freunde und seine Familie atmeten erleichtert auf und kehrten in ihren Alltag zurück. Am nächsten Tag erhielt sein Vater einen verwirrenden Anruf in der Arbeit.
»Ich habe dich sehr lieb, Dad«, sagte Michael. »Ich möchte dir sehr dafür danken, daß du immer ein so guter Vater gewesen bist.«

»Michael, wir sehen uns heute abend, wenn ich aus der Arbeit komme«, sagte sein Vater.

»Oh, Dad, dann kann ich dir das aber nicht sagen«, antwortete er.

Sein Vater verstand Michaels Bemerkung als reine Anspielung auf die vielen Besucher, durch die sie abends nicht allein sein würden.

»Ich habe dich auch sehr lieb, Mikey. Du bist ein wunderbarer Junge, und wir sehen uns später«, sagte sein Vater, nicht ahnend, daß Michael am Nachmittag ganz ähnliche Telefonate auch mit seiner Mutter, seinem Bruder und seinen Freunden geführt hatte. Als sie alle an diesem Abend ins Krankenhaus kamen, lag er in einem Koma, aus dem er nicht mehr erwachte. Michael starb in dieser Nacht. Alle, die er mochte, waren bei ihm.

Einen sterbenden Menschen zu versorgen ist harte Arbeit, ganz besonders zu Hause. Medikamente müssen verabreicht werden, nicht selten rund um die Uhr, Mahlzeiten müssen zubereitet, die Kleidung gewechselt, Körperpflege und Behandlungen durchgeführt werden. Zu alledem kommt die Flut der gewöhnlichen täglichen Verpflichtungen: Rechnungen müssen bezahlt, die Kinder versorgt, die Wäsche muß erledigt werden. Familien sind häufig sehr müde, und es stellt eine große Herausforderung dar, sich auf einen bestimmten Tag oder Moment zu konzentrieren. Die Zukunft birgt Schmerzen und Verlust, und so vermeiden es viele Familien und Freunde, nach vorn zu schauen.

Michaels Familie übersah seine Information, Pollys Tochter hätte die Anspielung ihrer Mutter nicht verstanden, wäre sie ihr nicht erläutert worden. In beiden Mitteilungen liegt ganz deutlich ein Bewußtsein für ein Geschehen, das die Familien im Unterbewußtsein ablehnen. Nicht weil es ihnen egal ist

oder weil sie nicht interessiert sind, sondern weil sie mit der Pflege und der Zuwendung beschäftigt sind und über diese Sorgen nicht hinaussehen.
Wenn sogar schon so direkte Andeutungen überhört oder falsch interpretiert werden können, wie leicht können dann erst subtile Mitteilungen übersehen oder mißverstanden werden.

Ilsa

»Mutter könnte sich ein Treffen mit Ihnen gar nicht vorstellen, ohne angezogen und geschminkt zu sein«, erklärte mir Betty, als sie mich begrüßte. »Ich hoffe, es macht Ihnen nicht allzuviel aus, noch etwas zu warten. Sie gab mir spezielle Anweisungen, wie ich Sie unterhalten sollte, während die Schwesternhelferin dabei ist, sie herzurichten. Kommen Sie ins Eßzimmer, dort können wir eine Tasse Tee trinken.«
Es war ein strahlender Augustmorgen, und wir saßen an einem wunderschönen sonnigen Fenster mit Blick auf die Bucht. Ich bat Betty, mir mehr über ihre Mutter zu erzählen. Sie lächelte.
»Meine Mutter mag vielleicht klein und zerbrechlich aussehen, aber sie war immer unabhängig und hatte sehr feste Wertvorstellungen. Kurz bevor der Zweite Weltkrieg ausbrach, verließen mein Vater und sie Deutschland mit nur einigen wenigen Besitzstücken und Kleidern. Es war ein hartes Stück Arbeit, sich wieder zu etablieren, aber sie schafften es, und mein Vater baute ein erfolgreiches Geschäft auf. Er starb, als ich sechs Jahre alt war, so daß ich eigentlich wirklich nur von meiner Mutter großgezogen worden bin. Sie leitete die Firma, bis sie letztes Jahr in den Ruhestand trat, und dies auch nur, weil sie krank war.
Als man Dickdarmkrebs bei ihr feststellte, baten wir sie, zu uns zu kommen und bei uns zu leben, aber sie lehnte ab. Sie

wollte weder uns zur Last fallen noch ihr Haus und ihre Freunde in Philadelphia verlassen. Im letzten Monat rief sie an und sagte, daß sie ihre Meinung geändert hätte. Ihre Freunde erzählten mir, daß der Entschluß hierherzukommen mit einer Reihe ernst zu nehmender Stürze zusammenhing, die sie geängstigt hatten. Mir gegenüber hat sie noch nichts davon erwähnt. Sie ist sehr stoisch. Es macht mich traurig, wenn ich daran denke, wie schwer es ihr gefallen sein muß, Philadelphia zu verlassen, auch wenn sie darüber nie spricht. Aber ich bin auch froh, daß sie nun hier ist. Wir haben uns Sorgen um sie gemacht, solange sie allein lebte.«

Ich fragte Betty, wie sie mit der Pflege ihrer Mutter zurechtkäme.

»Sie bestand darauf, selbst eine Schwesternhelferin zu engagieren, so daß ich mich nicht um die Pflege zu kümmern brauche. Zuerst war ich darüber verärgert, weil es für mich keine Last gewesen wäre. Ich gehe nicht zur Arbeit, und die Kinder sind in der Schule. Aber mein Mann und ich haben beschlossen, ihren Wünschen zu entsprechen, weil es so wichtig für sie zu sein schien, ihre eigenen Entscheidungen zu treffen.«

Ich stimmte zu, daß dies die beste Idee war, weil sie ihrer Mutter zugestand, etwas Kontrolle zu bewahren.

Wir hörten das Läuten der Porzellanglocke.

»Jetzt ist Mutter für Sie bereit!« sagte Betty mit einem Lächeln. Sie begleitete mich in die Bibliothek, wo Ilsa würdevoll auf einem Stuhl neben dem Kamin saß.

»Es tut mir leid, daß ich Sie warten ließ«, sagte sie mit charmantem deutschen Akzent, als wir uns die Hand gaben. »Diese Krankheit hat mich ein bißchen gebremst. Aber vielleicht hatten Sie so die Möglichkeit, meine Tochter kennenzulernen. Ist sie nicht wunderbar? Sie und ihre Familie zogen erst vor einem Jahr in dieses schöne Haus, und sie hat alle Einrichtungsarbeiten selbst gemacht!«

»Betty! Hast du ihr die Adventskränze gezeigt, die du gemacht hast?« fragte Ilsa. »Ich bin in Deutschland geboren, in dem Land, in dem so viele Weihnachtsbräuche ihren Ursprung haben. Wir bereiten die Feiertage schon vor, auch wenn es noch Monate bis dahin sind! Weihnachten war immer schon der wichtigste Tag im Jahr für meine Familie. Es ist so eine frohe Zeit.«

Jede Woche, wenn ich zu einem Besuch vorbeikam, beauftragte Ilsa Betty, mir ihre neuesten Weihnachtsarbeiten zu zeigen.

»Ich weiß, daß dies ihr letztes Weihnachten sein wird. Also versuchen wir, es zu dem schönsten zu machen, das sie je erlebt hat«, sagte Betty traurig zu mir. »Aber ich versuche ständig, nicht darüber nachzudenken. Sie war immer der Mittelpunkt dieses Festes. Es fällt schwer, sich Weihnachten ohne sie vorzustellen.«

Bis Oktober dann war Ilsa weit schwächer geworden und verbrachte mehr und mehr Zeit im Bett. Sie beklagte sich nur selten, schien aber auch nicht mehr besonders daran interessiert, bei den Weihnachtsvorbereitungen mitzuhelfen. Betty berichtete, daß sie ruhig geworden war, sich zurückgezogen hatte und deprimiert schien.

»Ich versuche immer mehr, sie aufzuheitern und es ihr gutgehen zu lassen, aber es scheint so, als ob sie sich nur weiter zurückziehen würde«, sagte sie.

Depressionen sind ein ganz gewöhnlicher Begleitumstand bei der Verarbeitung der vielfältigen Verluste, die im Verlauf des Sterbens erfahren werden. Wie andere Gefühle sollten auch Depressionen respektiert werden. Als ich darüber mit Betty sprach, schien sie erleichtert zu sein. Ich riet ihr, die Zeit einfach damit zu verbringen, ruhig neben dem Bett ihrer Mutter zu sitzen.

»Neulich sagte sie, daß Weihnachten auch eine traurige Zeit sein kann. Vielleicht hat auch sie das Gefühl, daß dies ihr letztes Weihnachten sein könnte«, sagte Betty traurig.

»Ja, das könnte sein«, antwortete ich. »Es könnte aber auch bedeuten, daß Ihre Mutter ahnt, irgendwann an den Feiertagen zu sterben.«

Betty war überrascht und von diesem Gedanken ein bißchen erschrocken.

»Man kann es wirklich noch nicht wissen«, sagte ich. »Fahren Sie einfach damit fort, was Sie schon so gut meistern – aus jedem Tag das Beste für sie zu machen.«

Ilsa fühlte sich schwächer, als die Feiertage näher rückten. Obwohl bei der Pflege in Bettys Haus keine Probleme entstanden, bat sie darum, in eine Hospizstation aufgenommen zu werden, um dort zu sterben. Betty wollte so gerne, daß ihre Mutter bei ihr zu Hause blieb, aber wieder respektierte sie deren Wünsche und stimmte zu. Am zwanzigsten Dezember kam Ilsa auf die Station.

Betty und ihre Familie verbrachten Weihnachten mit Besuchen bei Ilsa. Sie genossen das Weihnachtssingen und die festliche Atmosphäre. Als sie gerade gehen wollten, flüsterte Ilsa ihrer Tochter Anweisungen zu, wo sie die Geschenke finden könnte, die überall im Haus versteckt waren.

Betty war sehr gerührt zu erfahren, daß die Schwesternhelferin bereits im Oktober heimlich die Weihnachtseinkäufe für ihre Mutter erledigt und ihr geholfen hatte, sie einzupacken. Betty gab Ilsa einen Kuß, und alle wünschten ihr frohe Weihnachten, als sie nach Hause aufbrachen.

Als sie am nächsten Morgen die Geschenke ausgepackt hatten, machten sie sich fertig, um ins Hospiz zu fahren. Das Telefon klingelte. Ilsa war gerade gestorben – ganz in Frieden und ohne jede Ankündigung.

Ich besuchte Betty am nächsten Tag. Unter Tränen erzählte sie mir, was ihr Zehnjähriger gesagt hatte: »Von jetzt an soll Weihnachten immer Großmutters Tag sein. Siehst du, Mama, so wird sie immer bei uns sein!«

»Ich bin froh, daß Mutter im Oktober eine Andeutung gemacht hat«, sagte Betty. »So blieb mir diese ganze Zeit, um anders darüber nachzudenken. Es wäre sonst furchtbar gewesen, daß sie gerade an diesem Tag starb. Irgendwie muß sie das gewußt haben und wollte mich vorbereiten.«

Ilsas subtile, aber eindeutige Bemerkung über den wahrscheinlichen Zeitpunkt ihres Todes hat nichts verändert, sie hat es aber ihrer Tochter und deren Familie ermöglicht, sich auf diese Eventualität vorzubereiten. Indem sie sich mit dem Gedanken vertraut machten, waren sie in der Lage, ihn auf positivere Weise zu betrachten, als wenn sie überrascht worden wären.

Nicholas

»Ich lebe den amerikanischen Traum«, sagte Nicholas bei unserer ersten Begegnung. »Ich bin ein Mann, der alles erreicht hat, bis dieser verdammte Krebs zuschlug - eine gute Ehe, drei erfolgreiche Kinder, ein großes Haus und das beste griechische Restaurant der Stadt. Meine Angestellten sind nicht einfach Angestellte, sondern sie gehören zur Familie.«

Als Sohn armer griechischer Einwanderer war Nick in der Tat sehr erfolgreich, gut angesehen und bei vielen beliebt. Jede Menge Freunde halfen bei der Pflege zu Hause mit, als er mit fünfundfünfzig an Magenkrebs erkrankte.

»Es liegt schon eine gewisse Ironie darin«, sagte er. »Ich habe überhaupt keinen Hunger. Ich vermisse nur den Spaß am Essen, denn das war mein Leben!«

»Jeden Tag ruft er den Koch im Restaurant an, damit er etwas anderes zum Abendessen vorbeibringt«, sagte seine Frau Christina. »Und jeden Tag stürmt der Koch mit exakt dem von Nick Gewünschten hier herein. Jeder weiß, daß er es nicht essen kann, und trotzdem bestellt er es!«

Anfang Juni rief Christina an, weil sie über Nicks Verhalten besorgt war. »Vielleicht kommen Sie besser hierher und untersuchen ihn«, sagte sie. »Er ist so konfus.«

Als ich ankam, war er gerade damit beschäftigt, seine Frau anzuweisen, ihm »jetzt den Kuchen mit den Wunderkerzen« zu bringen.

»Sehen Sie nur. Er ist so verwirrt«, sagte Christina. »Unser Hochzeitstag ist der vierte Juli, und der Koch macht immer einen großen Kuchen mit Wunderkerzen darauf. Aber bis dahin ist noch mehr als ein Monat. Ich versuche dauernd, Nick dies zu erklären, aber er bleibt dabei, nach dem Kuchen zu fragen.«

Ich untersuchte Nick sorgfältig, konnte aber keinen physischen Grund für die plötzliche Veränderung erkennen. Ich erläuterte Christina, daß Nick sich dessen, was vor sich ging, vielleicht bewußter war als wir. Vielleicht wollte er mitteilen, daß er vor dem Hochzeitstag sterben würde.

Ganz verstört rief Christina die Familie zusammen, um darüber zu sprechen. Sie stimmten überein, den Kuchen zu besorgen und die Feierlichkeiten am nächsten Tag stattfinden zu lassen. Es war ein schönes Fest, und Nick war außergewöhnlich wach und aktiv. Zu jedermanns Verwunderung brachte er es sogar fertig, ein kleines Stück Kuchen zu essen, ohne krank zu werden.

Am dreißigsten Juni starb Nick und wurde am vierten Juli beerdigt, an seinem Hochzeitstag. Christina umarmte mich auf dem Friedhof.

»Ich möchte Ihnen erzählen, was Nick mir während des Festes sagte«, meinte sie unter Tränen. »Er sagte, daß er auf mich als Frau und Ehepartnerin und auf die sechsundzwanzig glücklichen Jahre, die wir gemeinsam erlebt haben, sehr stolz war. Er dankte mir dafür, und ich weinte und weinte. Aber ich dankte auch ihm. Ich bin so froh, daß wir unseren Hochzeitstag früh genug gefeiert haben. Fast hätten wir diesen wunderbaren Tag versäumt, nur weil ich dachte, er sei verwirrt.«

Auf indirekte Weise teilten sowohl Ilsa als auch Nick ihr ganz besonderes Wissen über den Zeitpunkt des Todes mit ihnen nahestehenden Menschen. Ilsa wirkte ganz klar, Nicks Familie hatte den Eindruck, er sei verwirrt. Beide Botschaften hätten leicht überhört werden können.

Warum sagen sterbende Menschen nicht einfach: »Ich sterbe an dem und dem Tag oder zu dieser ganz bestimmten Zeit?« Wir wissen es nicht. Es gibt bezüglich des Todesbewußtseins noch vieles zu erfahren und zu verstehen. Aber entweder direkt oder indirekt *zeigen* uns sterbende Menschen, *daß* sie über den Zeitpunkt ihres Todes Bescheid wissen und daß sie durch dieses Wissen nicht beunruhigt sind. Wenn wir zuhören und diese Botschaften verstehen, wird uns die einmalige Gelegenheit geboten, uns selbst auf ihren Tod vorzubereiten, mit unseren eigenen Ängsten umzugehen, die verbleibende Zeit sinnvoll zu nutzen und auf ganz bedeutende Weise an diesem Lebensereignis teilzuhaben.

III
TODESBEWUSSTSEIN: WAS ICH FÜR EIN FRIEDLICHES STERBEN BENÖTIGE

DIESES KAPITEL beschäftigt sich mit der Frage, was benötigt wird, um in Frieden sterben zu können. Manche Menschen verspüren das Bedürfnis der Versöhnung. Einige bitten um die Beseitigung irgendwelcher Barrieren, die einem friedlichen Tod im Wege stehen. Wieder andere bedürfen bestimmter äußerer Umstände, um in Frieden sterben zu können, und wählen vielleicht den Zeitpunkt ihres Todes oder die Menschen, die dabeisein sollen.

Wissen sterbende Menschen, was sie brauchen, so werden sie dadurch nicht selten in Unruhe versetzt; einige teilen sich mit bemerkenswertem Nachdruck mit. Direkt geäußerte Wünsche führen in der Regel zu entsprechenden Handlungen. Dagegen werden nur vage oder indirekt geäußerte Wünsche leicht überhört oder ignoriert, wodurch Enttäuschung, Angst und manchmal auch Aufregung entstehen können. Läßt sich ein wichtiges Bedürfnis erst sehr spät artikulieren, vielleicht erst wenn der Tod schon unmittelbar bevorsteht, so kann jemand den Prozeß des Sterbens in dem Bestreben verzögern, eine Sache zu klären oder ein letztes versöhnendes Treffen zu bewirken.

Angst, Erregungszustände oder das hinausgezögerte Sterben eines Menschen kann für jeden belastend sein – für den Patienten, die Familienangehörigen und Freunde und für das Pflegepersonal. Als Reaktion auf die Erregtheit wird den Patienten häufig ein Beruhigungsmittel verabreicht – und manchmal auch den Familienmitgliedern. Sedativa mögen vielleicht die nervliche Erregung abklingen lassen, aber Medikamente allein reichen nicht aus. Versucht man, den Zustand zu unterdrücken, ohne seine tiefere Ursache zu ergründen und eine Lösung für die unterschwelligen Belastungen zu finden, so wird sich das Unbehagen im Anschluß an die Wirkung der Medikamente verstärkt bemerkbar machen.

Dadurch, daß wir Sachverhalte erkennen lernen, die nach einer Lösung verlangen, wird es uns besser gelingen, sterbenden Menschen beizustehen und unserem Bedürfnis nach Harmonie und Erfüllung im eigenen Leben nachzukommen.

Kapitel zehn

»Wir *müssen* in den Park gehen.«

Andrea

Ich kam in Andreas gemütliches Vororthaus und stellte mich vor.

»Ich muß Ihnen einige Fragen stellen«, sagte sie in geschäftsmäßigem Tonfall.

Ihr Mann Tom stand mit einem Blick ruhiger Neugierde hinter ihr und hielt das jüngste ihrer drei Kinder auf dem Arm; die anderen beiden lagen der Länge nach auf dem Küchenboden und waren mit ihren Malbüchern beschäftigt.

»Ich muß einfach wissen, wer Sie sind«, sagte Andrea, als sie mir die Kaffeetasse herüberreichte. Wir saßen zusammen am Küchentisch, und ich erläuterte kurz meinen beruflichen Hintergrund.

»Warum tun Sie diese Arbeit?« fragte sie in der gleichen direkten Art. »Ist das nicht deprimierend?«

»Die Trauer und das Tragische, wenn jemand stirbt, begleiten mich ständig. Auch ich bin davon stark berührt. Darüber hinaus aber habe ich die Möglichkeit, einem Patienten zu helfen, sich sinnvoll dem letzten Kapitel seines Lebens zu widmen, die Zeit zu nutzen, um Probleme zu lösen, wichtige Dinge zu äußern, unerledigte Aufgaben zu erledigen und wichtige Augenblicke mit Menschen zu teilen, die ihm etwas bedeuten.

Meine Arbeit besteht darin, es den Menschen so angenehm wie möglich zu machen – nicht nur körperlich, sondern auch seelisch, damit sie all diese Dinge tun und diese besondere Zeit auf die für sie beste Weise nutzen können. Ich bin außerdem überzeugt davon, daß das Sterben, wie auch die Geburt, der ganzen Familie die Möglichkeit bietet, positive Erfahrungen zu machen und nicht nur Trauer, Schmerz und Verlust zu erleiden. Das ist die Herausforderung meiner Arbeit, und daran habe ich Freude.«

Andrea war für einige Minuten ganz still, dann lächelte sie und goß mir eine weitere Tasse Kaffee ein. Ich merkte, daß mein »Vorstellungsgespräch« noch nicht beendet war.

»Ich habe Gebärmutterkrebs. Man hat mir gesagt, daß ich sterben werde«, sagte sie. »Ich möchte wissen, wie das sein wird.«

Ich wunderte mich, daß in den Augen dieser bemerkenswerten, neunundzwanzigjährigen Frau keine Angst zu sehen war. Ganz offensichtlich war es auch nichts Ungewöhnliches für dieses Ehepaar, in Gegenwart ihrer kleinen Kinder so offen zu sprechen.

»Ich bin noch nie gestorben«, sagte ich. »Ich kann Ihnen nicht aus eigener Erfahrung berichten. Aber ich arbeite seit vielen Jahren mit sterbenden Menschen und kann Ihnen deshalb berichten, was sie mir erzählt haben und was ich gesehen habe.

»Prima!« sagte sie. »Das möchte ich gerne hören!«

Ich fing an, ihr die körperlichen Veränderungen zu beschreiben, die mit dieser Krankheit einhergehen: Appetitlosigkeit, daraus folgender Gewichtsverlust, Schwäche, Schmerzen und wahrscheinlich leichte Übelkeit.

Ich erklärte ihr, wie wir versuchen würden, durch veränderte Ernährung und mit Medikamenten diese verschiedenen Beschwerden, die bei ihr auftreten würden, unter Kontrolle zu bringen. Ich erklärte ihr, sie werde vermutlich an zunehmender Müdigkeit leiden, vielleicht an Formen der Verwirrtheit gegen Ende, die in ein kurzes Koma vor dem Tod übergehen würden. Sie werde voraussichtlich an Leberversagen sterben, aber mit entsprechender Kontrolle der Symptome seien wir in der Lage, daß sie sich dennoch nicht unwohl fühlte.

»Nun gut, das passiert also mit meinem Körper«, sagte sie. »Aber was geschieht mit mir?«

Sie war neugierig und erstaunt, als ich ihr über das Todesbewußtsein berichtete und darüber, daß andere Patienten erzählt hatten, mit jemandem zusammengewesen zu sein, der bereits gestorben war, daß sie sich vorbereiteten zu gehen, daß sie sehen konnten, wohin sie gehen würden, und wußten, wann dies geschehen werde. Sie zeigten uns auch, erzählte ich ihr, daß sie sich in diesem Prozeß nicht ganz machtlos fühlten, daß sie in der Lage waren, uns zu sagen, was sie brauchten, um in Frieden zu sterben, und sogar den genauen Zeitpunkt des Todes bestimmten.

Ich versicherte Andrea, daß ich in all den Jahren mit wenigen Ausnahmen keinen unangenehmen oder bedrohlichen Tod gesehen hatte. Sie schien überrascht und erleichtert.

Ich gab ihr eine Ausgabe von Dr. Raymond Moodys Buch *Leben nach dem Tod*, in dem das Erleben direkter Todesnähe beschrieben wird, und empfahl ihr, ihm weitere Informationen zu entnehmen.

Ich erklärte ihr, daß sie zwar diese direkte Todesnähe erleben *könnte*, daß ihre eigenen Erlebnisse sich aber, je näher sie dem Tod käme, möglicherweise davon unterscheiden würden. Vielleicht würden sie sich langsamer und eben stufenweise bei ihr abspielen, so daß sie in der Lage sein werde, diese Erlebnisse mit anderen Menschen zu teilen. Andrea fand dies alles sehr aufregend.

Unser Gespräch dauerte zwei Stunden, und der Tag verging sehr schnell.

»Ich *sollte* Ihnen eigentlich über das Hospizprogramm erzählen und wie es für Sie von Hilfe sein könnte!« sagte ich.

Wir lachten.
»Sie haben mir erzählt, was ich wirklich wissen wollte«, sagte sie. »Werden Sie wiederkommen?«
Bei meinem nächsten Besuch begrüßte mich Andrea an der Tür; sie war ganz aufgeregt.
»Tom und ich haben zusammen das Buch gelesen«, sagte sie. »Es war so hilfreich; Teile daraus haben wir den Kindern vorgelesen. Wenn das Sterben so ist, dann, denke ich, kann ich es bewältigen!«
Ich war von ihrer Bemerkung sehr berührt – »ich denke, ich kann es bewältigen«. Nicht »ich will«, sondern »wenn ich muß, denke ich, daß ich kann«. Diese Informationen verhalfen Andrea entscheidend dazu, sich weniger geängstigt und machtlos zu fühlen.
»Ich bin fasziniert«, sagte sie. »Diese Informationen halfen mir wirklich. Ich möchte Ihnen gerne helfen, damit Sie anderen helfen können. Wissen Sie, was? Wenn mir irgendeines dieser Erlebnisse widerfährt, so *verspreche* ich Ihnen, ausführlich darüber zu reden. In Ordnung?« So schlossen wir ganz früh in unserer Beziehung einen Pakt.
Mit Andrea, Tom und ihren drei kleinen Kindern zu tun zu haben war eine Freude. Ihre Offenheit, das Bedürfnis nach Ehrlichkeit und die Fähigkeit, Schwierigkeiten geschlossen als Familie auszutragen, erstaunten mich. Ich begrüßte es sehr, daß sie ihre Kinder in alles, was getan oder besprochen werden mußte, einschlossen, weil ich wußte, daß dies eine wesentliche Rolle dabei spielen würde, wie sie jetzt mit dieser Tragödie und später mit ihrer Trauer umgehen würden.
»Wir haben sie immer eingeschlossen«, sagte Andrea. »Wir glauben, daß Ehrlichkeit die beste Politik Kindern gegenüber ist. Aber selbst wenn wir nicht davon überzeugt wären, wie sollten wir ein privates Gespräch mit drei kleinen Kindern unter sieben, die auf dem Boden liegen, führen?« Sie lachte.

Ich fragte, wie die Kinder auf das Buch reagiert hätten.
»Sie fanden es gelungen«, sagte Andrea. »Lisa meinte, es klänge irgendwie magisch.«
Eines Tages kam ich hin und fand Andrea tränenüberströmt auf dem Wohnzimmerboden sitzend vor, von drei Einkaufstüten umgeben – eine für jedes Kind.
»Das sind die Photoalben meiner Kinder«, sagte sie. »Ich hatte nie die Zeit, sie richtig schön zu gestalten!«
»Schauen Sie meine hübschen Babys an!« sagte sie und reichte mir einige Photos. »Wie ich es hasse, daß ich sie verlassen muß! Ich fürchte, sie werden mich vergessen. Ich möchte, daß jedes etwas Besonderes von mir bekommt, um sich an mich zu erinnern. Würden Sie mir helfen? Tom fällt es zu schwer.«
Ich setzte mich zu ihr auf die Erde. Gemeinsam weinten wir, teilten uns die Taschentücher und begannen, an drei kleinen Büchern zu arbeiten, die alle mit »Mami und ich« beschriftet waren. Traurigkeit lähmte mich, dennoch war ich voller Bewunderung für diese großartige junge Mutter.
Drei Wochen später fuhr ich zufällig durch Andreas Viertel. Ein Routinebesuch stand nicht auf meinem Plan, aber mein Arbeitstag war früh zu Ende. Weil mir noch etwas Zeit blieb, entschloß ich mich vorbeizuschauen. Ich traf Andrea an der Tür, sie sah sehr blaß aus, freute sich aber, mich zu sehen.
»Was für eine Überraschung!« sagte sie. »Gerade habe ich an Sie gedacht. Kommen Sie rein!«
Sie schwankte, als sei es ihr schwindelig. »Ich werde krank«, murmelte sie.
Ich packte sie am Arm, als sie an mir vorbei ins Badezimmer stolperte. Ich rief nach Tom, als Andrea schon in meinen Armen ohnmächtig wurde. Mit Mühe konnten wir sie auf den Boden legen. Sie blutete heftig.
Tom geriet in Panik.

»Sagen Sie nicht, daß es jetzt soweit ist!« sagte er. »Gibt es nichts, was wir tun können?«
»Im Krankenhaus können sie mit einer aggressiven Behandlung vielleicht entgegenwirken«, sagte ich. »Oder wir machen es ihr hier zu Hause so angenehm wie möglich. Aber wenn sie zu viel Blut verliert, wird sie sehr bald sterben. Andrea sagte, daß sie keine weiteren Behandlungen gegen den Krebs wünscht, aber was würde sie wohl in dieser Situation wollen?«
»Es kommt so plötzlich!« sagte er. »Sie ist noch nicht bereit – und wir auch nicht.« Er fing zu schluchzen an. »Sie will noch einige Dinge für die Kinder fertigmachen. Und sie hat gerade erst angefangen, mit mir unsere finanzielle Situation abzuklären. Wenn es möglich wäre, noch ein bißchen Zeit zu gewinnen, die wir bestimmt brauchen, würde sie uns sicher darum bitten.«
Wir riefen den Notarzt. Andrea wurde in die Intensivstation des Krankenhauses eingewiesen, wo sie nach einigen Bluttransfusionen schließlich das Bewußtsein wiedererlangte. Ich durfte sie sehen.
»Andrea, ich bin so froh, daß es Ihnen wieder bessergeht«, sagte ich. »Wir waren alle ziemlich erschrocken.«
Sie faßte nach meiner Hand und hielt sie sehr fest.
»Ist etwas passiert?« fragte ich. Ich konnte sehen, wie sehr sie sich bemühte, ihre Gedanken in Worte zu fassen. Es ist unmöglich, den Blick in ihren Augen zu beschreiben, mit dem sie mich durchdringend ansah. Ehrfurcht? Verwunderung?
»Ist etwas Gutes geschehen?« fragte ich.
»Ja«, murmelte sie. »Ja!«
»Können Sie mir etwas davon berichten – vielleicht nur ein einziges Wort?« fragte ich.
»Nein«, flüsterte sie. »Ich kann einfach nicht!« Sie schüttelte langsam den Kopf.

»Machen Sie sich keine Gedanken«, sagte ich. »Das ist schon in Ordnung – vielleicht später. Ich bin ja so froh, daß Sie wieder zu sich gekommen sind und daß es eine gute Erfahrung für Sie war.«

Andrea war nie mehr in der Lage zu beschreiben, was ihr an diesem Tag widerfahren war, aber sie war von Frieden und Ruhe umgeben, was alle um sie herum spürten.

»Andrea hat tapfer einen Schutzwall um sich herum aufgebaut, um andere vor ihrem Schmerz und ihren Ängsten zu bewahren«, sagte Tom einige Wochen später. »Das ist ihre Art, es anderen zu erleichtern. Ab und zu dann muß ich sie festhalten, und wir weinen gemeinsam über das, was uns da zugestoßen ist. Aber nicht zu häufig.

Ich weiß, daß sie es nie äußern würde. Aber es hat sie sehr verletzt, wie sich mein Vater verhalten hat«, fuhr er fort. »Die beiden kamen sich ziemlich nahe, nachdem ihre Eltern gestorben waren. Ich glaube, sie und Papa mögen sich wirklich. Er redet nicht besonders viel, aber sie kamen trotzdem gut miteinander aus.

Nachdem er in den Ruhestand getreten und meine Mutter gestorben war, kam er jeden Tag vorbei, um sich mit den Kindern zu beschäftigen. Aber das war, bevor sie krank wurde. Als wir ihm von dem Krebs erzählten, bekam er einen Wutanfall und schrie uns beide an. Wir waren sprachlos, und die Kinder reagierten wirklich verstört.

›Gib ihm Zeit‹, sagte Andrea zu mir. ›Er muß das auf seine eigene Weise verarbeiten. Er ist einfach zu bestürzt im Moment.‹« In Toms Stimme war ein verärgerter Unterton zu hören.

»Na ja, es vergingen Wochen, und nichts wurde besser«, sagte er. »Papa kam gelegentlich vorbei, blieb aber nie lange und war schroff und barsch. Als ich einmal von der Arbeit nach Hause kam, weinte Andrea. ›Ich habe das Gefühl, als würde er sich über *mich* ärgern, weil ich sterben werde und es dir alleine überlasse, die Kinder großzuziehen‹, schluchzte sie. ›Glaubt er denn, ich hätte mir das ausgesucht?‹

Ich kann Ihnen sagen«, schnaubte Tom. »Ich hätte ihn auf der Stelle umbringen können! Ich schnappte nach dem Telefon und rief ihn an. ›Verdammt noch mal!‹ schrie ich. ›Wir haben genug davon, uns auch noch mit dir auseinanderzusetzen!‹ – und schmiß den Hörer auf die Gabel. Seither haben wir ihn nicht mehr gesehen. So ist er sonst nicht. Wie kann er nur so grausam sein?«

Aus der Beschreibung dieser Reaktion auf Andreas Diagnose schloß ich, daß der Vater Andrea eigentlich so sehr liebte, daß er nicht damit umgehen konnte, sie zu verlieren, oder die Veränderungen, die bevorstanden, zu verkraften.

»Sie und Andrea haben unseren Sozialarbeiter kennengelernt«, sagte ich. »Ich bin sicher, er könnte bei diesem Problem behilflich sein. Ich denke wirklich, Ihr Vater leidet im Augenblick selber sehr.«

»Das stimmt!« sagte Tom. »Der Sozialarbeiter war wirklich eine große Hilfe. Vielleicht kann er mit Papa sprechen. Ich will das lieber nicht selbst aushandeln.«

Unser Sozialarbeiter besuchte den Vater und berichtete, daß er Andreas Krankheit wegen so niedergeschmettert sei, daß er von Wut, Gram und Angst geradezu überwältigt sei. »Wie kann so etwas nur geschehen?« hatte er gesagt. »Ich weiß nicht, was ich sagen soll! Ich weiß nicht, was ich tun soll! Andrea ist so tapfer. Jedesmal, wenn ich sie ansehe, habe ich Angst, die Kontrolle zu verlieren und zusammenzubrechen. Ich liebe sie so. Sie ist die Tochter, die ich selbst nie hatte. Dann sehe ich diese kleinen Kinder und halte es einfach nicht aus. Sie ist so eine gute Mutter. Was wird aus ihnen werden? Wie soll Tom das nur alles ertragen und auch noch seine Familie versorgen?«

Der Sozialarbeiter kam regelmäßig und war in der Lage, dem Vater dabei zu helfen, seine Gefühle zu erkennen und gegen seine Ängste anzukommen. Aber wir alle hatten den Eindruck, daß eine Versöhnung ganz dringend notwendig war, weil Andreas Zustand sich rapide verschlechterte.
Sie war in der Lage, die finanziellen Fragen, die sie mit Tom aufgegriffen hatte, zu regeln sowie die Fotoalben für die Kinder fertigzustellen. Sie hatte eine Frau ins Haus geholt, die die Kinder versorgte, solange Tom in der Arbeit war. So, als ob sie wüßte, daß sie nun alles erledigt hatte, schien sie sich nun »gehenzulassen«.
Weil Andrea die ganze Zeit im Bett verbrachte, erwog ich, daß ein Krankenhausbett vielleicht bequemer sei.
»Das wollen wir nicht«, sagte Tom. »Es wird in einem Krankenhausbett kein Platz für mich und die Kinder sein!«
Andrea war zu schwach, um sich an ihrer Pflege zu beteiligen, schlief meistens und hatte immer häufiger Zeiten der Ruhelosigkeit und Verwirrung. Aber eine klar und nachdrücklich geäußerte Bemerkung in ihren unzusammenhängenden Äußerungen war: »Wir *müssen* in den Park gehen.«
Ich fragte Tom, was das bedeuten könnte. Ich war besorgt, daß ihre Ruhelosigkeit anzeigte, daß ihr etwas Bestimmtes fehlte.
»Sie und Papa gingen immer mit den Kindern in den Park«, sagte er. »Sie wartet auf Papa – da bin ich ganz sicher! Sie hat lange genug darunter gelitten; ich werde zu ihm gehen und ihn holen, ob er nun dazu bereit ist oder nicht!«
Die Augen voller Tränen, konnte der Vater kaum die Stufen im Haus seines Sohnes erkennen. Als er Andrea sah, brach er in ein Schluchzen aus und nahm sie fest in seine Arme.
»Ich bin ja da, meine Kleine, ich bin ja da«, sagte er. »Es tut mir so leid. Verzeih mir bitte. Ich habe dich so lieb! Ich werde nicht mehr fortbleiben. Ich werde jeden Tag herkommen.

Ich verspreche es dir!« Andreas Augenlider zitterten, als sie kaum hörbar flüsterte: »Papa.«
»Könnte ich heute nacht hierbleiben?« fragte der Vater. »Darüber wären wir sehr glücklich«, antwortete Tom erleichtert. Andrea starb ganz friedlich an diesem Abend in ihrem großen Bett, umgeben von Tom, den Kindern und dem Vater.
Kurz nachdem ich eintraf, erzählte mir Tom, daß Lisa sich an eine bestimmte Stelle in dem Buch, das sie gemeinsam gelesen hatten, erinnert haben muß. Es ging da um die Beschreibungen des Aus-dem-Körper-Tretens bei direkter Todesnähe. Als Andrea starb, sah Lisa zur Decke, winkte und rief: »Tschüs, Mami. Wir haben dich so lieb! Wir wünschen dir eine gute magische Reise! Und vergiß nicht, uns im Himmel Plätze in der ersten Reihe zu reservieren!«

KAPITEL ELF

DAS BEDÜRFNIS NACH VERSÖHNUNG: »ICH MUSS FRIEDEN SCHLIESSEN MIT ...«

Einer der wichtigsten Aspekte im Zusammenhang mit dem Todesbewußtsein ist das Bedürfnis nach Versöhnung. Sterbende Menschen entwickeln eine Sensibilität dafür, im reinen sein zu wollen. Kommt der Tod näher, so erinnern sie sich häufig an Dinge, die nicht zu Ende gebracht sind oder ihnen unvollständig erscheinen - Dinge vielleicht, die sie vorher für unbedeutend hielten oder die sich vor langer Zeit ereigneten. Nun erkennt der Sterbende ihre Bedeutung und möchte die belastenden Angelegenheiten geregelt haben. Tritt dieses Empfinden erst auf, wenn der Tod schon unmittelbar bevorsteht, so versucht jemand vielleicht, das Sterben hinauszuzögern, um doch noch eine Versöhnung herbeizuführen, wie das etwa bei Andrea, die auf ihren Schwiegervater wartete, der Fall war.

Wird der Wunsch nach Versöhnung ausgesprochen, so versuchen die meisten Menschen zu helfen. Ein sterbender Mann sagt zum Beispiel: »Ich muß mit meiner Schwester sprechen. Wir haben seit einem furchtbaren Streit vor fünfzehn Jahren nicht miteinander geredet.« In diesem Fall tun die meisten Leute alles, was in ihrer Macht steht, um die Schwester zu finden.

Aber manchmal wird der Wunsch weniger deutlich geäußert. Vielleicht wird er überhört, als unwichtig angesehen oder als verworren bezeichnet. Dadurch können sterbende Menschen sehr unter Druck geraten. Das geschieht häufig dann, wenn sie dem Tod schon sehr nahe sind und ahnen, daß er ohne Versöhnung nicht friedlich sein kann. Vielleicht ist das immer der Grund für einen leidvollen Todeskampf. Der Schmerz ist wahrscheinlich weniger physischer als emotionaler oder geistiger Natur.

Die zugrundeliegenden Probleme haben meist mit Beziehungen zu tun. Sie lösen den starken Wunsch in sterbenden Menschen nach Versöhnung aus, ob nun mit anderen Menschen, mit einem höheren Wesen oder mit sich selbst.

Theresa

Theresa hatte noch vier Monate zu leben, als ich sie kennenlernte. Die Zweiundzwanzigjährige war an Knochenkrebs erkrankt. Der Vater hatte sie verlassen, als sie fünf Jahre alt war. Obwohl er in der Nähe wohnte, hatte er in all den Jahren nur wenig Kontakt mit seinem Sohn und seiner Tochter gehabt und nur wenig zur Erziehung der beiden beigetragen. Theresa lebte bei ihrer Mutter, die sich um sie kümmerte. Ihr Bruder kam oft zu Besuch und half, wo er konnte.

Während meines ersten Besuchs sprachen Theresa und ihre Mutter vom Vater als »dieser Mann« und nicht von »mein Vater« oder »mein Exmann«. Ich fragte nach, ob Theresa ihn gerne sehen wollte. Sie erzählte, daß sie kaum eine Beziehung hatten und es ihr deshalb kein Bedürfnis war, ihn zu sehen.

Theresas größte Probleme waren die Schmerzen und der Gewichtsverlust. Wie häufig bei jungen Menschen der Fall, deren Stoffwechsel schneller vonstatten geht als der älterer Menschen, verlangten Theresas Schmerzen ziemlich hohe Schmerzmitteldosierungen. So setzten wir auch Meditation und Musik als schmerzstillende Techniken ein, die Theresa sehr gut taten.

Ihrer Mutter fiel es sehr schwer, dem Gewichtsverlust zuzusehen. Theresa war ein Meter siebzig groß und immer sehr schlank gewesen. Nun aß sie kaum noch etwas und verweigerte alle zusätzlichen Ernährungsmaßnahmen. Als sie schwächer wurde und immer mehr Zeit im Bett zubrachte, mußte ihre Mutter sie alle paar Stunden umdrehen, um ein Wundliegen zu verhindern.

Die Schmerzen nahmen weiter zu, die Schmerzmittel wurden entsprechend hoch dosiert. Wir dachten, der physische Schmerz sei unter Kontrolle gebracht, dennoch klagte sie sehr. Wir fragten nach dem Grund, bekamen aber keine Antwort. Ihre Äußerungen waren nur schwer zu verstehen. Die Mutter sagte mehrfach zu mir, wie unbegreiflich es für sie sei, daß Theresa noch lebte.

Eines Tages war aus einem Durcheinander von Äußerungen das Wort »Vater« herauszuhören.

Wir zogen in Erwägung, daß sie ihren Vater sehen wollte, und fragten sie, aber ihre Antwort war unverständlich und ging in einem Stöhnen unter. Die Mutter hatte das Gefühl, daß es einen Versuch wert sei. Sie rief den Vater an und erläuterte, was passiert war.

An diesem Nachmittag holte Theresas Bruder den Vater ab und brachte ihn nach Hause.

Er ging ins Schlafzimmer, saß dort neben Theresa, hielt ihre Hand und sagte ihr nur, daß er da sei. Mehr sagte er nicht zu ihr. Er wirkte betroffen und verstört, aber auch recht steif und unangenehm berührt. Nach einigen Minuten stand er auf.

Mit den Worten »Ich halte das nicht aus« verließ er den Raum und verabschiedete sich umständlich.

Theresas Stöhnen hörte auf, ihre Erregung fand ein Ende, und sie starb friedlich einige Stunden später. Niemand kann mit Sicherheit sagen, daß der befremdliche Besuch ihres Vaters wirklich das war, was sie brauchte, um in Frieden sterben zu können, da aber der einzige Umstand, der diesen Tag von den vorhergehenden unterschied, seine Anwesenheit war, scheint es ihr sehr geholfen zu haben. Ihre Mutter und ihr Bruder hatten den Eindruck, daß Theresa etwas vom Vater wollte und daß sie nach seinem Besuch dazu in der Lage war, loszulassen und zu sterben.

Theresa erkannte erst sehr spät, wie notwendig es für sie war, ihren Vater zu sehen. Ihr geschwächter Zustand verhinderte, daß sie sich verständlich machen konnte. Jede Verzögerung, ihren Vater zu einem Besuch aufzufordern, entstand durch unsere Schwierigkeiten, sie zu verstehen. Ihren Vater ausfindig zu machen und ihn zu holen war dann ganz einfach. Häufig ist aber die Suche nach der entscheidenden Person sehr schwierig, was zu großer Enttäuschung führen kann.

Sheila

In hartem irischem Akzent berichtete mir Sheilas Neffe vom Leben seiner Tante.
»Man hat große Hoffnungen auf sie gesetzt«, sagte er. »Aber in Irland gab es damals für ein Mädchen wie sie kaum Möglichkeiten, so daß die Familie all ihre mageren Ersparnisse zusammenlegte und sie nach Amerika schickte. Das arme kleine Ding reiste allein mit seinen achtzehn Jahren und kam auf dem Zwischendeck in dieses Land. Sie waren zusammengepfercht wie Tiere. Ein Wunder, daß sie die Überfahrt überlebte.«
Wie viele irische Mädchen ihrer Generation wanderte Sheila nach Amerika aus; arbeitete als Dienstmädchen, schickte Geld nach Hause und lebte ein einsames Leben – bis sie einen jungen Mann kennenlernte und sich verliebte. Die Liebe währte nicht lange, aber die Tochter, die daraus hervorging, war für immer da. Sheila fand sich auf der Straße wie-

der und kämpfte für sich und ihre kleine Tochter Maureen ums Überleben.

»Das waren harte Zeiten«, sagte der Neffe. »Bis Sheila Mr. O'Malley, einen Farmer, kennenlernte. Er ist um Jahre älter, aber ein hart arbeitender Mann, der sich in all den Jahren gut um sie gekümmert hat. Mit Maureen allerdings konnte er nichts anfangen, weil sie ein uneheliches Kind war. Er schickte sie in ein Internat, als sie sieben war, und ließ sie nur zweimal im Jahr zu Besuch nach Hause kommen.«

»Wo ist Maureen jetzt?« fragte ich.

»Maureen rutschte ab, und niemand weiß, wo sie lebt«, sagte er. »Sheila erwähnt ihren Namen nie. Es ist wie ein Stachel in ihrem Herzen und so, als ob Maureen tot wäre!«

Trotz der fünfundfünfzig Jahre währenden Ehe sprach Sheila von ihrem Mann immer nur als »Mr. O'Malley« oder von »ihm«. Er war ein schweigsamer Mann von leicht schroffer Natur, aber dafür, daß er in den Achtzigern war, erwies er sich als sehr aktiv und rüstig und ging seinen täglichen Pflichten auf dem Hof nach. Ihre Beziehung schien nicht besonders warm und zärtlich zu sein, eher war sie von ruhiger Zuverlässigkeit oder vielleicht von gegenseitiger Toleranz geprägt. Die Pflege, die Mr. O'Malley Sheila nicht zukommen lassen konnte, wurde von einer Hilfe übernommen, die er engagiert hatte und die bei ihnen lebte.

Sheila litt an Gebärmutterkrebs und lag im Sterben. Je schwächer sie wurde, desto deprimierter und stiller wurde sie, verweigerte nicht selten das Essen und starrte traurig in den Raum.

»Ich möchte das endlich hinter mich bringen«, sagte sie, blieb aber weiterhin in der Schwebe zwischen Leben und Tod, als ob sie auf jemanden wartete.

»Sheila, es sieht so aus, als ob Sie auf jemanden warteten«, sagte ich. »Ist es Maureen?«

Sheilas Augen füllten sich mit Tränen. Sie winkte mit der Hand, als ob sie dieses Gespräch vom Tisch wischen wollte, drehte sich zur Seite und schloß die Augen.
Sie besiegte eine Komplikation nach der anderen. In ihrem geschwächten Zustand hätte sie leicht an viel geringeren zusätzlichen Beschwerden sterben können. Sie tat es nicht, und die Hospizmitarbeiter sprachen über ihre Vermutung, daß Sheila auf jemanden wartete, den sie vor ihrem Tod noch sehen wollte – wahrscheinlich auf Maureen.
Der Kaplan, der Sozialarbeiter und ich besuchten sie eines Tages in der Hoffnung, gemeinsam mit Mr. O'Malley unsere Bedenken besprechen zu können. Gab es eine Möglichkeit, Maureens Verbleib herauszufinden und sie davon zu benachrichtigen, daß ihre Mutter im Sterben lag und sie sehen wollte?
»So ein Wiedersehen wird es in diesem Haus nicht geben«, schrie Mr. O'Malley wütend. »Dieses Mädchen hat nichts anderes als Kummer und Schwierigkeiten verursacht, seit es auf der Welt ist. Ich will nichts davon hören!« brüllte er, fuchtelte mit seinem Stock und stürmte hinaus.
Aber innerhalb einer Woche rief Sheilas Cousine Eileen ganz zaghaft den Kaplan an, um ihm zu berichten, daß Maureen ihr vor einigen Wochen einen Brief geschickt hatte, der in Florida abgestempelt war, aber keinen Absender enthielt. In dem Brief bat Maureen um Auskunft darüber, wie es ihrer Mutter gehe. Sie hätte viele Male geschrieben und nie eine Antwort erhalten. Weiter hieß es, daß sie ihrer Mutter viel Kummer bereitet habe, sich aber nun in einer Entziehungskur befände und versuchte, ihr Leben, so gut es ging, wieder in Ordnung zu bringen. Sie bat darum, ihrer Mutter auszurichten, daß sie sie liebte und sich dafür entschuldigte, so viele Schwierigkeiten gemacht zu haben.
Eileen wußte, daß Sheila von Mr. O'Malley abhängig war, der ihr die Post vorlas, und verdächtigte ihn, ihr die Briefe vor-

enthalten zu haben. Sie fühlte sich schuldig, weil sie Sheila die Nachricht nicht hatte zukommen lassen, hatte sich aber gefürchtet, sich Mr. O'Malleys Zorn auszusetzen.
Eileen berichtete dem Kaplan über Maureens strenge Erziehung und über Sheilas Schüchternheit angesichts der dominanten Persönlichkeit ihres Ehemanns. Das letzte Band zwischen Sheila und ihrer Tochter war gerissen, als Maureen die Schule abgebrochen hatte, ein Hippie geworden und nach Hause gekommen war, um nach Geld zu fragen. Der Stiefvater hatte sie hinausgeworfen und ihr gedroht, die Polizei zu verständigen, wenn sie sich jemals wieder blicken ließe.
»Das war vor fast zwanzig Jahren und brach Sheila das Herz«, sagte Eileen traurig. »Sie hat Maureen nie wieder gesehen und ihren Namen nie wieder erwähnt. Wir hörten noch, daß sie verheiratet gewesen war und zwei Kinder hatte, sich dann aber scheiden ließ und das Sorgerecht für ihre Kinder der Trinkerei wegen verlor.«
Am nächsten Tag begleitete ich den Kaplan, als er Mr. O'Malley von dem Brief berichtete. Er wurde sehr ärgerlich und ging in die Defensive.
»Es ist die Aufgabe eines Ehemanns, seine Frau zu beschützen!« tobte er. Daraufhin erklärte der Kaplan dann Sheila, was geschehen war. Herausfordernd sah sie ihrem Mann direkt in die Augen.
»O'Malley, du bist der Satan in Person!« sagte sie, worauf er eine Handvoll Briefe auf ihr Bett warf und aus dem Zimmer stürzte. Sie waren alle von Maureen. Der Kaplan las sie vor, und Tränen rollten über Sheilas dünne Wangen.
»Bringt sie hierher!« bat sie.
O'Malley hatte es sein ganzes Leben lang nötig gehabt, die Kontrolle über andere zu bewahren, und weigerte sich nun, das Flugticket für Maureen zu bezahlen oder sie in seinem Haus übernachten zu lassen. Aber andere Verwandte legten

das Geld für das Ticket zusammen und stellten einen Platz zum Schlafen zur Verfügung.

Sheila war zu schwach, um das Bett zu verlassen. Sie schlief die meiste Zeit, aber an dem Tag, an dem ihre Tochter ankam, war sie ganz aufmerksam und voller Anteilnahme. Maureen war anzusehen, daß sie sich jahrelang Schlechtes angetan hatte, aber es blieb kein Auge trocken, als Maureen ihrer Mutter um den Hals fiel. Sie weinten beide und hielten sich endlos lange fest. Mr. O'Malley blieb den ganzen Tag in der Scheune bei den Tieren.

Maureen verbrachte soviel Zeit mit ihrer Mutter, wie Mr. O'Malley nur zuließ; jeden Tag schien er ihnen ein bißchen mehr zuzugestehen. Sie badete ihre Mutter, massierte ihre Füße mit Balsam und kämmte zärtlich ihre langen weißen Haare. Sie verbrachte Stunden damit, der sterbenden Frau geduldig löffelweise Pudding und Apfelbrei einzuflößen. Es war eine bedeutsame, zärtliche Zeit für beide.

Schließlich verkündete Mr. O'Malley eines Tages, daß Maureen über Nacht bleiben könnte, wenn sie wollte. Sie saß die ganze Nacht am Bett ihrer Mutter, summte die Lieder, an die sie sich erinnerte, weil Sheila sie ihr in der Kindheit vorgesungen hatte. Sheila schlief friedlich ein, fiel ganz sanft in ein Koma und starb im Morgengrauen, während Maureen neben ihr saß und ihre Hand hielt.

Der Hospizkaplan veranlaßte eine Sammlung, so daß sich Maureen für die Beerdigung ihrer Mutter ein schönes Kleid kaufen konnte. Trotz ihres Kummers sah Maureen jünger und gesünder aus als an ihrem Ankunftstag, der nur drei Wochen zurücklag.

Eine andere Thematik, die immer wieder auftaucht, ist die Versöhnung mit einem höheren Wesen. Diejenigen, die einer religiösen Gemeinschaft angehören, wünschen sich oft die Unterstützung, die Gebete und den Segen der anderen, wenn sie sich auf den Tod vorbereiten müssen. Aber das gleiche Bedürfnis entsteht bei Menschen ohne Religionszugehörigkeit, bei solchen, die das Spirituelle gänzlich verleugnen, und bei denen, die ihren Glauben verloren haben.

Arthur

Arthur litt viele Jahre an Krebs, sprach aber auf die Behandlungen gut an. Nun war die Krankheit wieder aktiv geworden, und er lag in seiner kleinen, ordentlichen Wohnung im Sterben. Er lebte allein und hatte keine Verwandten; seine Frau war fünf Jahre zuvor gestorben. Er hatte sie, kurz nachdem ihn seine erste Frau verlassen hatte, geheiratet – ein Ereignis, das seinen Abstand zum episkopalen Glauben einleitete, in dem er groß geworden war. Es waren Jahrzehnte vergangen, seit er zum letzten Mal einen Fuß in eine Kirche gesetzt hatte.

»Gott und ich haben ein gutes Verhältnis«, sagte er immer. »Wir brauchen keinen Vermittler.«

Über seinen Zustand sprach Arthur nicht. Er wollte seine Freunde nicht belasten, indem er sie um Hilfe bat, und schlug Angebote der Unterstützung sowohl von freundschaftlicher als auch von professioneller Seite aus. Den Vorschlag seines Arztes, in ein Pflegeheim zu gehen, lehnte Arthur ab. Weil das Hospiz es ermöglichte, daß die Menschen zu Hause betreut wurden, nahm er Kontakt mit uns auf. Zunächst war er mißtrauisch und glaubte, daß auch wir ihn dazu überreden würden, in eine Einrichtung zu gehen, aber als er uns besser kennengelernt hatte, freute er sich immer, jemanden von den Mitarbeitern zu sehen.

»Ich mag euch«, sagte er immer. »Ihr kommt und seht nach mir, zeigt mir, wie ich mich wohler fühlen kann, und dann geht ihr wieder und laßt mich allein!«

Als es ihm schlechterging, baten wir ihn eindringlich, uns nach jemandem suchen zu lassen, der bei ihm bleiben würde, besonders während der Nacht. Er lehnte ab, bis er so schwach wurde, daß er allein nicht mehr sicher war und wir ihn davon überzeugen konnten, daß er nachts eine Schwester brauchte.

Zu diesem Zeitpunkt litt Arthur an partiellem Darmverschluß. Er hatte starke Schmerzen, die wir mit Injektionen alle paar Stunden erleichterten. Er konnte nur wenig mehr als einige Schluck Wasser oder eine besondere Diät bei sich behalten und übergab sich häufig. Dennoch bestand er darauf, zu Hause zu bleiben und sowenig Aufmerksamkeit wie möglich auf sich zu ziehen.

Eines Nachmittags kam die Hospizärztin, um Arthurs Zustand zu untersuchen. Als sie gerade gehen wollte, sagte er: »Würden Sie bitte mit mir beten?«

Die Ärztin hielt Arthurs Hand, sprach ein Gebet und fragte dann, ob er noch irgend etwas brauchte.

»Würde es sehr viele Umstände machen, einen Priester hierher zu bitten?« fragte Arthur.

»Überhaupt nicht«, sagte sie. »Soll noch heute abend jemand vorbeikommen?«

»Nein, nicht heute abend«, sagte Arthur. »Morgen ist vollkommen in Ordnung.«

Am nächsten Morgen kam ich in Begleitung eines Priesters der Episkopalkirche. Es war ein freundlicher Mann Anfang Dreißig, der Arthur warmherzig begrüßte. Ich kontrollierte die lebenswichtigen Funktionen, ging dann und kündigte mich für nachmittags wieder an. Als ich zurückkam, bedankte er sich dafür, daß ich den Geistlichen mitgebracht hatte.

»Er blieb ungefähr eine Stunde, und ich habe es wirklich genossen«, sagte Arthur. »Ich kann es kaum glauben, wieviel besser ich mich fühle. Wir sprachen miteinander, er erteilte mir die Absolution und salbte mich mit Öl. Es ist merkwürdig. Eigentlich hat sich nichts verändert, aber ich fühle mich sehr erleichtert.«

Am Abend kehrte der Priester zurück und gab Arthur das Abendmahl. Danach beteten sie gemeinsam, sprachen einige Zeit und nippten etwas Whiskey. Arthur starb ganz ruhig im Schlaf früh am nächsten Morgen.

Über zwei Wochen rechneten wir mit Arthurs Tod. Am Tag bevor er starb, waren keine bedeutenden physischen Veränderungen zu erkennen; verändert war er nur durch die Begegnung mit dem Geistlichen. Wir glauben, daß Arthur in dieser Nacht starb, weil der Priester ihm half, sich mit einer Kirche zu versöhnen, zu der er früher eine enge Verbindung gehabt hatte.

Arthur äußerte seinen Wunsch - er bat darum, einen Priester sehen zu können. Wird der Wunsch nicht so explizit geäußert, dauert es für die Außenstehenden vielleicht länger, ihn zu verstehen. Dies kann zu großer Enttäuschung oder Angst beim Sterbenden führen.

Gus

So befremdlich das auch für andere klingen mag - wenn man mit todkranken Menschen arbeitet, gewöhnt man sich an die körperlichen Veränderungen, die so häufig nur schwer mit anzusehen sind. Der erhebliche Gewichtsverlust, den viele sterbende Menschen erleiden, kann ein sehr beunruhigendes Symptom für Familie und Freunde darstellen. Je besser wir aber diese Patienten kennenlernen, desto schöner erscheinen sie uns, trotz ihres gebrechlichen Äußeren.

Als Gus mir die Tür für meinen ersten Besuch öffnete, war meine erste Reaktion, daß ich mich in der Wohnung getäuscht haben mußte. Vor mir stand ein großer, gutausse-

hender, wohlproportionierter Mann Anfang Fünfzig, der ganz bestimmt nicht gebrechlich wirkte. Abgesehen von der exakt angepaßten Halskrause, die seinen Kopf stützen sollte, sah er gesund aus.
»Wie wär's mit einem Bier?« fragte er zum Auftakt. »Es ist ja schon fast Mittag! Ich trinke nie vor Mittag! Aber, weiß der Teufel, ich steh' ja auch nicht vor halb zwölf auf.« Er lachte herzlich.
Ich erkannte, daß Gus einen starken Willen besaß und gern seine Späße trieb. Er liebte es besonders, sich einer sehr direkten Sprache zu bedienen.
Gus' Krebs hatte sich bereits bedenklich nahe zur Halswirbelsäule hin ausgebreitet. Angesichts des medizinischen Berichts war ich erstaunt, ihn so lebhaft vor mir zu sehen.
»Ich bin im Revier krank geschrieben«, sagte er. »Der Boß drängt mich, Arbeitsunfähigkeit einzureichen, aber das tu' ich auf keinen Fall! Ich kann immer noch arbeiten. Übrigens, meine Exfrau läßt fragen, ob Sie sie mal anrufen könnten. Sie wohnt nur zwei Straßen weiter.«
Seine Exfrau Kim bat mich, sie im Schnellimbiß zu treffen.
»Ich habe mich vor sechs Jahren von Gus scheiden lassen«, sagte sie. »Ich liebe diesen Mann, aber ich habe es nicht ausgehalten. Er war ganz verrückt danach, bei der Marine zu dienen, und konnte vom Kämpfen kaum genug kriegen. Er meldete sich *dreimal* freiwillig für Vietnam! Können Sie sich das vorstellen? Und ich stand mit den Kindern allein da. Als er dort war, war er Agent Orange* ausgesetzt, und wir glauben, daß der Krebs davon herrührt.«
»Nach seinem letzten Einsatz wurde unser Sohn geboren«, sagte sie, und ihre Augen füllten sich mit Tränen. »Er starb an Geburtsfehlern, als er drei Monate alt war. Gus reagierte dar-

* Von den Amerikanern eingesetztes Entlaubungsmittel, das zu Mißbildungen bei Neugeborenen und zu Krebserkrankungen führte.

auf, indem er sich häufiger auf Parties herumtrieb und mehr trank. Er verließ die Marine und ging zur Polizei, wo er sich im schlimmsten Revier als V-Mann bewarb. Das hat das Faß zum Überlaufen gebracht. Ich hatte einfach genug – immer am Rande der Gefahr und der Krise zu leben. Ich hatte meine Kinder zu versorgen. Aber wir wohnen ganz nah, und die Kinder sehen ihn regelmäßig.«

»Dann erkrankte er an Krebs«, fuhr Kim fort. »Die Behandlungen waren hart für ihn, aber er ist ein tapferer Kerl und bestand auf allem, was er nur aushalten konnte. Der Arzt sagt, daß er todkrank ist, aber er will es nicht glauben! Ich gehe jeden Tag hinüber, um nach ihm zu sehen. Ich muß ihm der Kinder wegen helfen, das alles durchzustehen. Sie sind zu jung, um ihren Vater zu verlieren. Ich glaube, ein bißchen tue ich es auch für mich. Ich liebe ihn, ich kann nur nicht mit ihm zusammenleben. Ich weiß nicht, wie wir mit alldem fertig werden sollen, aber wir werden es auf seine Weise tun müssen, das kann ich Ihnen sagen!«

Gus war noch für einige Wochen die starke, unabhängige und schillernde Persönlichkeit, als die er bekannt war. Er genoß sein Bier und das Kartenspiel mit seinen Kumpeln. Dann aber erreichte der Krebs die Wirbelsäule, er war kurz darauf gelähmt und wurde bettlägerig. Damit ging auch eine leichte Verwirrung einher. Private Krankenschwestern unterstützten Kim und die Familie bei seiner Pflege. Es ging ihm nicht schlecht, aber es war klar, daß er bald sterben würde.

Ich erhielt einen dringenden Telefonanruf der Schwester, die gerade Dienst hatte.

»Kommen Sie bitte schnell vorbei«, sagte sie. »Alles schien in Ordnung zu sein, aber jetzt wirkt er sehr konfus und ängstlich. Wir sind ziemlich ratlos.«

»Nein, ich bin sicher, jetzt werden wir endlich Bescheid wissen«, sagte ich zu mir selbst. Ich hatte mich gewundert, wie lange Gus in der Lage war, die Fassade eines hartgesottenen Kerls zu wahren. Ich hatte das Gefühl, daß es Zeiten geben mußte, in denen er sich fürchtete - selbst wenn er es nicht zeigen wollte.

Die Situation war chaotisch. Gus schrie vor Angst. Seine Sätze waren so unzusammenhängend, daß es schwerfiel, ihnen irgendeinen Sinn zu entnehmen. Wörter wie »Dörfer«, »Babys«, »Napalm«, »Feuer« und der Ausruf »Ich war's, ich war's!« konnte man heraushören. Mitten in diesem schwirrenden Durcheinander war plötzlich der Satz zu hören: »Ich brauche religiösen Frieden!«

Gus hatte sich bei meinem ersten Besuch ganz klar geäußert, daß er zwar in einer Familie groß geworden sei, die in die Kirche ging, daß Religion in seinem Leben als Erwachsener aber keine Rolle mehr spiele. Er hatte aber einige Besuche des Hospizkaplans ganz gerne gesehen, und so rief ich diesen an. »Können Sie sofort hierherkommen?« fragte ich. »Ich glaube, Sie sind der einzige, der jetzt helfen kann.«

Kim, die Kinder, Gus' Eltern und Brüder waren alle da, als der Kaplan eintraf. Wir setzten uns in die Küche, damit der Kaplan mit Gus einige Worte unter vier Augen wechseln konnte. Minuten vergingen, und langsam hörten die Schreie auf. Frieden erfüllte das Haus. Der Kaplan rief die Familie ins Schlafzimmer.

Für einige Augenblicke wurde Gus ganz klar. Er sah jeden einzelnen von uns an und schien über diese Versammlung erstaunt.

»Sterbe ich jetzt?« fragte er den Kaplan, der seine Hand hielt.

»Ja, Gus, wenn kein Wunder geschieht, dann glauben wir, daß Sie sterben werden«, antwortete er freundlich.

Gus sah dem Geistlichen tief in die Augen und dachte einen Moment lang nach.

»Oh, Mist!« sagte er.

Die Familie verbrachte die nächsten Stunden damit, ihn zu streicheln und sich mit ihm gemeinsam an bessere Zeiten zu erinnern. Dann fiel er sanft in ein Koma und starb.
Vielleicht hört sich diese Geschichte nicht nach einem Sieg an, aber für Gus wäre es eine Tragödie gewesen, sterben zu müssen und die Qual all der unausgesprochenen Dinge, die er in Vietnam getan hatte, auszuhalten. Seine Bitte um Hilfe hätte leicht überhört werden können, so, wie sie in dem Durcheinander von verworrenen Schreien versteckt war. Es wäre viel leichter gewesen, ihn mit Medikamenten ruhigzustellen, bis die Schreie aufgehört hätten. Aber wessen Wünsche wären dann erfüllt worden – die der Außenstehenden, die mit ihrem eigenen Unbehagen konfrontiert waren, weil sie Gus bei seinem Leiden zusehen mußten, oder die Wünsche des Sterbenden, dessen Anliegen es war, daß ihm vergeben wurde, damit er in Frieden über die Schwelle treten konnte?

Wir haben nun die Versöhnungen mit anderen beschrieben. Theresa und Sheila wünschten sich eine Wiederherstellung guter Beziehungen im zwischenmenschlichen Bereich. Arthur und Gus bedurften der Versöhnung mit Gott. Aber es gibt noch eine dritte Art der Versöhnung. Manche Menschen leiden darunter, daß es in ihrem Verhalten Aspekte gibt, die ethisch oder moralisch betrachtet nicht mit ihren eigenen Wertvorstellungen oder denen ihrer Umwelt übereinstimmen. Dies wirkt sich dann auf ihr Selbstwertgefühl aus. Fühlen sie sich eines Verhaltens, eines Vorfalls oder eines Umstandes wegen traurig, belastet oder schuldig, so können sie nicht ins reine mit sich selbst kommen.

Anne

Anne war Engländerin, die allein in Amerika lebte, und wurde von einer Hospizschwester mit ähnlichem Hintergrund betreut. Sie erinnerten sich oft gemeinsam an ihre Kindheit in England und teilten Erfahrungen, die sie gemacht hatten, als sie sich an das Leben in den Vereinigten Staaten gewöhnen mußten.

Anne war Ende Vierzig, sah aber viel jünger aus und schien etwas naiv. Sie äußerte nicht selten Verwunderung darüber, wie sich ihr Leben entwickelt hatte und wie sie »in so eine Verfassung« geraten konnte, womit sie sich sowohl auf ihre Krankheit als auch auf ihre Lebenssituation insgesamt bezog. Sie hatte jahrelang in einer Bäckerei gearbeitet und sich mit dem Besitzer angefreundet. Mr. Brown war verheiratet, aber Anne hatte ihm geglaubt, als er von Scheidung sprach und davon, daß er sie heiraten wollte. Es geschah jedoch nichts dergleichen, und sie entsprach seinem Wunsch nach Geheimhaltung. Er bezahlte ihre Miete, sie arbeitete weiterhin in der Bäckerei, und ihre Affäre zog sich über mehr als zehn Jahre hin.

Dann bekam Anne Gebärmutterhalskrebs. Sie mußte sich häufig krank schreiben lassen und war dankbar dafür, daß ihr Chef ihr zugestand, sich die Zeit freizunehmen, die sie benötigte. Aber je kränker sie wurde, desto mehr Hilfe brauchte sie und desto weniger hilfsbereit war er. Als sie ihn bat, sie zur Arztpraxis zu begleiten, weil sie sich zu schwach fühlte, allein zu fahren, oder einige Dinge für sie einzukaufen, verweigerte er ihr diese Hilfe.

Annes Empfindungen ihm gegenüber wechselten zwischen Zuneigung und Abscheu. Sie schämte sich sehr, sich mit einem verheirateten Mann eingelassen zu haben, und die Art, wie er sie behandelte, erniedrigte sie. Er hatte darauf bestanden, daß sie niemandem von ihrer Beziehung erzählte. Dieses Verbot hatte sie noch schüchterner werden lassen, als sie es ohnehin schon war. Sie fühlte sich sehr einsam, denn sie hatte außer ihm niemanden, an den sie sich hätte

wenden können. Er distanzierte sich zunehmend und war nur bereit, ihr soweit entgegenzukommen, wie es ihm für einen Arbeitgeber angemessen schien, der sich um die Gesundheit einer geschätzten Mitarbeiterin sorgte.
Anne versuchte, das Geheimnis zu wahren. Wir halfen ihr dabei, für die Zeit vorzusorgen, wenn sie einmal nicht mehr allein zurechtkam. Sie wollte in ein Pflegeheim gehen, damit Mr. Brown bei ihrer Pflege nicht behilflich sein oder sich verantwortlich fühlen mußte. So würde niemand von ihrer Beziehung erfahren.
Ein Umzug ins Pflegeheim war schon geplant, als es Anne plötzlich schlechterging. Sie fühlte sich wesentlich schwächer und hatte zunehmende Schmerzen und Blutungen. Ihre Sprache geriet durcheinander und war schwer verständlich. Während sie von Schmerzen, Verbänden und Preiselbeersaft redete, wurde sie immer verstörter, Tränen liefen ihr übers Gesicht.
»Erinnern Sie sich daran, wie nach den Luftangriffen die Leichen aus den Trümmern gegraben wurden?« fragte Anne. »Erinnern Sie sich an all die roten Doppeldeckerbusse? Glauben Sie, daß mein Bus bald kommt?«
Weil sie dachte, daß Anne ihr vielleicht mitteilen wollte, daß sie bald sterben würde, fragte die Schwester nach, ob es das sei, was sie damit meinte.
»Ja, aber ich muß erst noch zu der anderen Haltestelle gehen!« erwiderte Anne und wurde noch verstörter.
»Würden Sie gerne bald ins Pflegeheim umziehen?« fragte die Schwester.
»Ja«, seufzte Anne. »Dort kann der Bus halten.«
Die Vorbereitungen für den Umzug ins Pflegeheim wurden forciert, und am Abend kam Anne dort an. Während der Fahrt mit dem Ambulanzwagen war sie ruhig und entspannt. Im Heim schien sie zunächst ein bißchen durcheinander von

all der Aufmerksamkeit, die ihr zuteil wurde, schließlich aber legte sie sich ins Bett, nahm ihre Schmerzmittel und schlief ein. Am nächsten Morgen kam ein freiwilliger Helfer aus dem Hospiz zu Besuch und fand sie ganz ruhig und friedlich in ihren letzten Atemzügen vor.

Anne wollte, daß der Bus sie im Pflegeheim abholte, sie wollte also dort sterben, damit niemand von ihrer geheimen Verbindung erfahren würde. Wäre sie wirklich in dieser Nacht gestorben, auch wenn ihre Mitteilung ungehört geblieben wäre? Hätte sie so friedlich auch in ihrer Wohnung sterben können, oder hätte sie dort keine Ruhe gefunden, weil sie eine Aufdeckung befürchtete? Diejenigen, die sie während ihrer letzten Tage erlebten, zweifeln nicht daran, daß sie in der Gewißheit, nun keine peinlichen Situationen mehr auszulösen, leichteren Herzens starb.

Janine

Die zweiundvierzigjährige Janine war eine fleißige und erfolgreiche Malerin. Sie und Jeff waren nicht verheiratet - ihr Exmann wollte sich nicht scheiden lassen -, lebten aber zusammen in einer schönen Wohnung im zweiundzwanzigsten Stockwerk. Sie erfreuten sich an dem Panoramablick. Janine war bekannt für ihre Großstadtbilder und malte häufig auf ihrem Balkon.

Sie war unkonventionell und von starkem Willen und nicht bereit aufzugeben, obwohl sie wußte, daß ihr Pankreaskrebs bereits zu weit fortgeschritten war, um noch geheilt werden zu können. Sie ließ alle nur möglichen herkömmlichen Behandlungsmethoden über sich ergehen und entschied sich dann, einige nicht allgemein anerkannte Therapien in Mexiko auszuprobieren.

Zu dem Zeitpunkt, als sie Kontakt mit dem Hospiz aufnahm, lag sie im Krankenhaus, befand sich in einem fortgeschrittenen Stadium ihrer Krankheit und war extrem gebrechlich. Als sie wußte, daß sie bald sterben würde, träumte sie davon, in ihre Wohnung zurückzukehren, um ihre letzten Wochen dort mit Jeff auszukosten und um über ihre geliebte Stadt blicken zu können.

Jeff wollte sie unbedingt nach Hause holen, aber er war kaum in der Lage, ihre umfangreiche Pflege zu übernehmen. Sie hatte offene Wunden, deren Verbände häufig gewechselt werden mußten, sie war abhängig von intravenös verabreichten Infusionen und unfähig, das Bett zu verlassen.

Man entschied, daß es von Vorteil für Janine wäre, wenn sie in die Hospizstation aufgenommen würde, in der Hoffnung, ihre Pflege vereinfachen zu können und Jeff beizubringen, wie er vorgehen mußte. Es gab eine Menge zu tun, und die Zeit war kurz, so daß die Mitarbeiter besorgt waren, ob Janine sterben würde, bevor sie ihr Ziel erreicht hätten. Glücklicherweise erreichten sie ihr Ziel.

In der Nacht, bevor Janine von der Ambulanz auf ihre letzte Reise nach Hause gebracht werden sollte, besuchten eine andere Schwester und ich sie, um zu kontrollieren, ob alles in Ordnung wäre. Jeff war gerade dabei, die Blumen und alle anderen Sachen, die sich angesammelt hatten, nach Hause zu bringen. Wir hatten ein aufmunterndes Gespräch mit Janine, in dem wir ihr versicherten, daß alles bereit wäre und sie sich bald an den Lichtern der Stadt erfreuen könnte. Wir setzten sie im Bett auf und strichen ihre Kissen glatt, als wir den glasigen, fernen Blick in ihren Augen sahen.

»Ich kann durch das Fenster die Lichterstadt auf der anderen Seite des Flusses sehen!« flüsterte sie mit einem strahlenden Lächeln. Wir schauten uns beunruhigt an. Wir holten Jeff noch ein und erklärten, daß derartige Visionen eines wunderbaren Ortes jenseits unserer Wahrnehmung manches Mal

bedeuteten, daß der Tod unmittelbar bevorstünde. Wir rieten ihm deshalb, in dieser Nacht bei ihr zu bleiben.
Aber Janine starb nicht so bald. Sie lebte weitere drei Wochen. In dieser Zeit teilte sie uns noch einiges mit, was sie brauchte, um friedlich sterben zu können. Ihrer gebrechlichen Verfassung wegen war die Verlegung von der Hospizstation nach Hause ein enormes Unterfangen. Weil wir diesen Wunsch ja kannten, waren wir sicher, daß sie nun in Frieden und sehr bald sterben würde. Aber jeder, der an ihrer Pflege beteiligt war, sorgte sich zunehmend, weil sie zu Hause keineswegs friedlich wirkte, sondern eher ruhelos und verwirrt.
Wir fragten uns oft, was ihr noch fehlte, um in Frieden zu sterben.
Es war sehr schwer, aus dem unzusammenhängenden Gemurmel eine klare Botschaft herauszuhören. Wir suchten nach bedeutungsvollen Äußerungen und bemerkten, daß Janine oft das Wort »Ringe« benutzte.
Konnte das der Schlüssel sein? Und wenn, was bedeutete es?
»Ich nehme an, sie meint die Eheringe«, sagte Jeff traurig. »Janine hat sich nie ganz wohl gefühlt damit, daß wir zusammenlebten, ohne verheiratet zu sein. Wir wollten beide furchtbar gerne heiraten, aber als Janine ihren Mann verlassen hatte, war er so wütend, daß er sich weigerte, der Scheidung zuzustimmen. Als genügend Zeit verstrichen war, daß sie auch ohne seine Zustimmung hätte geschieden werden können, war ihr Krebs schon diagnostiziert worden, und er drohte ihr damit, sie analog zu ihrem körperlichen Verfall als vermindert zurechnungsfähig darzustellen. Und wissen Sie, er ist Rechtsanwalt, er wäre wahrscheinlich damit durchgekommen! Sie können sich vorstellen, welchen Kummer diese schlimme Geschichte Janine bereitet hat.«

Wir dachten über diese Informationen nach und entschieden nun, den Kaplan anzurufen und ihn um einen Besuch zu bitten.
»Liebling, der Kaplan kommt heute abend hier vorbei«, berichtete Jeff Janine. »Erinnerst du dich, wie gerne du seine Besuche mochtest? Vielleicht kann er uns helfen, Frieden zu finden.«
Janine antwortete nicht.
Der Kaplan war mit Janines und Jeffs Situation vertraut.
»Jeff, es kann gut sein, daß Janine auch ein äußerliches Zeichen Ihres gegenseitigen Versprechens, das Sie sich als Paar gegeben haben, braucht«, sagte der Kaplan. Jeff stimmte zu. Der Kaplan und er erklärten Janine, daß sie eine ganz besondere Zeremonie planten. Freunde würden kommen, um an dem Fest teilzunehmen.
Wir waren uns nicht sicher, ob Janine verstanden hatte, aber Jeff half mir, ihr schönstes Nachthemd anzuziehen, Blumen in ihr Haar zu stecken und den Raum herzurichten. Freunde wurden angerufen. Jeff stürmte davon, um Wein und Käse zu besorgen.
Die Dämmerung verging; die Lichter der Stadt blinkten, als der Kaplan den Anwesenden verkündete, er werde eine Zeremonie abhalten, um »diesem liebevollen Versprechen den Segen zu erteilen«. Selbstverständlich konnte er sie nicht vermählen, Janine war ja vor dem Gesetz noch verheiratet, aber als er mit den Leuten fröhliche Lieder anstimmte, steckte Jeff mit Tränen in den Augen einen Ring an Janines dünnen Finger. Ihre Ruhelosigkeit hatte ein Ende, und obwohl sie nichts sprach, rann eine Träne über ihre Wange.
Als die Feier vorbei war, küßten die Gäste Janine und Jeff, gratulierten ihnen und verabschiedeten sich. Wir polsterten die Bettkante mit Kissen und schafften Platz für Jeff, damit er sich neben Janine legen und sie in den Arm nehmen konnte. Es war ihre erste ruhige Nacht nach drei Wochen. Früh am

nächsten Morgen, als das neue Licht der Dämmerung einen sanften Glanz über die Stadt legte, starb Janine beruhigt in Jeffs Armen.

Als ich Jeff bei Janines Begräbnis wiedertraf, umarmte ich ihn herzlich.

»Ich hoffe, Sie wissen, was Sie Gutes getan haben, Jeff«, sagte ich. »Niemand anderes hätte sie so liebevoll pflegen können wie Sie.«

»Es fiel nicht schwer, für sie zu sorgen. Schwer war es, mit anzusehen, wie sehr sie psychisch litt. Sie wartete auf unsere Hochzeit. Ich weiß, daß wir weder vor der Kirche noch vor dem Gesetz verheiratet sind, aber in unseren Herzen sind wir es. So schwer es mir auch fiel, sie gehen zu lassen, ich bin so froh, daß es uns gelungen ist, ihr den Frieden zu geben, den sie brauchte.«

Die Erkenntnis über die Notwendigkeit einer Versöhnung, die Teil des Todesbewußtseins ist, scheint dem Effekt ähnlich, der beim Erleben direkter Todesnähe, etwa bei einem Unfall, auftaucht, nämlich »das ganze Leben vor dem inneren Auge Revue passieren zu lassen«. Unter beiden Umständen werden Beziehungen betrachtet. Das Todesbewußtsein scheint die Menschen in die Lage zu versetzen, die Aspekte ihrer Beziehungen zu erkennen, die zu Schuldgefühlen führten und die sie traurig oder bekümmert machen. Um in Frieden sterben zu können, bedarf es der Versöhnung, der Heilung einer Beziehung, sei es nun, indem eine Entschuldigung ausgesprochen oder Dankbarkeit vermittelt wird. Manchmal wird dadurch eine Verbindung mit jemandem wiederhergestellt, der einem fremd geworden war; manchmal steht die Versöhnung in Zusammenhang mit der Wiedergutmachung von etwas, das Außenstehenden als längst überwunden erscheinen mag.

Eine Möglichkeit, dieses Bedürfnis nach Versöhnung aufzudecken, besteht darin, eine Art geistiger Bestandsaufnahme aller Bewältigungen und Enttäuschungen anzuregen. Sie kann mündlich in Anwesenheit der Familie und Freunde durchgeführt werden, aber auch schriftlich als Lebensgeschichte, die an die nächste Generation weitergereicht wird, oder in Form von Briefen an Kinder, die sie später lesen können, wenn sie älter sind.

Die meisten sterbenden Menschen beginnen damit aufzulisten, was sie bewältigt haben. Aber sie setzen sich auch mit Enttäuschungen auseinander – mit Aufgaben, die sie nicht vollendet haben, mit Möglichkeiten, die sie versäumt haben, mit Beziehungen, die zerbrochen oder eingeschlafen sind. Wenn wir als Pfleger oder Freunde bei wichtigen Rückblenden behilflich sein können und dabei zerstörte Beziehungen wiederherstellen, so unterstützen wir die Sterbenden darin, ihren Frieden zu finden.

Die meisten Menschen wollen, wenn sie im Sterben liegen, versichert sein, daß ihr Leben einen Sinn hatte, daß sie in dieser Welt und unter den Menschen um sie herum etwas bewirkt haben. Für jeden von uns kann die Anerkennung dessen, was wir erreicht haben, dazu dienen, mehr Freude und Sinn in unserem Dasein zu sehen. Ein gelegentlicher Rückblick und eine Betrachtung dessen, wie wir unser Leben gegenwärtig gestalten, können uns zur Erkenntnis über Unerledigtes, wie etwa belastete Beziehungen, verhelfen und dazu führen, problematische Themen jetzt in Angriff zu nehmen und nicht zu warten, bis wir sterben. Das kann unser Leben sehr bereichern und uns vor verzweifelten Versuchen der Versöhnung bewahren, wenn es schon fast zu spät ist.

KAPITEL ZWÖLF

SICH ZURÜCKGEHALTEN FÜHLEN: »ICH STECKE FEST ZWISCHEN ...«

Zu Beginn hatten wir einige Schwierigkeiten damit zu verstehen, wie die Mitteilung über das »Zurückgehaltenwerden« in das Gesamtbild des Todesbewußtseins paßte. Obwohl diese Mitteilungen verschiedene Themenbereiche berühren, die wir bereits angesprochen haben, unterscheiden sie sich von den anderen und verlangen nach einer eigenen Erklärung.

Mitteilungen dieser Art sind in der Regel kurz. Sie enthalten aber dennoch eindeutig die Botschaft der Sterbenden, daß sie sich irgendwie »zurückgehalten« fühlen oder ihre Bemühungen, sich einem friedlichen Tod hinzugeben, durchkreuzt sehen, und zwar auch hier von ungelösten Angelegenheiten, die in aller Regel in Zusammenhang mit dem Bedürfnis nach Versöhnung standen - unerledigte Vorgänge sollten erledigt werden.

Wenn sie uns von dem »Zurückgehaltenwerden« erzählen, so stellt dies für sterbende Menschen eine Möglichkeit dar, uns aufzufordern: »Schaut ganz genau her - irgend etwas fehlt noch!«

Bertha

Es bestand kein Mangel an Leuten, die sich um Bertha kümmerten. Sieben erwachsene Kinder, deren Ehepartner und eine Schar Enkelkinder sowie Freunde aus der Kirchengemeinde waren beteiligt. Ihre winzige Wohnung schien immer voller unterschiedlicher Gesichter. Auch die Nachbarn interessierten sich sehr für ihr Wohlergehen. Trotz der Armut, in der sie und ihre Nachbarn lebten, bestand ein Übermaß an Liebe und Aufmerksamkeit für Bertha. Ihr Zustand verschlechterte sich zwar stetig, sie schien aber zufrieden zu sein und sich wohl zu fühlen, so daß ich überrascht war, sie eines Tages ruhelos und ängstlich anzutreffen.

»Ich kann das Futter für die Pferde nicht finden!« klagte sie.

»Warum brauchen denn die Pferde Futter?« fragte ich. Sie schaute mich an, als sei ich verrückt.

»Ich habe diese Reise *noch nie* gemacht, ohne sie zuerst zu füttern!« antwortete sie. Ihre Entrüstung war offensichtlich, aber sie war nicht in der Lage, mir mehr zu erzählen.

»Ich verstehe«, sagte ich. »Ich werde Ihnen gerne helfen, das zu finden, was Sie brauchen.«

Ich sprach mit Berthas Enkelin Tanya über diesen Vorfall, die lächelte und sagte: »Oma lebt in der Vergangenheit. Sie wuchs auf einer Farm in den Bergen von North Carolina auf. Alles, was sie hatten, um vorwärts zu kommen, war ein Pferd und ein Wagen.«

Ich legte nahe, daß dies vielleicht Großmutters Art war, uns zu erzählen, daß sie etwas brauchte, um in Frieden sterben zu können.

»Haben Sie irgendeine Idee, was das sein könnte?« fragte ich.

»Hat Ihnen schon jemand von Dwayne erzählt?« fragte Tanya.

»Nein, diesen Namen habe ich noch nicht gehört«, sagte ich. »Gehört er auch zu Ihrer Familie?«

Tanya erzählte, daß Bertha acht Kinder großgezogen hatte, nicht sieben. »Aber Dwayne zählt für niemanden!« sagte sie und bemühte sich, ihre Wut zu unterdrücken. »Er hat nichts als Schwierigkeiten gemacht – im Gefängnis und draußen. Er hat Großmutters Herz öfter gebrochen, als ich zählen kann,

und jetzt kommt der Kerl noch nicht einmal hierher, um sie zu besuchen.
Die anderen wollen ihn sowieso nicht hier haben! Er kommt immer nur, wenn er etwas braucht, und sie haben das Gefühl, er nutzt Oma aus. Ich persönlich glaube, daß er sich ziemlich mies fühlt. Er hat Geld geschickt, um ihre Medikamente zu bezahlen. Ich wette, er möchte *seine* schlechten Gefühle loswerden.«
Ich nahm an, daß Bertha vielleicht den Wunsch hatte, ihren verlorenen Sohn wiederzusehen. Einige Familienmitglieder sträubten sich zunächst, stimmten dann aber zu, mit Dwayne in Kontakt zu treten, der sich bereit erklärte, mit einer Sozialarbeiterin des Hospizes zu sprechen.
Dwayne erzählte ihr, daß er weggeblieben war, weil er sich des Kummers wegen schuldig fühlte, den er seiner Mutter bereitet hatte, und weil seine Geschwister ihn verstoßen hatten. Es wurde eine Familienkonferenz einberufen und die Entscheidung gefällt, Dwayne »um der Mutter willen noch eine letzte Chance« zu geben.
Die Versöhnung war herzzerbrechend. Dwayne hielt seine zerbrechliche Mutter in seinen großen, starken Armen und schluchzte: »Es tut mir so leid, es tut mir so leid.« Bertha strich sein Gesicht und flüsterte mit Tränen in den Augen: »Jesus liebt dich und ich auch.«
Die Feindseligkeit der Geschwister wandelte sich nach und nach in Toleranz und schließlich in zurückhaltende Akzeptanz, als sie sein zärtliches Verhalten der Mutter gegenüber beobachteten.
Während der nächsten zwei Wochen verbrachten Dwayne und Bertha ruhige Stunden miteinander, bis sie friedlich starb, ohne noch einmal die Pferde oder das Futter zu erwähnen.

Je mehr seine Krankheit fortschritt, desto mehr wurde Ben, ein ehemaliger Automechaniker, von anderen abhängig. Gleichzeitig erinnerte uns seine Frau ständig an ihre eigenen Bedürfnisse.

»Vergessen Sie nicht, ich habe ein schwaches Herz!« sagte Lucy, zweiundachtzig und sehr beleibt.

»Ich war nie ein robuster Mensch!« jammerte sie. »Mein Arzt sagt, daß Streß und Sorgen ganz schlecht für mich sind! Ich weiß nicht, was Ben von mir erwartet - er ist so egoistisch. Es geht mir ja selbst nicht gut.«

Ben schüttelte traurig den Kopf.

Lucys offensichtlicher Mangel an Fürsorge und Mitgefühl für ihren todkranken Mann waren jedem nur schwer begreiflich. Je mehr Hilfe wir ihm zukommen ließen, desto mehr wollte sie und desto weniger tat sie selbst für Ben. Die mangelnde Bereitschaft, auf irgendeine Weise in diese Pflege eingespannt zu sein, zwang uns zu dem Vorschlag, daß Lucy entweder eine zusätzliche Pflegekraft engagieren oder aber Ben in ein Pflegeheim geben sollte. Von letzterem wollte sie nichts hören.

»Wir haben dafür kein Geld«, schnappte sie. »Und was würden meine Freunde denken, wenn ich ihn in ein Heim geben würde?«

Die Symbole, die Ben gebrauchte, waren seiner früheren Tätigkeit als Mitarbeiter beim städtischen Verkehr entlehnt.

»Diese verdammte Straßenbahn fährt einfach weiter«, sagte er. »Sie hält einfach nicht für mich!«

»Sie wird, Ben, sie wird«, sagte ich und fragte mich, wie lange es wohl dauern würde, bis er die innere Ruhe finden würde, die er für einen friedlichen Tod brauchte. Das Bild eines müden alten Mannes, der allein in der Kälte steht, geduldig am Bahnsteig wartend, und die Straßenbahn fährt jedesmal

vorbei - dieses Bild war ergreifend. Wie einsam mußte er sich gefühlt haben!
Unsere freundlichen und wiederholten Erklärungen über Bens ernsten Zustand und einen möglicherweise bevorstehenden Tod stießen bei Lucy nur auf Ärger darüber, daß er sie verlassen würde, so daß sie nicht auf uns hören konnte oder wollte. Sie sah in Ben lediglich den verwirrten Mann, der »schon ganz verrückt« war.
Traurigerweise waren wir nie in der Lage, die Mauern niederzureißen, die sie um ihren Ärger aufgebaut hatte. All unsere Anstrengungen wurden mit einer Litanei ihrer eigenen Wünsche und mit Genervtheit über Ben quittiert. Lucy benutzte seine Verwirrtheit zur Rechtfertigung dafür, sich zu distanzieren und sich vor seinem Sterben sowie vor ihren eigenen Gefühlen des Kummers und der Angst zu schützen.
Ben erwähnte die Straßenbahn wieder voller Traurigkeit und Enttäuschung.
»Ben, die Straßenbahn *wird* bald für Sie anhalten«, sagte ich. »Und Sie können gehen. Die Schwester wird bei Ihnen bleiben, damit Sie nicht allein sind. Lucy scheint einfach nicht zu begreifen, daß es für Sie Zeit ist zu gehen, und es fällt ihr zu schwer, hier bei Ihnen zu sein - sie hat bestimmt Angst. Der Sozialarbeiter wird sich jetzt um sie kümmern und auch dann, wenn Sie gegangen sind, um sicher zu sein, daß sie zurechtkommt.«
Er nickte traurig.
Innerhalb der nächsten Tage zog sich Ben immer mehr zurück und sagte kaum mehr etwas. Er erwähnte die Straßenbahn nicht mehr. Die Schwester hielt ihm die Hand, als er leise und traurig starb, während Lucy im Zimmer nebenan blieb und sich dem Fernsehprogramm widmete.
Ben wußte, daß wir seinen Kummer verstanden und versucht hatten, Lucy dabei zu helfen, auf seine Bedürfnisse einzugehen. Er muß eine gewisse Beruhigung dadurch erfahren

haben, daß er wußte, wir würden Lucy dabei helfen, mit ihrem Gram und ihren Ängsten umzugehen, wenn sie allein war. Er hatte nicht danach gefragt, aber es vermittelte ihm ein Gefühl der Sicherheit, so daß er sich dem Sterben hingeben konnte. Letztendlich können auch wir nur Anregungen geben, was besser zu machen ist, aber wir sind nicht immer in der Lage, sie auch durchzusetzen.

Beide, Ben und Bertha, benutzten das Vokabular der Reise oder der Veränderung – »die Straßenbahn fährt einfach vorbei ...« und »die Pferde brauchen für diese Reise ihr Futter«. Aber die eigentliche Botschaft lautete: »Ich brauche die Versöhnung.«

Ben wünschte sich, daß seine Frau über den Ärger hinwegkommen würde, um ohne das Gefühl sterben zu können, sie würde ihn gerade des Sterbens wegen ablehnen. Er wünschte sich, daß sie über ihren eigenen Schmerz hinwegsehen könnte, um ihm beizustehen, wenn er mit seinem Schmerz umzugehen hatte.

Bertha brauchte die Versöhnung mit ihrem verlorenen Sohn und die Gewißheit, daß er wieder in die Familie aufgenommen war, bevor sie in Frieden gehen konnte.

Charles

Charles war bereit zu sterben. Über achtzehn Monate war er nun schon krebskrank. Er hatte genug von Kathedern und von Schmerzmedikamenten und jedem, der ihn besuchte, erzählt, daß der Tod für ihn Frieden bedeutete und eine engere Verbindung mit Gott.

»Das kann einfach nicht immer so weitergehen, oder?« fragte er seinen Arzt. »Ich habe diesen Frieden nötig.«

»Nicht mehr lange«, sagte der Arzt, und Charles schien zunächst erleichtert. Später verlor er die Orientierung und

wurde verstört. Seine Frau, durch die Veränderung beunruhigt, rief an und bat mich, zu einem Besuch zu kommen.
»Ich verstehe nicht, was vor sich geht«, sagte sie zu mir. »Es ergibt einfach keinen Sinn!«
Ich fand Charles ganz verzweifelt vor – manchmal den Tränen nahe, manchmal wütend, manchmal verängstigt. Als wir ihn fragten, was los sei, wurde er nur noch verstörter und schweifte in völlige Zusammenhanglosigkeit ab. Wir versuchten es mit weiteren Schmerzmitteln wie auch mit Schlaf- und Beruhigungsmitteln, aber sie halfen nicht.
Seine Frau Marie und ich suchten nach möglichen Ursachen seines Unbehagens. Nur wenig dessen, was Charles von sich gab, ergab einen Sinn, außer der Wendung »Ich kann nicht gehen«. Ich fragte, ob ihn irgend etwas davon zurückhalten könnte, in Frieden zu sterben, aber niemand wußte eine Antwort darauf.
Drei Tage vergingen, während der die Beruhigungsmittel Charles kurze Perioden der Entspannung verschafften. Er quälte sich jedoch und phantasierte, sobald er wach war. Marie, die immer bei ihm blieb, seine Qualen zu teilen schien und sich sehr wünschte, sie könnte ihn entlasten, hörte ihn irgendwann »John« sagen. Als ihr Mann diesen Namen stöhnte, war sie zutiefst beunruhigt.
»Er hat seit Jahren nicht mehr über John gesprochen«, sagte sie. John, ihr ältester Sohn, hatte sich umgebracht. In seinen letzten Teenagerjahren hatte er heftig zu trinken begonnen, gewalttätige Wutanfälle gehabt und seine Eltern terrorisiert. Einmal hatte Charles John dabei ertappt, wie er Marie schlug, und die Polizei gerufen. Danach gab es eine Serie von Festnahmen wegen Trunkenheit am Steuer und wegen Schlägereien. In seinem Abschiedsbrief machte er seinem Vater Vorwürfe und behauptete, seine erste Verhaftung habe ihn auf den Weg der Selbstzerstörung gebracht.

»Ich war willens, zu vergessen und zu vergeben, aber Charles konnte John nie verzeihen, daß er mich geschlagen hatte«, sagte Marie. »Warum könnte er ausgerechnet jetzt über John sprechen?«

Es gab keine Anzeichen, daß John für Charles präsent war; im Gegenteil, in einem Augenblick der Klarheit sagte Charles, daß John weder zu diesem Zeitpunkt noch zuvor dagewesen sei.

Der Pastor der Familie fragte sich, ob Charles vielleicht die Beziehung zu John in Ordnung bringen wollte. Vielleicht mußte er seinem Sohn vergeben, vielleicht wollte er ein Gebet sprechen, um darin seinen Sohn um Verzeihung zu bitten. Über diesen Erwägungen wurde Charles noch verstörter und schien verängstigt.

Marie und der Pastor verbrachten Stunden mit dem Versuch, dieses Rätsel aufzuklären, was ihnen aber nicht gelang, bis Marie einmal erwähnte, daß Johns Todestag näher rückte. Der Pastor stellte sich darauf ein, mit Charles zu sprechen. Er zog den Schluß, daß Charles befürchtete, genau an diesem Tag zu sterben, weil dann John dasein und ihn erwarten könnte. Der Pastor versicherte Charles, daß er nach dem Tod Frieden fände und daß auch John diesen Frieden wahrscheinlich besaß und Charles oder Marie nicht mehr verletzen konnte.

Der Jahrestag kam immer näher, und dieses Gespräch wiederholte sich drei- oder viermal am Tag – jedesmal war Charles für eine gewisse Zeit beruhigt, dann setzte die Erregung wieder ein, und Marie rief den Pastor an. Dieses Schema hielt bis zum Jahrestag an. Charles wachte früh auf und redete leise davon, sehr müde und bereit zu sein, seinen Frieden zu finden. Eine rapide Verschlechterung trat ein. Er starb ganz ruhig an diesem Abend.

Der Schlüssel zu seinem Unbehagen – »Ich kann nicht gehen« – lag allem Anschein nach in den belastenden Erinnerungen an John. Es war die immer wiederholte Versicherung des Pastors, die Charles durch diese aufreibende Zeit hindurchhalf.

Claude

»Die Leute haben Claude immer damit aufgezogen, zwanghaft zu sein«, sagte seine Frau Emily. »Aber er ist einfach ein sehr gewissenhafter Mensch, der aufs Detail achtet.«

Ihr blitzsauberes und winziges Heim war Beweis ihres organisierten Lebens. Claudes Lieblingsbeschäftigung war es, neue Programme für seinen Computer zu Hause zu schreiben.

Bevor er an einem Melanom erkrankte, hatte Claude lange als Steuerberater gearbeitet, es aber dennoch fertiggebracht, in seiner freien Zeit alten Menschen der Stadt, die ans Haus gebunden waren, bei ihren Steuern und Krankenversicherungsansprüchen behilflich zu sein.

»Das System ist für viele von ihnen einfach zu kompliziert«, sagte er. Er war ein bescheidener, höflicher und großzügiger Mann, der so mit seiner unheilbaren Krankheit zurechtkam, wie er auch sein Leben anging – auf ruhige, organisierte Weise und ohne sich zu beklagen.

Die Weihnachtsferien kamen näher, und Claudes Zustand verschlechterte sich rapide. Aus unerfindlichen Gründen wich sein Frieden starker Erregung und Verwirrung.

»Ich kann das Programm nicht finden«, sagte er. »Jetzt wird das System nicht funktionieren!«

»Sie werden es finden, und wir werden mit allen uns zur Verfügung stehenden Mitteln versuchen, Ihnen dabei zu helfen«, versicherte ich ihm. Wie viele Menschen war er nicht in der Lage, mehr darüber zu sagen.

Emily und ich sprachen lange über den Eindruck, daß irgend etwas Claude zurückhielt.

Aber weder sie noch ihre erwachsenen Kinder fanden eine Erklärung dafür. Als Familie hielten sie zusammen, um Emily zu helfen und ihr emotionale Unterstützung zu geben, und beteiligten sich an Claudes Pflege. Sie leisteten wunderbare Arbeit und gaben Claude die »Erlaubnis«, »sich gehenzulassen und es anzunehmen«. Irgendwelcher unerledigter Angelegenheiten waren sie sich nicht bewußt; sie versicherten ihm, daß sie bereit waren für sein Fortgehen, daß sie zusammenhalten würden, um Emily zu helfen, damit sie zurechtkommen würden. Nichts schien unberücksichtigt geblieben zu sein.

Ein unerwarteter Anruf eines Geschäftspartners von Claude lieferte die Antwort. Er erzählte Emily, daß Claude ihm Monate zuvor zugesagt hätte, irgendwelche Finanzgeschäfte für ihn zu übernehmen. Mit Tränen in den Augen berichtete Emily, daß Claude dem Tod nahe war.

»Wie schrecklich!« sagte er. »Er ist einfach der Beste! Und er war so besorgt, daß er vor Jahresbeginn sterben könnte.«

»Warum das?« stieß Emily hervor.

»Wenn er bis zum Ersten des neuen Jahres durchhalten könnte, würden die Rentenzahlungen für Sie in eine höhere Kategorie wechseln«, sagte der Partner.

Emily war wie vom Blitz getroffen; sie hatte keine Ahnung gehabt.

Sie und die Kinder versicherten Claude, daß er immer ein guter Ehemann und Vater war und daß er Emilys Zukunft finanziell bestens abgedeckt hatte. Aber Claude hielt bis zum zweiten Januar durch, an dem er ruhig starb – die höheren Rentenzahlungen für Emily waren garantiert.

Charles und Claude brachten ihre Bedürfnisse auf ungeduldige und frustrierte Weise zum Ausdruck, wie das manche Menschen tun, wenn sie etwas auf- oder zurückhält. Es ist die Mitteilung, daß etwas fehlt oder unvollendet ist, die dieses »Zurückgehaltenwerden« von den anderen Themenbereichen unterscheidet. Charles war von der Angst aufgehalten worden, daß er die Gewalt seines Sohnes vielleicht noch einmal erleben müßte. Die Ursache für Claudes Kampf war der Wunsch, nach dem Zeitpunkt zu sterben, an dem die Rentenzahlungen für seine Frau erhöht wurden. Als diese Aspekte unerledigter Angelegenheiten geklärt waren, waren beide in der Lage, sich einem friedvollen Tod hinzugeben.

Bill

Bill, siebenundzwanzig und an Aids erkrankt, lag im Sterben. Sein Vater hatte seit drei Jahren nicht mit ihm gesprochen, eben seit dem Zeitpunkt, als Bill seiner Familie erzählt hatte, daß er schwul sei. Der dritte Rückfall einer Lungenentzündung innerhalb von vier Monaten hatte Bill appetit- und energielos gemacht. Seine Mutter bat ihn inständig, nach Hause zu kommen, weil sie wußte, daß er zu krank war, um sich allein versorgen zu können.

»Ich würde schon kommen«, sagte Bill. »Aber was ist mit Dad?«

»Mach dir keine Sorgen, mein Sohn«, sagte sie. »Ich werde das mit deinem Vater schon regeln.«

Aber sie konnte es nicht regeln.

»Wenn du ihn hierherbringst, gehe ich!« sagte der Vater. Als seine Frau ihm erzählte, daß sie Bill am Freitag morgen nach Hause bringen würde, machte der Mann aus seiner Drohung Wahrheit und ging weg.

Bill wurden nicht mehr als ein oder zwei Tage zu leben gegeben. Als er zu Hause bequem untergebracht war, sagte er: »Jetzt bin ich bereit zu sterben. Ich bin es so leid, auf diese Weise zu leben.« Er fühlte sich körperlich wohl; drei Freunde halfen seiner Mutter bei seiner Pflege. Der Priester kam täglich zur Kommunion und brachte außerdem Eiscreme mit, um seinen Appetit anzuregen. Bill nahm an der Kommunion teil, verweigerte aber die Süßigkeiten. Er sprach mit dem Priester über die Situation mit seinem Vater. Der Priester, seine Mutter und ich riefen den Vater an und baten ihn zu kommen. Er lehnte ab und sagte, daß er seinen Sohn weder sehen noch auch nur seinen Namen hören wollte. Bill wurde darüber sehr traurig, sagte aber: »Ich weiß nicht, warum ich geglaubt habe, es könnte sich etwas verändert haben; er ist seit Jahren so.«

Bill wurde immer schwächer, konnte kaum mehr sprechen und lächelte seine Mutter und Freunde an oder bewegte leicht die Lippen, wenn der Priester betete. Meistens lag er ruhig da, schien zufrieden und bereit zu sterben. Aber der Tod kam nicht. Am Dienstag morgen fand ihn seine Mutter weinend vor.

»Dad ist im Weg«, flüsterte er.

»Möchtest du deinen Vater sehen?« fragte sie. Bill versuchte zu nicken. Der Priester rief nicht an, sondern ging direkt zur Arbeitsstelle des Vaters, um ihn dort zu treffen. Er berichtete ihm, daß sein Sohn im Sterben lag, und bat ihn eindringlich, ihn zu besuchen.

»Ich denke nicht, daß er in Frieden sterben kann, ohne Sie vorher noch einmal gesehen zu haben«, fügte er hinzu. Aber der Vater schmetterte die Bitte ab. Als der Priester dies erzählte, wurde Bill von einer tiefen Traurigkeit erfüllt. Noch zwei Wochen schwebte er zwischen Leben und Tod, weinte häufig, sagte aber nichts außer: »Dad ist im Weg.« Schließlich starb er, zu erschöpft, um noch länger durchzuhalten.

»Der Tod selbst ist nicht das Schlimmste, was einer Familie zustoßen kann«, sagte ein Nachbar nach Bills Beerdigung. »Entfremdung ist viel schlimmer.«

Rose

Rose und Eddie waren ein Ehepaar mit starker religiöser Überzeugung. Deshalb bekümmerte sie sein unerwarteter Zorn Gott gegenüber sehr.

»Wie kann es ein liebender Gott zulassen, daß eine so gute Frau derart leiden muß?« wetterte Eddie.
Der Priester half ihm, mit diesen Gedanken zurechtzukommen, aber Rose nahm an, daß Eddie nach wie vor mit Gott haderte. Sie war besorgt, daß seine Wut Blasphemie sein und ihm den Zutritt in den Himmel verweigern könnte.
»Ich brauche Hilfe«, sagte sie nur wenige Stunden vor ihrem Tod zu mir.
Ich sprach mit Eddie und erinnerte ihn an all die fürsorgenden und unterstützenden Maßnahmen, die er ergriffen hatte, um Rose das Sterben zu erleichtern. Dann fragte ich ihn, was er dachte, daß sie noch brauchte, nachdem ihre Äußerungen darauf schließen ließen, daß ihr etwas fehlte. Seine Antwort überraschte mich nicht.
»Ich denke, sie ist meiner Wut auf Gott wegen besorgt«, sagte er. »Sie hat trotz ihres Leidens und ihres bevorstehenden Todes weiterhin fest an Ihn geglaubt und ist nie wütend auf Ihn, wie ich das bin.«
Ich fragte ihn, ob er Rose in ihrer Traurigkeit helfen könnte.
Eddie saß neben ihrem Bett. »Hör gut zu, Rose«, sagte er und strich ihre Wange, während Tränen in seinen Augen schwammen. »Ich liebe Gott wirklich. Er hat uns gemeinsam ein langes und glückliches Leben gewährt. Aber ich glaube, daß Er meine Wut versteht – es ist eben, weil ich es so schrecklich finde, dich zu verlieren! Mach dir also keine Sorgen, Liebling. Wenn meine Zeit gekommen ist, wird Er uns im Himmel zusammenführen, das weiß ich!«
»Oh, Eddie!« sagte sie mit einem Lächeln.
Als sie kurz darauf starb, hielt ich den weinenden Eddie fest.
»Es ist so schrecklich für mich, sie zu verlieren! Es ist einfach so schrecklich!«
Ganz eindeutig bedurfte Rose der Versicherung, daß ihr Mann trotz seiner Wut Gott noch liebte. Aufgrund von

Eddies Worten konnte Rose an eine Wiedervereinigung in einem nächsten Leben glauben.
Beide, Bill und Rose, waren wegen ihres Wunsches nach Versöhnung »zurückgehalten« worden. Bill wollte die persönliche Versöhnung mit seinem Vater, und Roses Wunsch war es, sicher sein zu können, daß die geistige Verbindung ihres Mannes mit Gott durch seine Wut nicht gestört war.

Die wichtigste Botschaft dieses »Zurückgehaltenwerdens« lautet: »Ich brauche etwas.« Selbst für kurze Augenblicke können Sterbende die Menschen um sich herum drängen, die Situation zu prüfen und zu beschaffen, was vermißt wird. Die Lösung des Problems kann dem Sterbenden den Weg für einen friedlichen Tod bereiten.

Kapitel dreizehn

Nonverbale Kommunikation: »Mein Handeln spricht für mich.«

Sterbenden Menschen steht noch eine andere Kommunikationsform als die des Gesprächs zur Verfügung. Ihr Verhalten und Handeln sind ein weiterer Weg, uns zu zeigen, was sie erleben. Nicht selten können wir sie dabei beobachten, daß sie nach etwas oder jemandem greifen, das oder der für uns unsichtbar ist, daß sie ihm zulächeln, winken, nicken oder auch mit ihm sprechen. Vielleicht zupfen sie am Bettlaken, als ob sie jemanden vertreiben wollten, oder versuchen aus dem Bett zu steigen. Die Person ist dabei in der Regel nicht verängstigt, hat aber oft einen Blick der Verwunderung, des Erkennens, der Freude oder der Irritation.

Obwohl diese Handlungen Außenstehenden unangemessen erscheinen und häufig als Verwirrung interpretiert werden, zeigen sie doch an, daß die Person etwas erlebt. Dieses »Etwas« ist Teil des Todesbewußtseins und das Verhalten ein nonverbaler Weg, Erfahrungen über das Sterben mitzuteilen, darüber, daß sterbende Menschen nicht allein sind und daß andere, die bereits gestorben sind, sich mit ihnen treffen. Das Wiedersehen muß sich nicht auf Menschen beschränken, mit denen der Sterbende eine lange Verbindung hatte, oder auf erst vor kurzem Verstorbene; es kann vielmehr mit jedem anderen ebenso stattfinden. Die Gesten des Sterbens ermöglichen uns einen kurzen Einblick in jene Dimension, die außerhalb des Lebens, das wir kennen, liegt, und zeigt uns, daß wir aus diesen Begegnungen und den Mitteilungen darüber Trost schöpfen können.

Brad, heiter, gutaussehend und von freundlichem und höflichem Wesen, war ein begabter Texter in einer großen Werbeagentur. Er war erst dreißig und viel zu jung, um schon ans Sterben zu denken, aber er hatte sich mit Aids infiziert, und sein Weg war in vieler Hinsicht typisch für die Anfänge dieser Epidemie.

Brad und Adam, der seit über sechs Jahren sein Partner war, wohnten gemeinsam in einem kleinen, wunderschön ausgestatteten Haus in einer Stadt Tausende von Meilen von Brads Familie in Kanada entfernt. Obwohl Brad dort vor zehn Jahren alles aufgegeben hatte, stand er in engem Kontakt mit seinen Eltern und seinem Bruder Lee, einem Werbegraphiker aus Quebec. Er rief jede Woche zu Hause an und fuhr jedes Jahr zu Weihnachten hin, immer darauf bedacht, seine sexuelle Veranlagung und den Grad seiner Zuneigung zu Adam zu verheimlichen.

»Sie hatten keine Ahnung von unserem Verhältnis und davon, wie krank Brad war«, erzählte mir Adam. »Er kämpfte jahrelang mit sich, wie und wann er seiner Familie gestehen sollte, daß er homosexuell war. Es sind wirklich wunderbare, liebevolle Menschen, aber für ihn war es qualvoll. Er befürchtete, die Wahrheit würde ihnen das Herz brechen.«

Als Brad zunächst an den typischen Infektionen, die häufig mit Aids einhergehen, erkrankte, spielte er sie seinen Eltern gegenüber in den wöchentlichen Telefonaten herunter. Mit jedem Problem, über das Brad berichtete, sorgten sie sich aber mehr.

»Es kam mir komisch vor, daß er so oft krank war«, sagte sein Vater später. »Er war immer ein strammer, gesunder junger Mann gewesen.«

Als sein Chef herausfand, daß Brad Aids hatte, feuerte er ihn und behauptete, es sei notwendig, die Belegschaft zu verringern. Der Rausschmiß hatte den Verlust des Einkommens und der Krankenversicherung zur Folge.

»Können Sie sich das vorstellen?« sagte Adam mit wachsender Wut. »Brad war acht Jahre lang einer ihrer besten Angestellten. Was hat das mit Loyalität zu tun? Natürlich leugneten sie jegliche Diskriminierung ihm gegenüber seiner Krankheit oder sexuellen Veranlagung wegen. Wir dachten daran, einen Rechtsanwalt einzuschalten, um zu erfahren, wie wir dagegen vorgehen könnten, aber wir hatten ganz einfach nicht das Geld, und Brad wurde zu krank, um sich auch noch damit belasten zu wollen. Außerdem wären wir stadtbekannt geworden.«

Adam, ein angesehener Sportreporter für eine der Lokalzeitungen, konnte weder Brad von seiner Krankenversicherung profitieren lassen, noch konnte er sich krank schreiben lassen, um Brad zu versorgen. Alles, was er tun konnte, war, so viele Überstunden wie möglich zu machen, um dadurch die Rechnungen bezahlen zu helfen. Hinzu kam die aufwendige Krankenpflege für den Freund.

»Seine Rechnungen waren unglaublich hoch«, sagte Adam. »Die Kosten alleine für eines seiner Medikamente – AZT – sind atemberaubend! Ich bat ihn dringend, seinen Eltern gegenüber ehrlich zu sein und um ihre Hilfe zu bitten, aber er wollte nicht.«

Als Weihnachten näher kam und eine Lungenentzündung Brad daran hinderte, nach Hause zu fahren, wurde ihm die Sache aus der Hand genommen. Sie vermißten ihren jüngeren Sohn, sorgten sich um ihn und entschlossen sich, ihn mit einem Besuch zu überraschen. Sie unternahmen die weite Reise und klopften an Brads Tür, um dann einem zweifachen Schock ausgesetzt zu werden.

»Als sie das Wort Aids hörten, entstand eine fassungslose Stille, die eine Ewigkeit anzuhalten schien«, sagte Adam.

»Schließlich stand Brads Vater auf und sagte zu seiner Frau: ›Ich brauche etwas frische Luft. Begleitest du mich?‹ Sie gingen zusammen weg.

Es zerriß mir das Herz Brads *und* seiner Eltern wegen«, sagte er. »Es muß schrecklich für sie gewesen sein, und ich weiß, daß Brad fürchtete, sie könnten nie mehr zurückkommen. Aber zwei Stunden später kamen sie zurück, ihre Gesichter vom Weinen geschwollen. Es war so traurig. Sie umarmten uns und sagten: ›Wir würden gerne bleiben und helfen, wenn es euch beiden recht ist.‹ Ich kann Ihnen kaum sagen, wie erleichtert ich war. Auch Brad war tief gerührt.

Die nächsten Tage wurden damit verbracht, das Arbeitszimmer umzuräumen, um Platz für Brads Eltern zu schaffen. Der Vater rief seine Geschäftspartner an und erklärte ihnen, daß er auf unbestimmte Zeit fehlen würde. Die Mutter vereinbarte mit Nachbarn in Kanada, daß sie das Haus beaufsichtigten und die Post weiterleiteten. Als Lee von den Plänen seiner Eltern erfuhr, bot er an, Brad am folgenden Wochenende weitere Kleidung und einige Kunstwerke für seine Schlafzimmerwand zu bringen.

Aber manchmal sind die Liebe und Unterstützung einer Familie nicht genug. Brads Verfassung veränderte sich rapide. Er konnte den Weg zu seinem Arzt nicht länger auf sich nehmen. Der Arzt ermutigte Adam und Brads Eltern, die Hospizpflege für zu Hause in Erwägung zu ziehen. Sie stimmten zu.

»Brad ist jetzt so krank, daß er nicht mehr allein gelassen werden kann«, sagte mir Adam bei meinem ersten Besuch. »Ich weiß nicht, was wir getan hätten, wenn seine Eltern nicht angeboten hätten zu bleiben. Aber wir brauchen alle Hilfe und Rat, wie wir für ihn sorgen können.«

Brad wurde kurz darauf bettlägerig und konnte überhaupt nichts mehr für sich tun. Das Aids-Virus erreichte sein

Gehirn. Verwirrt, unfähig zu sprechen und nahezu taub, fixierte er mit seinen großen braunen Augen jeden, der in seiner Nähe war, und verfolgte ihn mit einem so eindringlichen Blick, als hätte er etwas Wichtiges zu sagen.
Wir sprachen immer mit ihm, erklärten alles, was wir taten, und gingen davon aus, daß er uns hören und verstehen konnte. Er reagierte kaum, aber wir hatten den Eindruck, daß er sich aller Dinge und Personen um ihn herum bewußt war.
Wochen und Monate vergingen, meine Zuneigung zu Brads Eltern wuchs. Nie hinterfragten sie etwas oder zeigten Wut über diese Tragödie. Sie liebten ihren Sohn einfach und kamen freundlich und unermüdlich jedem seiner Bedürfnisse nach. Gegenseitiger Respekt und Liebe entstanden auch zwischen ihnen und Adam, als sie bei der Pflege für Brad zusammenarbeiteten.
Er wurde immer schwächer, konnte nicht mehr schlucken und erhielt intravenös verabreichte Infusionen. Wir waren besorgt, daß diese Infusionen vielleicht Brads Leiden und Sterben verlängern könnten, nicht aber die Qualität seines Lebens verbesserten.
Der Arzt erklärte Brads Eltern, daß die Infusionen seinen Tod um ein paar Tage hinauszögern könnten, daß er aber auch nicht mehr wirklich davon profitieren würde, sondern daß die zusätzliche Flüssigkeit Brads schwachen Blutkreislauf belasten könnte, und empfahl, die Behandlung abzusetzen. Brads Eltern und Adam mußten eine Entscheidung über diese sehr schwerwiegende Veränderung treffen.
Das menschliche Bedürfnis, zu pflegen, ist sehr ausgeprägt. Wir fühlen uns wohl, wir feiern und belohnen uns selbst – und die Menschen, die uns nahestehen – mit Essen und Trinken. Für Eltern ist dieses Bedürfnis von äußerster Bedeutung, gleich welchen Alters ihre Kinder sind. Die Kinder mit Nahrung zu versorgen ist wesentlicher Teil der elterlichen Auf-

gabe. Die Nahrung zurückzuhalten vermittelt das Gefühl, als würden Liebe und Pflege - diese elementaren Aspekte der Elternschaft - verweigert. Selbst wenn sterbende Menschen nicht mehr in der Lage sind, zu essen und zu trinken oder sich durch Infusionen zu regenerieren, wird also für Familien und Freunde die Frage nach dem Abstellen der Nahrungszufuhr zur Qual.

Brads Eltern wollten die Versorgung nicht abbrechen. Adam und der Arzt trugen die Entscheidung mit. »Es ist schwer genug für sie«, sagte der Arzt. »Die Zufuhr in kleiner Menge fortzusetzen macht für Brad kaum einen Unterschied, aber es hilft seinen Eltern. Dann soll es auch so sein.«

Als ich einige Tage später wieder einen Besuch machte, sah Brad mich überhaupt nicht an. Trotz vielfacher Versuche konnte ich seine Aufmerksamkeit nicht erreichen. Seine Augen waren starr auf den Infusionsbehälter gerichtet, der an der Stange über seinem Bett hing.

»Brad, ich weiß, daß dies schwer ist für Sie«, sagte ich und hielt seine Hand. »Ich wette, Sie haben wirklich von all dem genug und wünschten, es wäre vorbei. Sie sehen so aus, als würden Sie diese Infusionen sehr wütend machen, aber wir lassen sie so langsam wie möglich tropfen, um Ihre Qualen nicht in die Länge zu ziehen. Ihre Eltern wollen die Infusionen nicht stoppen, weil sie Sie so sehr lieben. Es ist eine zu schwierige Entscheidung für sie.«

Als ich zu sprechen aufhörte, wendete Brad seinen Blick vom Infusionsbehälter weg zu der Wand, die seinem Bett gegenüber lag und an der Lee einige Monate zuvor eine Kohlezeichnung aufgehängt hatte. Er sah das Bild intensiv an. Ich hatte ihm bis dahin nicht sehr viel Aufmerksamkeit geschenkt, aber an diesem Tag war seine Symbolik bestechend.

Lee hatte in einer Licht- und Schattenstudie eine alte Steinbrücke gezeichnet, die sich über einen dunklen Bergtunnel

spannte, an dessen weit entferntem Ende ein glänzendweißes Licht leuchtete.
Viele Menschen berichten, daß sie während des Erlebens direkter Todesnähe auf ein wunderbar strahlendes Licht zugehen. Ich ergriff wieder Brads Hand und streichelte sie. »Brad, wenn Sie bereit sind zu gehen, so ist das in Ordnung«, sagte ich. »Ich werde Adam und Ihren Eltern erklären, was ich denke, daß Sie uns mitteilen wollen.«
Wir versammelten uns um sein Bett, und ich erläuterte ihnen meine Interpretation von Brads Verhalten. Indem er auf das Bild sah, versuchte er uns mitzuteilen, daß der Zeitpunkt für seine Reise gekommen war. Tränenüberströmt umarmten und küßten sie ihn und gewährten ihm zu gehen.
»Wir lieben dich, und wir werden dich sehr vermissen, Brad«, sagte Adam. »Aber du hast lange genug gekämpft, und wir können damit fertig werden, daß du gehst, wann immer du gehen mußt.« Brad schloß die Augen und entspannte sich.
Während der folgenden beiden Tage wechselte er zwischen tiefem Schlaf und Perioden eines »glasigen« Zustandes, bei dem er durch uns hindurch auf etwas zu blicken schien, das wir nicht sehen konnten. Lee wurde gebeten zu kommen. Jeder war unruhig, lief in Brads Zimmer und wieder hinaus. Man wechselte sich ab, auszuruhen und neben ihm zu sitzen. Alle streichelten ihn und murmelten sanfte, beruhigende Worte. Aus tiefem Schlaf fiel er in ein kurzes Koma, das kaum zu bemerken war. Dann starb er ruhig, mit den Menschen um sich herum, die er liebte.
Bei Brads Beerdigung sagte Lee: »Wir wuchsen so eng miteinander auf, daß wir fast die Gedanken des anderen lesen konnten. Deshalb hat es viel für mich bedeutet, daß er uns durch mein Bild mitgeteilt hat, daß er bereit war zu gehen. Ich habe das Gefühl, als hätte ich ihm zu sprechen geholfen, zu einem Zeitpunkt, als er es selbst nicht mehr konnte.«

Zwar war er nicht mehr in der Lage zu sprechen, dennoch konnte Brad seine Empfindung mitteilen, daß der Tod nah war. Und nachdem sie seine nonverbale Botschaft verstanden hatten, konnten alle um ihn herum ihm die Einwilligung geben, die er brauchte, um zu gehen. Gleichzeitig waren sie selbst damit auf seinen Tod vorbereitet.

Bei einem unserer letzten Workshops erzählte uns ein Mann mittleren Alters, daß seine Mutter ein Jahr vorher gestorben war. Ein Schlaganfall ließ sie in einem mehrwöchigen Koma liegen. Aber kurz vor ihrem Tod wachte sie für einige Augenblicke auf, lächelte sehr glücklich und griff nach etwas Unsichtbarem. Sie legte ihre Arme ineinander und sah freundlich hinunter, als ob sie ein Baby wiegen würde. Sie starb in dieser Haltung und mit einem Blick voller Glück auf dem Gesicht.

Hinter dieser rührenden Szenerie liegt eine Geschichte. Der Mann erklärte, daß das erste Kind seiner Mutter Augenblicke nach der Geburt gestorben war. Sie hatte noch fünf Kinder gehabt, die alle erwachsen wurden.

»Wir wußten, daß Mutter ein Kind verloren hatte, aber wir sprachen nie darüber«, sagte er. »Aus dem Blick auf ihrem Gesicht konnte ich sicher schließen, daß sie starb und das Baby wieder im Arm hatte!«

Das Wissen, daß ein sterbender Mensch vielleicht ein Wiedersehen mit jemandem erfährt, den er geliebt hat, bestärkt unsere Hoffnung, daß Liebe und wichtige Beziehungen über den Tod hinaus wirken. Viele Familien entnehmen dem Gedanken großen Trost, daß ein Mensch, den sie geliebt haben, während des Sterbens und nach dem Tod nicht allein ist, daß er vielmehr in Begleitung eines geistigen Wesens, vielleicht des Allmächtigen, sein kann.

Während all ihrer Ehejahre lagen Alan und Margaret im Streit miteinander. Als ich sie zum ersten Mal traf, stritten sie über die Suppe, die sie für ihn zum Mittagessen gekocht hatte.

»Es ist die selbstgemachte Gemüsesuppe, die er so gerne mag«, sagte Margaret. »Heute morgen wollte er sie unbedingt. Also bin ich einkaufen gegangen und habe den ganzen Vormittag damit zugebracht, sie zuzubereiten. Aber er hat nur einen Löffel davon probiert und gesagt, er sei nicht hungrig. Können Sie sich das vorstellen?«

Ich erklärte, daß schwindender Appetit Teil vieler Krankheiten sei, ganz besonders des Krebses, an dem Alan leide.

»Daran habe ich nicht gedacht«, sagte sie, »dann ist ja alles in Ordnung. Ich hatte einfach den Eindruck, daß er mir das Leben schwermachen wollte!« Sie lachte und beugte sich hinüber, um Alan kurz zu umarmen.

Ich merkte schnell, daß Auseinandersetzung und körperlicher Kontakt die bevorzugten Mittel der Kommunikation dieses Ehepaares waren. Wann immer Alan und Margaret sich nahe genug waren, sich zu berühren, so taten sie es. Sie hielten sich an den Händen oder umarmten sich, sogar dann, wenn ich Alan untersuchte oder ihn nach seinen Symptomen befragte. Nicht selten, wenn ich hinkam, fand ich Margaret im Bett neben Alan gekuschelt vor, die ihm vorlas oder gemeinsam mit ihm fernsah.

Dennoch war alles und jedes Auslöser für einen Streit. Sie stritten sich darüber, ob Alan aufstehen sollte oder nicht, ob er seine Medikamente mit Eiscreme oder Apfelmus einnehmen sollte, welches Fernsehprogramm das interessantere wäre. Als ich darauf zu sprechen kam, sagte Margaret: »Wissen Sie, wir waren immer so. Ich liebe ihn wirklich und weiß, daß er mich liebt, aber wir mögen es beide zu streiten. Es ist nie böse gemeint und oftmals noch nicht einmal ernst.

Manchmal habe ich den Eindruck, es ist unser Weg, uns nahe zu bleiben, obwohl ich mir vorstellen kann, daß es auf andere Leute vielleicht ein bißchen merkwürdig wirkt.
Einmal habe ich versucht, damit aufzuhören«, sagte sie. »Als er krank wurde, sagte ich ihm, daß wir von jetzt an alles tun würden, was *er* wolle, aber er meinte: ›Hör zu, du brauchst nicht nur deshalb nett zu mir zu sein, weil ich sterben werde! Wenn du aufhörst, mit mir aneinanderzugeraten, habe ich das Gefühl, ich sei schon tot! Außerdem liebe ich dich genauso, wie du bist.‹ Also bin ich dabei geblieben – aber ich lasse ihn jetzt immer gewinnen!«
Margaret war sehr unglücklich, daß Alan nicht an ein Leben nach dem Tod glaubte. »In all den Jahren, die wir jetzt verheiratet sind, sind wir uns in diesem Punkt uneinig«, sagte sie. »Ich gehe jede Woche zur Kirche, aber er kommt nie mit. Er sagt, er wisse, daß das Ende da ist, wenn er stirbt, und das ist in Ordnung für ihn. ›Ich hatte ein gutes Leben‹, sagt er zu mir. ›Ich weiß, daß du mich nicht vergessen wirst. Also lebe ich in deiner Erinnerung fort.‹
Ich glaube aber nicht, daß das genügt«, sagte Margaret. »Ich wünschte, er könnte so denken wie ich, aber er will noch nicht einmal darüber diskutieren.«
Alan erörterte nie religiöse Fragen, stritt nicht einmal mit seiner Frau darüber. Er lehnte alle Angebote bezüglich Gebeten ab und schien mit sich selbst im reinen zu sein.
Während seiner letzten Lebenstage lag Alan im Koma, sprach nicht und reagierte auf niemanden, nicht einmal auf Margaret, als sie sich an ihn schmiegte.
Eines Morgens, als Margaret und ich gerade bei ihm waren, veränderte sich Alans Atmung. Er öffnete die Augen und sah in die äußerste Ecke des Zimmers. Er lächelte, als ob er jemanden erkennen würde, setzte sich im Bett auf und streckte seine Arme aus. So saß er für einige Minuten da,

schloß dann die Augen wieder, ließ die Arme langsam sinken, legte sich zurück und starb. Margaret war von Ehrfurcht ergriffen.

»Ich hatte gehofft, er würde einfach aufhören zu atmen und sanft sterben, und so war es auch, aber das …«, sagte sie und schüttelte den Kopf. »Es war, als ob er jemanden gesehen und zu umarmen versucht habe. Wen hat er gesehen? Konnte es Jesus gewesen sein? Haben Sie so etwas schon einmal erlebt?«

Ich berichtete ihr von ähnlichen Szenen, denen ich beigewohnt hatte, und wir sprachen darüber, was Alan gesehen haben könnte. Später, als die Leichenbestatter Alans Körper abgeholt hatten, tranken Margaret und ich noch eine Tasse Tee zusammen, als sie plötzlich auflachte.

»Na, diesen Streit habe ich gewonnen, nicht wahr?« sagte sie. »Ich habe ihm immer gesagt, daß wir uns wiedertreffen würden, und er meinte, das könnte nicht sein, weil es nach dem Tod nichts gäbe. Aber er hat mit Sicherheit etwas gesehen, was wir nicht sahen, und er ist jetzt anderswo. Deshalb wird er auf mich warten, bis ich gehe, und dann werde ich zu ihm sagen: ›Na, hab' ich's nicht gewußt?‹ Meinen Sie, wir können im Himmel bis in alle Ewigkeit streiten?«

Dieses Sehen, Lächeln oder Greifen nach jemand für uns Unsichtbarem ist die nonverbale Form jener Botschaften, wie wir sie in Kapitel sieben »Jemanden gewahren, der nicht lebt« beschrieben haben. Gemeinsam sind beiden Arten des Erlebens die Verwunderung, das Erkennen und die Freude, welche die Sterbenden zum Ausdruck bringen.

Karen

Mehrere Jahre nach Alans Tod hörte ich von Karen, die als Lehrschwester unserer Teambesprechung beigewohnt hatte, als ich berichtete, was mit Alan geschehen war. Sie war umgezogen, rief mich aber an, um mich über die Ereignisse zu informieren, die sich beim Tod ihrer Mutter kurz vorher zugetragen hatten. Ihre Familie hatte es fertiggebracht, sie bis kurz vor ihrem Tod zu Hause zu behalten. Dann war sie ins Krankenhaus gekommen, wo sie drei Tage später starb. Ihr Tod war erwartet worden, die Familie hatte sogar gehofft, daß sie bald sterben würde, weil sie empfanden, daß die Mutter genug gelitten hatte. Sie waren aber schockiert, als sie erfuhren, daß sie aus dem Bett gefallen und tot auf dem Boden vorgefunden worden war.

»Sie können sich vorstellen, wie wir uns gefühlt haben«, sagte Karen zu mir. »Mein Vater weinte und machte sich schwere Vorwürfe, daß er nach Hause gegangen war. Er meinte, es wäre nicht passiert, wenn er dort geblieben wäre. Meine Schwester und ich sind schier wahnsinnig geworden vor Schuldgefühlen. Sie ist auch Krankenschwester, und natürlich machten wir uns Vorwürfe, daß wir sie nicht zu Hause behalten hatten. Mein Bruder war wütend auf das Krankenhauspersonal! Wir waren alle so verzweifelt, daß die Schwester uns fragte, ob wir mit dem Geistlichen sprechen wollten, der sich als junge Frau entpuppte.

»Ich wußte genau, was mein Vater dachte: ›Wie kann dieses junge Mädchen darüber Bescheid wissen?‹ Aber sie hörte sich unsere Tiraden an, stellte einige Fragen und gab uns die Möglichkeit, etwas von unserem Schmerz und Kummer herauszulassen. Nach einer ganzen Weile sagte sie: ›Glauben Sie, daß sie versucht haben könnte, irgendwohin zu gehen, vielleicht um ihren Schöpfer zu sehen?‹

Mein Vater sah fassungslos aus, mein Bruder war skeptisch, aber ich erinnerte mich sofort an die Geschichte, die Sie damals von Alan erzählt haben«, sagte Karen. »Ich berichtete ihnen davon. Die Geistliche nickte und beschrieb andere Situationen, die sie erlebt hatte, als sterbende Menschen die

Augen geöffnet, gelächelt und versucht hatten, nach etwas oder jemandem zu greifen. Meine Schwester, die schon viel länger Krankenschwester ist als ich, erinnerte sich, daß sie ein ähnliches Verhalten auch schon beobachtet hatte.
Es war so interessant zu sehen, wie anders wir alle dann Mutters Sturz empfanden. Nun denken wir nicht mehr so sehr über ihr Bemühen nach, aus dem Bett zu steigen sondern vergegenwärtigen uns, daß sie bereit war zu sterben, und daß sie sehr gläubig war. Wir sehen sie zu ihrem Gott heimgehen.«

Kurz vor ihrem Tod und in der Regel ohne Vorankündigung können manche Menschen eine ungewöhnliche Energie aufbringen. Unglücklicherweise nutzen einige diese Energie, um aus dem Bett zu steigen, und können dann stürzen. Die Familie empfindet dann ein ungeheures Maß an Schuld und hält unter Umständen den Sturz für die Todesursache. Ein erschrockenes und tränenüberströmtes Familienmitglied sagt vielleicht: »Dad ist gerade gestorben. Er versuchte aufzustehen und fiel auf den Boden! Wir waren immer bei ihm, ich ging nur eben in die Küche, um Kaffee zu holen. Es ist schrecklich. Es ist meine Schuld; wenn ich dagewesen wäre, wäre es nicht passiert! Wie konnte das nur geschehen? Er war halb bewußtlos, hatte in den letzten zwei Tagen kaum geantwortet, hatte noch nicht einmal die Kraft, ein Glas Wasser zu halten. Er war zu schwach, sich selbst zu bewegen! Wie konnte er über das Bettgeländer steigen? Ich verstehe das nicht! Wie soll ich damit fertig werden?«
Aber anstatt vom Schlimmsten auszugehen, ist es besser, einige Fragen zu stellen: Was haben die sterbenden Menschen zu tun versucht? Haben sie – unsichtbar für uns – jemanden oder einen Ort gesehen? Haben sie versucht, dorthin zu gelangen? Hat sie jemand gerufen, den wir nicht hören konnten?

Wir wollen damit ganz sicher nicht sagen, daß es in Ordnung ist, wenn todkranke Menschen aus dem Bett fallen. Aber niemand kennt die Gründe für dieses Phänomen, in den letzten Augenblicken des Lebens nach etwas zu greifen oder etwa aus dem Bett zu steigen. Der Sturz selbst hat den Tod vielleicht gar nicht verursacht; der Kranke wäre vielleicht ohnehin zu diesem Zeitpunkt gestorben, und der Sturz war unter Umständen nur die Reaktion auf etwas, das er während des Sterbens erlebte.

Familienangehörige sollten das bedenken und sich nicht mit Selbstvorwürfen für Ereignisse quälen, die außerhalb ihrer Verantwortlichkeit liegen. Sterbende Menschen können einen letzten Ausbruch an Energie an den Tag legen. Es lohnt sich deshalb immer, nach verborgenen Bedeutungen hinter dem Sturz eines Sterbenden zu suchen, damit wichtige Botschaften, die auf diese Art der nonverbalen Kommunikation übermittelt werden, nicht verlorengehen.

Kapitel vierzehn

Symbolische Träume: »Ich habe geträumt ...«

Träume können faszinierend sein. Menschen kommunizieren über ihre Träume mit sich selbst, ihr Unterbewußtsein macht das bewußte Selbst auf etwas aufmerksam.

Menschen, die das Todesbewußtsein entwickeln, wissen, daß sie nicht träumen, wenn sie einen Ort oder ein Wesen sehen, die für andere unsichtbar sind. Träume können aber dienlich sein, über den zweiten Aspekt des Todesbewußtseins Auskunft zu geben, darüber nämlich, was sie brauchen, um in Frieden sterben zu können.

Wir sind keine Experten der Traumdeutung, wir haben aber beachtliche Erfahrung darin, Menschen zuzuhören, wenn sie Träume erzählen, und wissen, daß sie häufig von großer Bedeutung sind.

Die Träume von jemandem, der eine unheilbare Krankheit erleidet, beziehen sich oft auf starke Gefühle und beinhalten Hinweise auf Bedürfnisse und Empfindungen. Hören wir aufmerksam zu, so können wir den Menschen dabei helfen, diese Bedürfnisse und Empfindungen aufzudecken und manchmal auch Lösungen zu finden.

Becky

Becky, eine Reporterin, die in der Washingtoner Redaktion einer großen Zeitung arbeitete, war vierunddreißig. Sie lebte mit ihrem Ehemann Joel zusammen. Beide hatten zwei große Hunde, die mich immer ins Schlafzimmer begleiteten und alles, was ich tat, »beaufsichtigten«, wie Becky sagte.

Ging ich mit Joel ins Arbeitszimmer oder zum Telefon in der Küche, war immer einer der Hunde bei mir. Der andere stand Wache am Fuß von Beckys Bett.

Becky war eine warmherzige, schlagfertige Frau, deren Sinn für Humor sogar dann noch erhalten blieb, als ihre Energie schon merklich zu schwinden begann. Sie wußte, daß sie sterben würde.

»Ich weiß, daß die Dinge nicht besonders vielversprechend für mich aussehen«, sagte sie. »Mein Arzt drängt mich seit Wochen, daß ich das Hospiz anrufen soll. Ich nehme an, es gibt nichts mehr, was für mich getan werden kann.«

Sie erzählte, daß ihre Zurückhaltung anzurufen damit zusammenhing, daß sie befürchtete, über das Sterben sprechen zu müssen.

»Ich könnte einen Artikel über das Sterben anderer Menschen schreiben. Ich würde alles über sie herausfinden, wie sie sich fühlen, was sie tun. Aber wenn es um mich geht, möchte ich über nichts dergleichen sprechen.«

»Wir versuchen, diese Zeit so angenehm wie möglich zu gestalten«, sagte ich. »Wenn Sie über das Sterben reden wollen, stehe ich Ihnen zur Verfügung. Aber ich werde Sie nicht zwingen, über etwas zu sprechen, worüber sie nicht sprechen wollen.«

»Dann lassen Sie uns nicht darüber reden, lassen Sie uns einfach eine gute Zeit haben!« sagte sie. »Ich glaube, wir werden gut miteinander auskommen. Ich sehe schon, die Hunde billigen Sie!«

Ich lachte. Einer der Hunde seufzte laut und setzte sich auf meinen Fuß, der andere lehnte seinen zotteligen goldenen Kopf an meinen Rock.

»Gut«, sagte sie. »Schon haben wir Gelächter statt Tränen!«

Wir mochten uns bald sehr gern. Sie stellte häufig allgemeine Fragen über andere sterbende Menschen und sagte dazu:

»Ich stelle diese Fragen ganz im Vertrauen. Ich brauche einfach etwas Hintergrundinformation.«

Ungefähr einen Monat nachdem ich mit meinen Besuchen begonnen hatte, bemerkte ich eine Veränderung an Becky. Joel geleitete mich ins Schlafzimmer und ließ mich dann mit ihr allein.

»Ich gehe besser«, sagte er. »Becky hat etwas auf dem Herzen, worüber sie mit Ihnen sprechen möchte.«

Becky sah sehr ernst aus. Sie klopfte auf das Bett, weil ich mich neben sie setzen sollte. Dann nahm sie meine Hand.

»Ich muß Ihnen von meinem Traum erzählen, den ich in der letzten Nacht hatte – ich nehme an, es war ein Traum. In der Regel kann ich mich an Träume nicht erinnern, aber dieser war so wirklich«, sagte sie. »Ich hatte einen Traum ... Ich hatte einen Kassettenrecorder ... Ich sollte jemanden interviewen, aber ich wußte nicht, wer es war. Der Recorder lief immer weiter ... aber es wurde gar nichts gesagt, und ich war ganz durcheinander.«

Sie schwieg für eine Minute oder zwei und sagte dann: »Ich war mir plötzlich im klaren darüber, daß ich Frank Reynolds (einen vor kurzem gestorbenen Nachrichtensprecher) interviewen sollte und daß mir nichts einfiel, was ich ihn hätte fragen können. Ich wachte auf und war sehr verärgert darüber, daß das Band auslaufen würde und ich ihn immer noch nichts gefragt hatte. Was, glauben Sie, hat das zu bedeuten?«

»Ich habe das Gefühl, daß Sie selbst etwas dazu sagen können«, sagte ich. »Können Sie mir erzählen, was Sie dazu meinen?«

»Ich scheine nicht in der Lage zu sein, heute auch nur irgend etwas zu erzählen«, sagte sie. »Können Sie mir helfen?«

»Was haben Sie von Frank Reynolds gehalten?«

»Na ja, er war einer der Besten«, sagte sie. »Er war so professionell, so gut vorbereitet, aber er war auch von sehr angenehmem Äußeren.«

»Mir scheint, daß, wenn es etwas gab, das Sie wissen wollten, und Sie überhaupt jemanden um eine Antwort bitten würden, er derjenige gewesen wäre«, sagte ich. »Ist das möglich?« Beckys Augen funkelten. »Nun, er war der Beste«, sagte sie mit einem Lächeln. »Ich möchte immer den Besten.«
»Und worüber hätten Sie Frank Reynolds gerne befragt?« sagte ich.
»Das müssen Sie mir sagen«, antwortete sie. »Mir verschlägt es plötzlich die Sprache.«
»Vielleicht denken Sie über das Sterben nach und wie es sein wird«, sagte ich. »Er ist erst vor kurzem gestorben, also sollte er in der Lage sein, Ihnen darüber zu berichten. Er ist jemand, den Sie respektieren, deshalb liegt Ihnen so viel an der Möglichkeit, von ihm zu erfahren, wie das alles ist. Wenn Sie Angst haben vor dem Sterben, stellt dann ein Interview mit ihm eine Möglichkeit dar herauszufinden, ob es dabei etwas gibt, wovor man sich fürchten muß?«
Becky war für einige Minuten ruhig, hielt nur meine Hand. »Aber jetzt träume ich nicht, und er ist nicht hier«, sagte sie, ihre Stimme verlor sich, und sie blickte mich ruhig und ernst an.
»Darf ich versuchen, Ihnen einige Antworten zu geben?« fragte ich.
»Ja, aber ich kenne die Fragen nicht.«
Ich bat sie, mich jederzeit zu unterbrechen, wenn sie wollte, und fing an, über den Tod zu reden. Ich beschrieb, wie die Menschen in der Regel immer schwächer wurden, in ein Koma fielen, aufhörten zu atmen und starben. Ich fragte sie, ob sie noch mehr darüber hören wollte. Sie nickte. Ich erzählte ihr, wie ich mir ihren Tod vorstellte – wahrscheinlich ein ähnliches Hineingleiten in ein Koma und ein sanfter Tod. Ich erwähnte, daß sich viele Menschen vor dem Tod fürchten, weil sie nicht viel darüber wüßten. Ich erzählte ihr

von den speziellen Ängsten, besonders vor dem Leiden. Ich erklärte Becky, daß ihre Schmerzen wahrscheinlich anhalten würden, wir sie aber unter Kontrolle hätten wie bisher. Dann sagte ich, daß sich viele Menschen Gedanken darüber machten, was nach dem Tod käme.

»Nein, das ist es nicht«, meinte Becky.

»Vielen Dank, jetzt fühle ich mich besser«, sagte sie einige Minuten später. »Dieser Traum war das größte Interview in meinem Leben, und ich dachte schon, ich hätte es vermasselt, aber schließlich habe ich alle Informationen bekommen. Würden Sie das bitte Joel erklären?«

Becky sprach nie wieder über den Tod. Unser Gespräch über ihren Traum schien zu helfen, ihre Fragen zu beantworten und ihre Ängste zu mildern.

Die Bedürfnisse der Menschen können sehr ähnlich sein, unterscheiden sich aber in der Art und Weise, wie sie ausgedrückt werden. Das gilt insbesondere für Träume.

Jenny

Jenny war neun Jahre alt und lag wegen eines Gehirntumors im Sterben. Eines Tages hatte sie einen Schlaganfall, der sie blind und gelähmt machte. Von da an verschlechterte sich ihr Zustand rapide.

Ihr Vater Matthew war Diplomat. Seine Frau Pauline und er stammten aus der gleichen kleinen Ortschaft in Ohio, hatten aber in den letzten zehn Jahren nicht sehr viel Zeit dort verbracht. Sie hatten die meiste Zeit in Übersee gelebt. Als Jenny erkrankte, wurde Matthew nach Washington zurückversetzt.

Pauline schätzte die Krankheit ihrer Tochter realistisch ein. Bei meinem ersten Besuch sagte sie: »Alles, worum ich jetzt bitte, ist, daß sie keine Schmerzen haben muß und daß sie zu Hause sterben kann.« Sie hatten sich entschlossen, Jenny die Einzelheiten ihrer Krankheit nicht mitzuteilen.

Eines Morgens zeigte ich Pauline, wie sie Jennys Haare im Bett waschen konnte. Jenny erzählte uns, daß sie in der Nacht einen Traum hatte, in dem Männer in grauen Anzügen sie zu einem großen, efeubewachsenen Haus brachten. Sie beschrieb das Haus in allen Einzelheiten - rote Ziegelsteine, polierte Holztüren, Efeuranken um die Fenster. Paulines Augen wurden feucht. Sie gab vor, noch mehr Handtücher zu benötigen, und verließ das Zimmer. Jenny fuhr fort, über ihren Traum zu sprechen, wobei ich weiter ihr Haar bearbeitete. Dann fragte ich sie, welches Gefühl der Traum bei ihr hinterlassen habe.

»Na ja, ich wußte nicht, wo ich war und wer diese Männer waren und wohin sie mich brachten«, sagte sie und sah verwirrt aus.

Kurz darauf war sie müde und legte sich zurück, um ein bißchen zu schlafen. Im anderen Zimmer fand ich Pauline und Matthew vor, weinend und einander in den Armen liegend.

»Das Haus, über das sie spricht, ist die Leichenhalle in Ohio, wohin wir ihren Körper werden bringen müssen«, erklärten sie mir. »Wir haben uns entschlossen, sie auf dem Friedhof in der Nähe meiner Eltern begraben zu lassen. Warum träumt sie davon?«

Pauline, Matthew und ich sprachen über die Bedeutung von Jennys Traum. Zunächst fragten sie sich, ob Jenny etwas mitbekommen haben konnte, als sie über die Beerdigung und Beisetzung gesprochen hatten. Dann erinnerten sie sich, daß sie von der Leichenhalle nur den Namen erwähnt, sie aber nicht beschrieben hatten. Jenny kannte die Heimatstadt der Eltern nicht so gut und war, soweit sie wußten, nie in der Leichenhalle oder auch nur in der Nähe gewesen.

Was konnte also der Traum bedeuten? Ich schlug vor, daß sie Jenny fragen sollten. Pauline war besorgt, daß Jenny bemerken könnte, wie verstört sie war, und Matthew hatte Bedenken, daß Jenny fragen könnte, ob er diesen Ort kannte. Ich schlug vor, daß wir vielleicht herausfinden könnten, welches Gefühl der Traum bei Jenny hinterließ. Erkennt man das Gefühl hinter einem Traum, so wird dadurch nicht selten die Bedeutung offengelegt.

Pauline hatte den Eindruck, daß Jenny verwirrt, nicht aber verängstigt wirkte. Konnte der Traum bedeuten, daß sie wissen wollte, was mit ihr geschehen würde? Matthew und Pauline stimmten überein, daß es einen Versuch wert sei, ihre Tochter darüber sprechen zu lassen, was sie verwirrte. Sie baten mich, den Pfarrer anzurufen, den Jenny sehr gern mochte, weil er und ich gemeinsam mit ihr sprechen sollten.

Am nächsten Tag kamen wir, um Jenny zu besuchen, und der Pfarrer fragte, wie es ihr ginge.

»Gut«, sagte sie.

»Das sagst du immer, aber mal ehrlich, wie geht es dir?« hakte er nach.

»Ich denke, es geht mir immer schlechter«, war Jennys Antwort. »Ich kann nicht sehen, mein rechter Arm und mein rechtes Bein funktionieren nicht, und das linke tut auch nicht gerade viel. Ich kann noch nicht einmal meinen Teddy halten.« Sie meinte einen ausgestopften Bären, den wir auf Jennys Kissen gelegt hatten, damit sie ihn mit ihrer Wange streicheln konnte.

»Dann hat sich also einiges verändert«, sagte ich. »Alles sieht danach aus, daß es dir schlechtergeht, stimmt's?«

Jenny nickte.

»Fragst du dich denn, was eigentlich geschehen wird?« wollte der Pfarrer wissen.

»Ich denke, ich werde sterben«, sagte sie. »Was glauben Sie?«

»Nun, nur Gott allein weiß das ganz sicher«, sagte er. »Aber von dem, was du erzählst und was ich hier sehe, kann das schon gut möglich sein. Möchtest du darüber sprechen?«

»Ja, aber ich wußte nicht, wen ich fragen konnte«, sagte Jenny. »Ich dachte, es könnte Mama und Papa traurig machen. Manchmal, wenn sie glauben, ich schlafe, höre ich sie weinen.«
»Sag uns, was du gerne wissen möchtest«, sagte er.
»Na ja, ich habe keine Angst davor, tot zu sein. Ich denke, das kann ich verstehen. Der Teil von mir, der Mama und Papa liebhat, kommt in den Himmel, das stimmt doch, oder?« sagte Jenny. »Und dann wird mein Körper beerdigt. Aber was geschieht, bevor ich sterbe, wie ist das dann für mich? Und was ist mit Mama und Papa, wird es ihnen danach gutgehen?«
Ich beschrieb ihr, was ich glaubte, das mit ihr passieren würde. Wie sie immer schwächer würde und weder sprechen, lächeln, essen oder trinken wollte und daß es ihr noch nicht mal mehr nach Atmen zumute wäre und ihre Atmung schließlich aufhören würde. Ich sagte ihr, daß es nicht weh täte, weil wir ihr immer ihre Medizin gäben, um die Schmerzen zu verringern. Sie wollte wissen, ob einer von uns schon einmal jemanden hätte sterben sehen und ob es schwierig ausgesehen hätte. Wir sagten, daß es uns so vorkäme, als sei es einfach, und daß sterbende Menschen manchmal Verwandte oder Freunde um sich zu haben schienen, die schon vorher gestorben wären.
»Keine Engel?« sagte sie. »Kann ich nicht einen Engel haben?«
Der Pfarrer lachte. »Jenny, wenn du einen Engel haben willst, so bin ich ganz sicher, daß du einen haben wirst«, sagte er.
Jenny lebte noch zwei Monate und starb dann so, wie wir es erwartet hatten.
Danach sprachen Pauline und Matthew über Jennys Traum. Weil sie ihn verstanden hatten, wußten sie auch, was Jenny brauchte. Als sie starb, war sie bemerkenswert furchtlos, und ihre Eltern waren sicher, daß das Gespräch mit dem

Pfarrer und mir ihre Ängste verringert hatte. Pauline sagte: »Ich denke, ich werde den Teddy zu Jenny in den Sarg legen. Aber ich weiß ohnehin, daß sie nicht einsam ist. Ich bin sicher, sie hat schon einen Engel gefunden.«

Die Gefühle identifiziert zu haben - bei Becky Frustration und bei Jenny Verwirrung - führte zum gleichen Bedürfnis, nämlich dem nach Informationen, die wir ihnen auch geben konnten. Manche Umstände aber verhindern es, daß den letzten Bedürfnissen eines Sterbenden entsprochen werden kann.

Lawrence

Lawrence war achtundsechzig und lag auf einer Hospizstation im Sterben. Er erzählte mir seinen Traum, als ich ihm seinen Rücken massierte, was Teil seines Abendrituals war - ein warmer Waschlappen für das Gesicht und die Hände, eine Zahnbürste und Mundwasser und eben eine Rückenmassage.

»Es nimmt die Steifheit in meinem Rücken, so bin ich entspannter und kann besser schlafen«, sagte er.

Obwohl es ihn mit Sicherheit entspannte, hatte es aber selten zur Folge, daß er tatsächlich schlief. Statt dessen schien es ihn zu ermuntern, manchmal stundenlang über Probleme zu reden, die er bei Tag nie angesprochen hätte.

»Ich hatte so einen lebhaften Traum«, sagte er. »Ich war in einem Zirkuszelt und schwang hoch oben an einem Trapez. Unten konnte ich eine Menge Leute sehen, die redeten und lachten, es gab Musik und wunderschöne Transparente. Aber ich schwang immer weiter und weiter. Ich wußte, daß ich das Trapez loslassen konnte und einfach weiter dort hinausfliegen würde, was auch immer da war. Dort draußen war es kalt und dunkel, einsam und leer - es gab nichts.«

Wir sprachen über die Bedeutung, die er in diesem Traum sah.
»Na ja, unten im Zelt spielte sich das ab, was das Leben ausmacht«, sagte er. »Da sind Menschen und Geräusche und Wärme und schöne Farben. Da draußen, wo es kalt und dunkel ist, dort ist der Tod. So wird es also sein, wenn ich tot bin - kalt und einsam und sonst nichts. Ich werde durch die Kälte und Dunkelheit kommen, und dann werde ich nichts sein.« Wir sprachen mehrere Male über diesen Traum. Ich ermutigte ihn, auch mit anderen darüber zu reden.

Nach mehreren Gesprächen erkannte Lawrence, daß sich in dem Traum auch sein Leben spiegelte. Seine Eltern waren streng und reserviert gewesen. Seine Frau hatte ihm vorgeworfen, er sei kalt und lieblos, und ihn verlassen. Seine beiden Söhne standen ihm nicht sehr nahe; der jüngere lebte in Kalifornien und besuchte ihn nur alle paar Jahre, und obwohl der ältere Sohn in derselben Stadt lebte wie der Vater, kam er ihn nie besuchen. Lawrence hatte keine Freunde, nur einige Geschäftspartner.
»Sie veranlaßten ihre Sekretärinnen, mir Blumen zu schicken, als ich krank wurde, aber sie kamen mich nicht besuchen«, sagte er.
Als ich ihn fragte, was sein Leben weniger einsam machen würde, sagte er, daß er gerne seine Söhne sehen würde. Der jüngere Sohn kam tatsächlich, aber nach einer unbeholfenen Begrüßung schienen sich die beiden wenig zu sagen zu haben. Der ältere Sohn lehnte einen Besuch ab.
Lawrence' Traum hörte sich zunächst nach einer Beschreibung dessen an, wie sein Tod aussehen würde, zeigte aber eigentlich, wie er sein Leben anging. Er war in der Lage, Wärme und Farbe und Menschen und Freude wahrzunehmen, fühlte sich aber nicht daran beteiligt. Der Traum drückte die

Gefühle seiner Einsamkeit aus, und nach einigem Nachdenken und mehreren Gesprächen war er fähig mitzuteilen, was seine Einsamkeit beheben könnte. Unglücklicherweise waren die Leute, deren Hilfe er brauchte, nicht dazu in der Lage, sie ihm zu geben. Wir, die wir ihn pflegten, konnten ihm seine emotionalen Schmerzen nachfühlen, sie aber nicht beseitigen. Er blieb traurig und einsam bis zu seinem Tod.

Manchmal verursachen Träume Gefühle der Angst. Diesen Gefühlen nachzugehen kann ganz besonders wichtig sein.

Isabel

Die neununddreißigjährige Isabel war Psychologin. Sie hatte sehr komplizierte physische Beschwerden, und ich besuchte sie viele Male, um ihr beizubringen, wie sie damit umgehen konnte. Ihre unheilbare neurologische Krankheit war rapide fortgeschritten und hatte ihrer Berufstätigkeit und ihrer Unabhängigkeit ein Ende gesetzt. Ihr jüngerer Bruder Edward, ein Dichter, war eingezogen, um bei ihrer Pflege behilflich zu sein.

Isabel erwähnte oft, daß ihr Beruf eine zusätzliche Belastung für sie sei.

»Sie haben keine Ahnung, wie schwer es ist, eine Psychologin zu sein«, sagte sie. »Meine Freunde meinen, es müßte leichter für mich sein, weil ich doch wissen müßte, wie man so eine Krankheit aushält. Aber es ist für mich nicht leichter als für jeden anderen. Zu sterben ist eine neue Erfahrung für mich, und ich bin so bekümmert und ängstlich wie jeder andere auch. Sogar Edward fragt mich um Rat, wie er damit umgehen soll, und eigentlich müßte es doch umgekehrt sein.«

Eines Tages sagte sie: »Ich möchte über diesen furchtbaren Traum, den ich hatte, sprechen. In den letzten Monaten tauchte er alle paar Wochen wieder auf. Es war schrecklich – ich wurde lebend begraben!«

Mit einem Blick voller Schrecken beschrieb sie, daß sie geträumt hatte, in einem Sarg zu liegen, unfähig herauszusteigen. Das ganze Gewicht der Erde schien sie niederzudrücken.

»Als ich aufwachte, war ich immer noch so verschreckt, daß ich Angst hatte, wieder einzuschlafen«, sagte sie.

Gewöhnlich ist der Träumer selbst der beste Interpret seiner Träume. Ich fragte Isabel also, ob sie ihren Traum erklären könnte.

»Nun, er gibt meine Ängste wieder, natürlich«, sagte sie. »Ich habe Angst, daß der Beerdigungsunternehmer mich mitnehmen könnte, obwohl ich noch am Leben bin! Dann legen sie mich in einen Sarg, bringen mich zum Gottesdienst in die Kirche, dann auf den Friedhof und begraben mich. Aber was, wenn ich noch lebe?«

»Das klingt ziemlich unheimlich«, sagte ich.

»Ich bin kein Fachmann dafür«, sagte Isabel. »Ich weiß nicht viel über den Tod. Woher sollen sie wissen, daß ich tot bin? Wie können sie sicher sein, daß ich nicht noch am Leben bin, wenn der Bestattungsunternehmer mich mitnimmt?«

Die Angst davor, lebend begraben zu werden, ist nicht untypisch. Isabel hatte verstanden, was sie brauchte, um ihre Angst loszuwerden: Sie mußte genau wissen, wie wir feststellen, daß sie tot ist. Sie wollte die Details wissen. Deshalb erklärten wir ihr, wie Herz- und Lungentätigkeit aufhörten und daß wir versuchten, Puls und Blutdruck zu messen. Wir hörten auf den Herzschlag und auf die Geräusche der Atmung, die sofort nach dem Tod aussetzen. Ich sagte ihr, daß sie noch ungefähr eine Stunde nach dem Tod zu Hause bliebe und daß in dieser Zeit andere Merkmale aufträten. Ihr Körper würde kalt, und wenn das Blut aufhörte zu fließen,

würden gesprenkelt blaue Flecken an der Unterseite ihres Körper auftreten.
Diese Einzelheiten wollen die meisten Menschen nicht hören, aber es war genau das, was Isabel brauchte. Sie wollte wissen, wie oft ich Menschen nach ihrem Tod untersucht hatte. Ich erzählte ihr soviel wie möglich.
»Jetzt fühle ich mich besser«, sagte sie. »Darüber zu sprechen hat mir geholfen. Ich glaube, meine Träume wurden durch diese Ängste hervorgerufen. Vielleicht ist es doch nicht so schlecht, eine Psychologin zu sein, zumindest kann ich etwas über meine Ängste herausfinden.«
Bei meinem nächsten Besuch fragte Isabel, ob wir unser früheres Gespräch wiederholen könnten, diesmal im Beisein ihres Bruders. Also sprachen wir wieder über Isabels Traum und ihre Ängste, lebend begraben zu werden. Ich erklärte nun Edward, wie man feststellen kann, ob Menschen tot sind.
»Paß auf, Edward«, sagte Isabel. »Ich möchte, daß du dich an all das erinnerst. Versuche nicht, irgend etwas zu überstürzen und mich zu schnell aus dem Haus zu befördern. Behalte mich bitte noch zwei Stunden hier, wenn ich gestorben bin.
In den folgenden Monaten bat Isabel alle paar Wochen darum, dieses Thema zu erörtern. Jedesmal schien sie weniger ängstlich. In der Nacht, in der sie starb, sah Edward mir zu, wie ich den Körper seiner Schwester auf Lebenszeichen hin untersuchte. Als ich fertig war und mein Stethoskop zur Seite legte, sagte er; »Ich weiß, daß Isabel uns beobachtet, um sicherzugehen, daß wir alles unternehmen, was wir zugesagt haben. Also habe ich einen Tee gekocht und Schokoladenkekse gekauft.«
Edward und ich saßen die nächsten beiden Stunden neben seiner Schwester, tranken Tee und aßen Kekse, und er erzählte mir die Geschichte ihrer Kindheit.

Bei der Beerdigung sagte er: »Es war noch nie einfach für Isabel zuzugeben, daß sie vor etwas Angst hatte. Ich bin froh, daß sie uns anvertraut hat, was sie ängstigte, und daß wir all diese eigenartigen Gespräche hatten. Zunächst erschien es mir lächerlich, daß ich sie noch zwei Stunden zu Hause behalten sollte. Aber jetzt kommt es mir wie eine solche Kleinigkeit vor, die ich da für sie getan habe, und es ist tröstlich zu wissen, daß es ihre Ängste verringerte. Es half auch mir, mich zu verabschieden.«

Der Traum eines sterbenden Menschen kann von großer Bedeutung sein. Schenken Sie ganz besonders den lebhaften, den Wiederholungsträumen oder solchen, die auf irgendeine Weise eine Fortsetzung bilden, Ihre Aufmerksamkeit.

Wenn ein Sterbender zu Ihnen über seine Träume spricht, kämpft er vielleicht mit etwas, das er nicht versteht, das aber mit starken Gefühlen verbunden ist. Ermutigen Sie ihn, Einzelheiten zu erzählen. Hören Sie aufmerksam zu. Fordern Sie ihn auf, seine Träume zu interpretieren, versuchen Sie dagegen nicht, sie selbst zu deuten. Die größte Hilfe besteht darin, jemanden dabei zu unterstützen, die Gefühle, die durch die Träume hervorgerufen werden, zu identifizieren.

Angstträume können mit der Krankheit oder mit dem nahen Tod in Zusammenhang stehen. Träume voller Sorgen können bedeuten, daß jemand wegen seiner Familie, irgendwelcher Ausgaben oder Vereinbarungen, die noch getroffen werden müssen, bedrückt ist. In verwirrenden Träumen zeigt sich häufig ein Bedürfnis nach Information. Sehr oft hilft schon das Gespräch über ihre Träume den Sterbenden dabei, herauszufinden, was für sich richtig ist.

Kapitel fünfzehn

Den Zeitpunkt bestimmen: »Es ist an der Zeit.«

Manche todkranke Menschen erkennen, daß sie unter bestimmten Umständen in größerem Frieden sterben können. Bis diese Umstände eingetreten sind, zögern sie vielleicht den Zeitpunkt ihres Todes hinaus. Das unterscheidet sie von denen, die vorausahnen, wann sie sterben werden. Während diese Menschen wissen und deutliche Hinweise darauf geben, wann der Tod eintreten wird, *bestimmen* andere den Augenblick ihres Todes tatsächlich selbst.

Manche warten mit dem Sterben, bis bestimmte Leute zu ihnen gekommen oder andere gegangen sind oder bis denjenigen, die ihnen am nächsten stehen, in einer schwierigen Situation geholfen wird.

Joseph

Joseph, ein früherer Diplomat, war seit über fünfzig Jahren mit Dorothy verheiratet. Sie hatten in Botschaftsniederlassungen in einem halben Dutzend Ländern zwei Kinder großgezogen, viele Sprachen gelernt und ein Leben voller Erlebnisse geteilt. Ihr Haus, das mit ungewöhnlichen Möbeln und Souvenirs bestückt war, kündete von den vierzig Jahren, in denen Joseph Stellungen auf der ganzen Welt innegehabt hatte.

Patrick und Kathleen hatten nun selbst Familie. Patrick lebte als Lehrer in New York, die Krankenschwester Kathleen eine Stunde von den Eltern entfernt. Joseph und Dorothy hatten immer noch ihr großes altes holzvertäfeltes Haus und

ihre Erinnerungen an die Tage in Italien, Arabien, England, Sansibar, Japan und China und weiteren exotischen Orten.
Nach dem langen Umherziehen waren Joseph und Dorothy zufrieden damit, zu Hause zu bleiben. Ihre große Leidenschaft war Bücherlesen. Sie las am liebsten Romane, er mochte politische Historien. An Winterabenden saßen sie im Arbeitszimmer am knackenden Feuer und erinnerten sich gemeinsam an längst vergangene Zeiten.
Mit fünfundsechzig trat Joseph in den Ruhestand; drei Jahre später wurden ein Lungenemphysem und eine Herzkrankheit diagnostiziert. Keines der beiden Leiden war lebensbedrohlich gewesen, aber in den darauffolgenden neun Jahren wurde er immer kränker, erlitt Gewichtsverlust, Schwächezustände und Atemnot in einem solchen Ausmaß, daß er von Dorothy völlig abhängig wurde. Seine Welt, die er per Schiff und Flugzeug durchquert hatte, schrumpfte zu einem Schlafzimmer im zweiten Stockwerk und den Seiten des Magazins *National Geographic*. Angeschlossen an einen Sauerstoffbehälter, konnte er noch nicht einmal mit Dorothy am Kamin sitzen und lesen oder auch nur reden.
Aber zunächst konnte Joseph sich mit diesem Zustand der Invalidität nicht abfinden. Sein ganzes Leben lang war er gut gekleidet gewesen, und das wollte er immer noch. Er bestand darauf, daß Dorothy ihn jeden Tag in Hemd und Krawatte und adrett gebügelte Hosen kleidete und Schuhspanner in seine glänzend polierten Schuhe steckte.
Als sich Josephs Zustand verschlechterte, machten sich Kathleen und Patrick zunehmend Sorgen darüber, welche Last die Krankheit ihrer Mutter aufbürdete. Das alte Haus war verwinkelt, mit vielen Gängen und Stufen zwischen den Schlafzimmern und der Küche. Joseph beklagte sich nie, aber auch er sorgte sich darüber, wie oft seine Frau die Treppen hinauf- und hinunterlaufen mußte.

»Wir müssen etwas tun«, sagte er zu Kathleen. »Sie braucht Hilfe. Dies ist zuviel für sie.«

Kathleen nahm Kontakt mit dem Hospiz der Stadt auf. Damit er allerdings stationär hätte aufgenommen werden können, hätte sein Arzt bestätigen müssen, daß er höchstens noch sechs Monate leben würde. Der Arzt hielt die Bedenken der Familie für berechtigt, sagte aber, daß er die Lebenserwartung seines Patienten nicht mit einer festgelegten Zeitdauer angeben könnte.

»Seine Verschlechterung dauert nun schon so lange an, aber es kann so auch noch für einige Zeit weitergehen«, sagte er zu Dorothy und Kathleen.

Dorothy engagierte auf privater Basis eine Schwester, die dreimal in der Woche kam und bei Josephs Pflege und beim Baden half, dennoch ruhte die Last zu großen Teilen weiterhin auf ihren Schultern. Die Kinder arbeiteten ganztags und hatten ihr eigenes Leben zu regeln. Aber die Situation schlauchte auch sie; jeder hatte ständig das Gefühl, daß die Zeit nie reichte, um all das zu tun, was getan werden mußte.

Zu diesem Zeitpunkt hatte Joseph so viel Gewicht verloren, daß sein Gesicht eingesunken war. Seine Augen waren immer der aufregendste Teil seines Gesichts gewesen, nun wirkten sie nahezu eulenhaft. Seine Knochen traten immer stärker hervor, was nicht nur zu einem skelettartigen Äußeren führte, sondern auch das Risiko des Wundliegens erhöhte. Joseph war nie ein großer oder muskulöser Mann gewesen, aber nun sah er geradezu zerbrechlich aus.

»Wenn ich ihm aus dem Bett helfe, fühlen sich diese dünnen Knochen an, als würden sie in meiner Hand zerbrechen«, sagte Kathleen.

Er verfiel zusehends. Er hörte auf, sich gut zu kleiden, und schien es auch nicht zu vermissen. Er verbrachte weniger Zeit in seinem Stuhl am Schlafzimmerfenster, las nicht mehr seine *Geographics* und wurde schnell müde. Allein die Anwesenheit seiner Enkelkinder ermüdete ihn. Aber er wollte auch nicht allein gelassen werden. Immer öfter rief er nach Dorothy. Wenn sie kam und fragte, was er brauchte, sagte er: »Sprich nicht, setz dich einfach nur hierher.«

Während eines Besuchs von Kathleen sagte er: »Es wird mir nicht mehr bessergehen. Ich werde sterben.«

»Ich weiß, Dad«, sagte Kathleen. »Ich weiß.«

Eines Sonntagnachmittags kam Kathleen wie gewöhnlich zu Besuch. Ihre Eltern zu sehen versetzte sie jedoch in große Sorgen. Ihre Mutter war ein Nervenbündel, und ihr Vater, der seit Tagen im Bett lag, hatte Schwierigkeiten mit dem Schlucken. Kathleen rief den Arzt an und fragte ihn, ob ihr Vater dem Sterben nahe sein könnte.

»Es ist möglich«, sagte der Arzt. »Ihr Vater ist physisch sehr gebrechlich. Auf der anderen Seite ist er es schon sehr lange. Man kann wirklich schwer beurteilen, wieviel Zeit ihm noch bleibt.«

Kathleen fühlte sich hin- und hergerissen. Als Krankenschwester war sie mit den Höhen und Tiefen der Krankheit ihres Vaters wohl vertraut, dachte aber an ihre eigene Familie und ihre Verpflichtungen am Arbeitsplatz. Sie entschied sich, nach Hause zu fahren.

Aber mit jeder Meile, die sie sich entfernte, wurde sie unruhiger bei dem Gedanken, daß sie vielleicht den letzten Abend im Leben ihres Vaters versäumen könnte. Gleichzeitig mußte sie ganz praktischen Überlegungen nachgehen, und ihr fielen die Patientenbesuche, die für den nächsten Morgen festgesetzt waren, und die Bedürfnisse ihrer eigenen halbwüchsigen Kinder ein. Sie wünschte, jemand würde ihr sagen, was sie tun sollte.

Als Kathleen ins Wohnzimmer trat, spürten die Kinder ihre Unruhe. Ihre Tochter brachte die Frage schnell auf den Punkt.

»Wenn du dich deshalb kaputtmachst, Mom, dann kannst du dich genausogut auch dort kaputtmachen. Außerdem freut sich Nana über Gesellschaft«, sagte sie.

Das war es, was Kathleen hören mußte. Sie packte frische Kleidung ein und fuhr zurück zum Haus ihrer Eltern. Sie wollte die ganze Nacht bleiben, früh aufstehen und wie gewöhnlich zur Arbeit zu gehen. Als sie die rückwärtige Tür des Hauses öffnete, stürzte Dorothy ihr entgegen und umarmte sie.

»Ich bin so froh, daß du zurückgekommen bist«, sagte ihre Mutter. »Ich wollte dich nicht darum bitten zu bleiben, aber ich war den ganzen Tag über so nervös. Irgend etwas an deinem Vater hat sich verändert. Ich wünschte, ich könnte herausfinden, was es ist.«

Ihr Vater schien erschrocken über ihre Rückkehr. Sie strich seine Kissen glatt und küßte ihn.

»Hallo, Dad«, sagte sie. »Ich habe mich entschlossen, hier zu übernachten, damit Mom nicht alles allein machen muß.«

Ihr Vater lächelte erleichtert und griff nach ihrer Hand.

»Gut, dann kann ich mich jetzt hinlegen«, sagte er und schloß die Augen.

Kathleen war von seiner Bemerkung irritiert; er war seit einer Woche bettlägerig. Sie deckte ihn zu und ging hinunter, um gemeinsam mit ihrer Mutter eine Tasse Tee zu trinken.

»Ich kann mich nicht erinnern, Dad jemals so verwirrt gesehen zu haben. Er sagte gerade: ›Jetzt kann ich mich hinlegen‹, aber das ergibt keinen Sinn. Er liegt ja die ganze Zeit!«

»Vielleicht hat er geträumt«, meinte Dorothy. »Wir sind beide müde; nichts ergibt heute nacht besonders viel Sinn. Laß uns etwas schlafen, vielleicht sehen die Dinge morgen klarer aus.«

In der Dämmerung wachte Dorothy auf und hörte Joseph, wie er aus dem Bett zu steigen versuchte.

»Joe, was machst du?« fragte sie.
»Ich möchte mich hinlegen!« sagte er nachdrücklich. Sie stand auf, beruhigte ihn und überredete ihn, sich wieder ins Bett zu legen.
»Es ist alles in Ordnung«, sagte sie. »Du *liegst* ja.«
Er dankte ihr, und sie ging auch wieder ins Bett zurück. Aber nach einigen Minuten wachte Dorothy erneut auf – durch die Geräusche der letzten rasselnden Atemzüge von Joseph. Sie rief nach Kathleen, die im Zimmer nebenan schlief.
»Komm schnell!« rief Dorothy. »Oh, mein Gott! Ich glaube, er geht. Kann es sein – geht er?«
Kathleen fühlte den Puls ihres Vaters und umarmte dann ihre Mutter.
»Er ist gegangen, Mom«, sagte sie. Sie saßen neben ihm an seinem Bett und umarmten sich.
»Wie konnte ich nur schlafen, gerade als er starb?« fragte Dorothy. »Ich wäre die ganze Nacht bei ihm geblieben, wenn ich es gewußt hätte.«
»Ja, Mom, das hättest du getan, aber er wußte ja, daß du direkt im Bett neben ihm warst«, beruhigte Kathleen sie. »Er hätte sich nur um dich gesorgt, wenn du die ganze Nacht aufgeblieben wärest. Er hat noch nie viel Aufhebens gemacht.«
Mutter und Tochter saßen ruhig da, bis das Morgenlicht das Zimmer erhellte und die leuchtendgelben Einbände der *National Geographics* erfaßte, die im Bücherregal lagen.
»Ich habe darüber nachgedacht, was Dad gestern abend gesagt hat«, erklärte Kathleen in dieser Nacht. »Als er meinte: ›Jetzt kann ich mich hinlegen‹, sprach er nicht davon, sich auszuruhen, sondern davon, endgültig loszulassen. Er wollte, daß ich hier im Haus wäre, weil du nicht allein sein solltest, wenn er stürbe. Und er starb auf die gleiche Weise, wie er immer gelebt hat: Er war ruhig und friedlich und schonte uns beide, als er starb, wie er das auch getan hat, als er lebte.

Es war das letzte, was er in seiner Fürsorglichkeit für uns noch tun konnte.«
Bei der Beerdigung ihres Vaters sprach Kathleen mit einer Arbeitskollegin über die Ironie, die in ihrer Reaktion auf seine letzte Bemerkung lag. Sie wunderte sich darüber, wie leicht sie sich in einem Netz aus Schmerz und Verdrängung verstrickt hatte.
»Hätte einer meiner Patienten gesagt: ›Jetzt kann ich mich hinlegen‹, hätte ich wahrscheinlich sofort realisiert, was er eigentlich meinte, doch weil es von meinem eigenen Vater kam, habe ich die Botschaft überhört«, sagte sie. »Aber zumindest war ich da und habe es ihm durch meine Anwesenheit ermöglicht, friedlich loszulassen, weil er wußte, daß ich meiner Mutter beistehen würde.»

Joseph hatte auf seine Tochter gewartet, von der er wußte, daß sie seiner Frau die Unterstützung geben würde, die sie brauchte. Menschen können aus den verschiedensten Gründen ihren Tod zurückhalten, vielleicht wollen sie die Geburt eines Kindes noch erleben oder den Schulabschluß eines Sohnes, oder sie warten darauf, daß sich ein Familienangehöriger oder Freund verabschiedet.

Hazel

Hazel war an Unterleibskrebs erkrankt und lag im Sterben. Sie hatte drei Töchter. Debbie, die älteste, war verheiratet und lebte nur wenige Meilen entfernt; die fünfundzwanzigjährige Susie wohnte noch zu Hause. Cindy, die jüngste, wurde von ihren Eltern als »unser Problemkind« beschrieben. Sie hatte das Haus mit achtzehn verlassen, um Schauspielerin zu werden, und bereitete Hazel und ihrem Ehemann Don große Sorgen. Cindy schrieb nie und rief nur selten an. Immer mal wieder kam sie unangekündigt auf einen

Besuch nach Hause, der jedesmal im gleichen Streit mit ihrer Mutter endete. Cindy empfand Hazel als dominierend und selbstgerecht; Hazel hielt Cindy für gefühlskalt und verantwortungslos.

»Die Schwierigkeit liegt darin, daß sie sich zu ähnlich sind«, sagte Don. »Sie sind beide sehr starke, intelligente, liebevolle Frauen, aber sie sind auch sehr beherrschend. Mich oder unsere beiden älteren Töchter kümmert das nicht weiter, wir lassen das an uns abprallen, aber sie reiben sich wirklich ständig aneinander. Das Schlimmste, was jemand zu Cindy sagen kann, ist, daß sie Ähnlichkeit mit ihrer Mutter hätte; das ist für sie eine tödliche Beleidigung.«

Als der Arzt Hazel mitteilte, daß sie nicht mehr sehr lange leben würde, erzählten sie und Don es Debbie und Susie, die versprachen, dabei behilflich zu sein, Hazel so lange wie möglich zu Hause zu behalten. Als sie Cindy in New York anriefen, hatte sie Tränen in den Augen, blieb aber kühl, bis Don und Hazel sie fragten, ob sie bald zu einem Besuch nach Hause kommen würde.

»Auf gar keinen Fall!« schrie Cindy und knallte den Hörer auf. Einige Minuten später rief sie an, um zu sagen, daß sie bald auf Besuch käme.

Cindy kam in den nächsten Monaten einige Male nach Hause, aber die Zeit, die sie mit ihrer Mutter verbrachte, gestaltete sich nicht besser als vorher. Beratungsstunden halfen Hazel über den Schmerz dieser schwierigen Beziehung hinweg, aber Cindy lehnte mehrere Angebote einer Beratung oder Unterstützung ab.

Hazels Allgemeinzustand verschlechterte sich allmählich. Als eines Morgens Symptome eines Herzversagens auftraten, schien ihr Tod unmittelbar bevorzustehen. Sie entschied, sich ins Hospiz einweisen zu lassen. Während sie auf den Ambulanzwagen warteten, rief Don alle drei Töchter an. Als

Hazel und er ankamen, warteten Debbie und Susie schon auf sie; Cindy schaffte es bis abends um elf nicht, dorthin zu kommen.
Hazel verlor das Bewußtsein. Ihr Blutdruck war sehr niedrig, der Puls sehr schwach, der Atem kaum zu hören. Es schien kaum so, daß sie den Nachmittag überleben würde. Wir forderten Don, Debbie und Susie auf, weiterhin mit ihr zu sprechen und ihr zu sagen, daß Cindy kommen würde. Wie in den meisten Familien wußten sie nach einigen »Ich habe dich lieb« und »vielen Dank« nicht mehr, was sie sagen sollten.
»Sie könnten sich an gemeinsame Erlebnisse erinnern«, schlug ich vor. Bald saßen Don und die Töchter auf Hazels Bett und erzählten Geschichten, während sie in ihren Kissen lag.
Kurz vor elf am Abend erschien eine unordentliche Cindy. Ihr Vater und ihre Schwestern begrüßten sie mit Umarmungen und Küssen und machten auf Hazels Bett Platz für sie. Cindy küßte Hazels Wange, hielt ihre Hand und schluchzte. Nach einigen Minuten bat sie Susie um ein Taschentuch und nickte dankbar, als Debbie ihr eine Tasse Tee anbot. Sie beruhigte sich und hörte zu, als Don ein paar Geschichten wiederholte. Cindy hatte selbst einige Erinnerungen. Sie entsann sich, daß Hazel jedes Semester mit ihr zum Essen ging, wenn ihre beiden älteren Schwestern ins College zurückgefahren waren.
»Ich habe ihr nie erzählt, wie besonders ich mich dabei fühlte«, sagte Cindy und nippte an ihrem Tee. »Und ich habe nie geäußert, daß es mich eigentlich mit Stolz erfüllte, wenn die Leute sagten, daß ich ihr nachschlug. Ich war so gemein zu ihr, und jetzt ist es zu spät, mich zu entschuldigen.«
»Die Schwestern erklären uns immer wieder, daß sie wahrscheinlich hören kann, was wir reden«, sagte Don. »Sie hat

vermutlich verstanden, was du gerade gesagt hast. Möchtest du es ihr trotzdem noch einmal wiederholen?«
Cindy atmete tief ein, sah ihrer Mutter ins Gesicht und wiederholte, was sie gesagt hatte.
Ungefähr um halb drei wurde Hazels Atmung sehr unregelmäßig. Don und die drei Töchter umarmten sie und einander, als Hazel noch einige langsame Atemzüge tat, dann ganz aufhörte zu atmen und ihr Leben friedlich und ruhig beendete.

Es gibt viele Geschichten, wie die von Hazel. Eine sterbende Frau wartete, bis ihre Tochter aus Europa zurückkehrte. Ein Mann wartete, bis seine Frau nach Hause kam, die in einen anderen Staat zu einem kranken Verwandten gereist war, um ihm zu helfen. Aber wir haben auch Leute erlebt, die auf die Abwesenheit Angehöriger oder des Pflegepersonals warteten.

Cathy

Cathys Geschichte bietet ein weiteres gutes Beispiel dafür, daß der Zeitpunkt des Todes vom Sterbenden selbst bestimmt wird – in diesem Fall, um Nahestehende zu schonen –, aber sie beinhaltet auch eine wichtige Mitteilung für alle Krankenschwestern und andere Mitarbeiter im Pflegebereich.
Cathy war unabhängig, eine hervorragende Tänzerin und Tanzlehrerin und eine angehende Schriftstellerin gewesen, bis sie an einem Gehirntumor litt, der nur drei Monate nach ihrer Heirat diagnostiziert worden war. Sie selbst, ihr junger Ehemann und ihre Eltern waren völlig niedergeschmettert und verängstigt.
Ihre Mutter ließ sich von ihrer Arbeit als Autorin und Forscherin in der Lebensmittelindustrie beurlauben, um bei der Pflege ihrer Tochter mitzuhelfen. Cathys Mutter hatte

großen Einfluß auf sie, und ihre Beziehung zueinander war besonders eng.
Während meines ersten Besuchs erklärte Cathy mir, daß sie bestimmte Ziele erreichen wollte – ihren ersten Hochzeitstag feiern und ein Buch, in dem sie die Stile verschiedener Choreographen des frühen zwanzigsten Jahrhunderts verglich, zu Ende schreiben. Ihre Recherchen hatte sie beendet, kurz bevor ihre Krankheit ausbrach. Das Buch sollte bei jungen Tänzern, aber auch Laien Interesse und ein Gefühl der Verpflichtung wecken, wie sie auch bei ihr selbst durch die Beschäftigung mit den früheren Choreographen, etwa Isadora Duncan, entstanden waren.
Das Herz wurde mir schwer, als ich das hörte; diese Ziele schienen, so krank, wie sie war, unerreichbar. Bis zu ihrem ersten Hochzeitstag dauerte es noch sechs Monate, und woher sollte sie in ihrem Zustand die Kraft und Konzentration nehmen, ein Buch zu schreiben? Aber ich hatte erfahren, daß sterbende Menschen selbstgesteckte, wichtige Ziele meistens erreichen.
»Es ist für mich sehr hilfreich, Ihre Ziele zu kennen«, sagte ich. »Also lassen Sie uns anfangen und zusammen daran arbeiten; wir haben eine Menge zu tun.«
Sie lächelte.
Cathys Eltern hatten private Pflegeschwestern engagiert, die rund um die Uhr für sie da waren, so daß ihr Mann seine Arbeit nicht unterbrechen mußte. Bettlägerig und blind, war sie nicht in der Lage, auch nur das Geringste für sich selbst zu tun. Dennoch behielt sie ihren bemerkenswerten Mut und ihren immer wieder überraschenden Witz. Trotz ihrer Krankheit wurde deshalb viel in Cathys Heim gelacht.
Oft war sie sehr schläfrig und ihre Gedankengänge wirr. Sobald sich aber ihre Mutter neben ihr Bett setzte und sagte: »Cathy, ich bin bereit, daß du mir etwas für dein Buch dik-

tierst«, wurde sie ganz klar, als hätte man auf einen Knopf gedrückt, diktierte ihre Gedanken und half dabei, ihre Recherchen zu ordnen.
Wenn ihre Mutter später sagte: »Du siehst so aus, als ob du jetzt müde wärest. Laß uns für heute aufhören«, wurden Cathys Gedankengänge und ihre Rede sofort wieder unverständlich, und die Verwirrung ergriff erneut Besitz von ihr.
Unglaublicherweise stellte Cathy ihr Manuskript fertig, und die Veröffentlichung wurde ihr kurz vor ihrem Tod zugesagt. Gleichermaßen erstaunlich war, daß Cathy noch lebte, um ihren ersten Hochzeitstag zu feiern. Es war ein wunderschönes Fest!
Nun hatte sie ihre Ziele erreicht, und wir waren auf Cathys Tod vorbereitet, aber sie starb nicht. Wir fühlten uns sehr von ihr angezogen, und es fiel uns schwer, ihrem qualvollen Dasein zuzusehen. Sie war so krank, und ihre Lebensqualität schien so gering, daß wir uns fragten, was sie noch am Leben hielt.
Ihre Mutter sollte mit einem angesehenen Preis in Europa ausgezeichnet werden. Nun plagten sich die Eltern mit der Entscheidung, ob sie reisen sollten, denn sie waren sicher, daß Cathy in ihrer Abwesenheit sterben würde. Und das war in der Tat wahrscheinlich. Während einer ihrer geistig klaren Phasen bat die Tochter darum, in die Entscheidung einbezogen zu werden.
»Ich möchte, daß ihr geht«, sagte sie dann. »Es ist sehr wichtig für mich, daß Mom diesen Preis, für den sie so hart gearbeitet hat, entgegennimmt.« Gemeinsam entschieden sie, daß es so richtig sei.
Weil die Mutter in Cathys Leben eine so bedeutende Rolle gespielt und immer großen Einfluß auf sie gehabt hatte, fragte ich mich, ob sie von ihr am Sterben gehindert würde.
Daß Kinder ihre Eltern wegschicken, um in Frieden aus dem Leben zu gehen, ist nichts Ungewöhnliches. Es ist so, als ob

sie spürten, daß die Eltern sie von einem friedlichen Sterben zurückhalten könnten, oder als ob sie ihnen die Qual ersparen wollten, dem Moment ihres Todes beizuwohnen.
Als sich Cathys Eltern zu der Reise nach Europa entschlossen hatten, vermutete ich, daß es genau das war, was Cathy brauchte. Es genügte nicht, daß ihre Mutter nicht in ihrem Zimmer, ihrer Wohnung oder ihrer Stadt war. Sie mußte sehr viel weiter weg sein, damit Cathy sich sicher genug fühlen und loslassen konnte.
Der Abschied vor der Reise war tränenreich, doch Cathy starb noch immer nicht. Die Schwestern bemühten sich sehr darum herauszufinden, was ihr noch fehlen könnte, aber sie war nicht in der Lage, es ihnen zu vermitteln.
Plötzlich und ohne Vorwarnung starb Cathy friedlich, und es fiel uns wie Schuppen von den Augen. Durch das Fenster hatte die Tagesschwester ihre Kollegin dabei beobachtet, wie sie sich damit plagte, die Einkäufe aus ihrem Wagen zu heben. Sie lief hinaus, um zu helfen, und ließ Cathy dabei ungefähr für drei Minuten allein – wahrscheinlich die einzige Zeit in den letzten Monaten, in der sie für einen Moment unbeobachtet war. Das war der Zeitpunkt, den Cathy wählte, um zu gehen. Ihr Mann war beim Joggen, ihre Eltern in Europa, und die beiden Hospizschwestern hatten sich von ihrer Bettkante entfernt.
Im nachhinein erkannten wir, daß Cathys letzte Zuwendung den Menschen gegenüber, an denen ihr lag, darin bestand, sie zu schonen und ihnen zu zeigen, daß sie stark genug war, um sich dafür zu entscheiden, dem Tod allein gegenüberzutreten.
Darin liegt eine wichtige Botschaft für Krankenschwestern und anderes Pflegepersonal. Manche Patienten wollen sich nämlich, auch wenn wir ihnen noch so sehr versichern, daß es nicht in ihrer Verantwortlichkeit liegt, um uns kümmern.

Zwischen Cathy und ihren Pflegeschwestern bestand eine herzliche Beziehung. Die Schwestern hatten sie sehr lange gepflegt, und Cathy wollte ihnen ihre Dankbarkeit und ihre Verbundenheit zeigen, indem sie ihnen die Anwesenheit ihres Sterbens ersparte.

Jean

Jean, eine Schriftstellerin, hatte bis zwei Wochen vor der Betreuung durch das Hospiz gearbeitet. Sie äußerte ihre Wünsche ziemlich klar: Sie wollte weder weitere Behandlungen, noch wollte sie ins Krankenhaus zurück. Die verbleibende Zeit wünschte sie sich so angenehm wie möglich, um schreiben und Erfahrungen in ihrem neugewonnenen Glauben an Gott sammeln zu können. Und sie wollte zu Hause sterben.

Damit war aber gleichzeitig ihre größte Sorge verbunden. Jean teilte seit über zwölf Jahren das Haus mit ihrer besten Freundin Barbara, und sie befürchtete, daß Barbaras Erinnerungen an ihr Sterben das Haus für sie zu einem unerträglichen Ort machen könnten. Deshalb wollte sie nicht, daß Barbara sie im Moment ihres Todes sehen mußte.

Aber Barbara bestand darauf, daß Jeans Wunsch erfüllt wurde. Sie gab zu, Rat und Hilfe zu brauchen, sagte aber, daß sie in der Lage sei, alles zu handhaben.

Wir führten zu dritt einige Gespräche darüber. Ich erklärte, daß Mitarbeiter des Hospizes gewöhnlich den Zeitraum des Sterbens abschätzen könnten, wenn es dem Ende zuginge.

Zu diesem Zeitpunkt brauchen die Familien häufig engeren Kontakt zu den Hospizmitarbeitern, die ihnen emotionale Unterstützung vermitteln und zu weiteren Hilfeleistungen raten können. Manche Familien entscheiden sich, zusätzlich Krankenschwestern zu engagieren.

Jean und Barbara stimmten überein, daß sie, wenn es soweit wäre, Schwestern anstellen würden, die vierundzwanzig Stunden zur Verfügung stünden, damit Barbara immer jemanden zur Seite hätte. Jean fragte, ob ich bei Barbara sein könnte, wenn sie stürbe. Ich konnte es nicht versprechen; es war wahrscheinlicher, daß eine private Schwester da war, wenn sie starb.

Ungefähr sechs Monate nachdem sie in das Hospizprogramm aufgenommen worden war, verschlechterte sich Jeans Zustand zusehends. Bald konnte sie das Bett nicht mehr verlassen, wollte nichts mehr essen, hatte ihre Flüssigkeitszufuhr auf ein Minimum verringert und war an der Welt um sie herum kaum noch interessiert.

Sie wurde schwächer. Die Schwestern wuschen sie, hielten ihren Mund feucht, wechselten den Beutel für den künstlichen Darmausgang und injizierten die schmerzstillenden Medikamente. Sie drehten sie auch alle paar Stunden von einer Seite auf die andere, um zu verhindern, daß sich in ihren Lungen Flüssigkeit ansammelte.

An einem Freitag verabschiedete sich Jean – ihre Stimme war schon auf ein Flüstern reduziert – von Barbara, ihrem Bruder, ihrem Priester und von mir. Dann fiel sie in ein Koma.

Am nächsten Morgen ging ich vorbei, um zu sehen, wie Jean und Barbara zurechtkamen. Die Schwester, die sie versorgte, hatte den Eindruck, daß für Jean alles angenehm war. Ihre Schmerzen schienen unter Kontrolle, ihre Atmung ging ruhig und leicht.

»Der schlimmste Teil ist vorbei, Jean«, sagte ich und küßte sie auf die Wange. »Von nun an sollte alles ganz leicht sein. Sie können gehen, wann immer Sie bereit sind. Ich werde jetzt mit Barbara sprechen. Dann schaue ich noch einmal herein.«

Ich ließ Jean mit der anderen Schwester zurück und ging mit Barbara ins Wohnzimmer. Während wir sprachen, starb Jean – so, wie sie es gewollt hatte, zu Hause, mit Barbara in der

Nähe, aber nicht direkt anwesend, und mit mir, die ich Barbara beistehen sollte.
Meine erste Reaktion waren Schuldgefühle: »Ich hätte Barbara bei ihr sein lassen sollen.« Aber natürlich zählte nicht, was ich wollte oder für das beste hielt, sondern nur, was Jean sich gewünscht und was sie gedacht hatte, daß das beste für ihre Freundin sei. Weil sie wußte, daß Barbara meiner Anwesenheit und Unterstützung sicher sein konnte, hatte sie diesen Augenblick zum Sterben gewählt.

Ganz offensichtlich scheinen viele Menschen einen bestimmten Zeitpunkt zum Sterben zu wählen, um sehr nahe stehenden Personen die Anwesenheit im Moment des Todes zu ersparen oder um sie von weiterer Belastung durch die Pflege zu verschonen.

Beatrice

Beatrice war eine Frau Mitte Sechzig, die eines Lymphknotenkrebses wegen im Sterben lag. Ihr Mann war selbst seit vielen Jahren in einem schlechten Gesundheitszustand. Er war wohl in der Lage, sie weitgehend emotional zu unterstützen, aber er konnte die physische Pflege seiner Frau nicht bewältigen. Ihre ältere Schwester, Agnes, kam von Maine hergeflogen, was Beatrice aber belastete, da es ihrem Schwager selbst nicht sehr gutging und er ohne Agnes' Hilfe nicht zurechtkam.
»Ich weiß nicht, was wir tun sollen«, seufzte Beatrice. »Agnes müßte eigentlich zu Hause bei ihrem Mann sein. Ich würde mich so schuldig fühlen, sollte etwas mit ihm passieren, während sie hier ist. Sie ist ja selbst nicht mehr jung und hat ihr ganzes Leben damit zugebracht, für andere Menschen zu sorgen. Es ist einfach nicht gerecht. Die Sorge um sie setzt mir sehr zu.«
Die Krankheit griff immer weiter um sich, aber Beatrice kam

ganz gut damit zurecht. Wenn ihr jemand behilflich war, konnte sie aufstehen und sich anziehen. Sie aß gut und fühlte sich nicht unwohl. Sie schien nur sehr langsam nachzulassen. Ihr Arzt war sicher, daß sie noch mehrere Wochen zu leben hatte, wahrscheinlich einen Monat oder zwei. Aber das war für Beatrice keine gute Nachricht.

»Ich möchte das einfach hinter mich bringen«, sagte sie. »Ich möchte nicht, daß es sich so hinzieht. Es ist für uns alle zuviel, vor allem für meine Schwester.«

Eines Nachts erhielt ich einen Anruf von Beatrice' Mann.

»Agnes wurde heute nachmittag mit einer akuten Blinddarmentzündung ins Krankenhaus eingeliefert«, berichtete er. »Sie wurde operiert, es gehe ihr ganz gut, meinte der Arzt.«

»Tut mir leid, das zu hören«, erwiderte ich. »Aber ich bin froh, daß es ihr gutgeht. Wie kommen Sie und Beatrice zurecht?«

»Freunde und Nachbarn springen ein, und so kommen wir schon zu Rande«, sagte er. »Aber Beatrice macht sich große Sorgen um Agnes.«

Ich bot an, mich um eine private Krankenschwester zu kümmern, aber er lehnte ab.

»Lassen wir die Dinge so, wie sie im Moment sind«, sagte er. »Sich wieder an Fremde gewöhnen zu müssen verstört Beatrice vielleicht nur.«

Ich schlug vor, drei Tage später bei meinem Besuch mit Beatrice darüber zu sprechen.

Am nächsten Morgen wurde ich durch einen verzweifelten Anruf der Nachbarin erschreckt, die die Nacht bei Beatrice verbracht und sie am Morgen tot vorgefunden hatte; soweit sie das beurteilen konnte, war Beatrice friedlich im Schlaf gestorben. Ich bat sie, sich an die Ereignisse des letzten Abends zu erinnern.

»Alles schien in Ordnung zu sein«, sagte sie. »Bea sprach

immer wieder davon, wie besorgt sie wegen ihrer Schwester sei. Aber sie hatte gut zu Abend gegessen, ihre üblichen Medikamente geschluckt und war schlafen gegangen. Ich warf ein paarmal einen kurzen Blick zu ihr ins Zimmer, und sie schien tief und fest zu schlafen. Ich schlafe nicht besonders tief und lag gleich nebenan. Aber ich habe nichts gehört. Ich kann es nicht fassen.«

Als ich bei ihnen zu Hause ankam, reichte mir Beatrice' Mann mit Tränen in den Augen eine Notiz, die er auf ihrem Nachttischchen gefunden hatte.

»Vergiß nicht, Agnes dabei zu helfen, ihren Flug zu buchen«, war da zu lesen.

Beatrice' Tod kam fraglos zu einem Zeitpunkt, der ihre Angehörigen schonte. Ihr Mann war nicht allein, denn die Nachbarin war bei ihm; und ihre Schwester war in der Klinik in Sicherheit. Wenn sie wieder entlassen wurde, mußte sie sich nicht länger um Beatrice' Pflege kümmern. Zufall? Vielleicht. Oder bedachte die Sterbende die Menschen, die ihr nahestanden, mit einer letzten liebevollen, schonenden Zuwendung?

Einige Menschen brauchen einen ganz bestimmten Ort, um sterben zu können.

Louise

Louise war eine ruhige Sechzigerin, zufrieden damit, Ehefrau, Mutter und Hausfrau zu sein. Ihre Ehe, die erwachsenen Kinder und das wunderschöne Haus spiegelten ihre Liebe und ihre Hingabe wider. Ihr Leben war in jeder Hinsicht erfolgreich.

Kurz vor Richards Pensionierung trennten sie sich von ihrem riesigen Haus und bezogen eine Eigentumswohnung in einem teuren Wohngebiet der Stadt. Irgendwie war es, als fingen sie noch einmal von vorne an – keine Kinder, ein leerer Wohnraum und die Herausforderung, zwischen blanken Mauern ein Nest zu bauen.

Louise stürzte sich mit großem Enthusiasmus in die Ausstattungsarbeit. Obwohl sie noch nicht ganz fertig war, hätte, was sie bis dahin zustande gebracht hatte, schon die Seiten des feinsten Magazins für Innenausstattung zieren können. Es war atemberaubend!

Als Louise begann, über ihre Müdigkeit zu klagen, drängte Richard sie, ihr Tempo zu drosseln und alles langsamer anzugehen. Sie nahm es sich zu Herzen, spürte aber keine Besserung, so daß er sie zu einer Untersuchung bei ihrem Hausarzt drängte.

Der Arzt rief wenige Stunden, nachdem er sie gesehen hatte, an und sagte zu Richard: »Louise hat ein ernst zu nehmendes Problem mit ihrem Blutbild. Sie müssen Sie sofort ins Krankenhaus bringen, ich treffe Sie dort!« Weitere Untersuchungen bestätigten seinen furchtbaren Verdacht: Louise litt an akuter Leukämie und mußte stationär behandelt werden.

Die Chemotherapie war zermürbend, doch Louise ließ sie mit der gleichen ruhigen, souveränen Art über sich ergehen, die sie auch sonst auszeichnete. Aber sie sagte oft zu Richard: »Ich möchte einfach so gerne in meinem eigenen Zimmer und in meinem eigenen Bett sein.«

Aber jedesmal, wenn es so schien, als habe sich ihr Zustand so weit verbessert, daß sie entlassen werden könnte, tauchten neue Schwierigkeiten auf, und die Entlassung nach Hause wurde wieder verschoben.

Louise bat Richard, ihr Photos von jedem Zimmer der Wohnung mitzubringen, damit sie diese den Schwestern zeigen konnte und »damit ich nicht vergesse, wo ich mit der Dekoration stehengeblieben bin«, erklärte sie.

Ihre Tochter brachte Stoff- und Tapetenmuster zur Begut-

achtung für sie mit. Aber bald wurde sie schwächer, und selbst diese kleinen Freuden waren zu anstrengend.
Der Arzt teilte Richard und Louise mit, daß sie auf die Behandlungen nicht reagierte. Sie fortzusetzen konnte ihren Tod bedeuten, weil ihr Zustand sich so schnell verschlechterte.
Tränenüberströmt erörterten Richard und die Kinder die Situation mit Louise.
»Nehmt mich nach Hause«, bat sie. »Ich will in meinem eigenen Bett liegen, in meinem wunderschönen Zuhause.«
Richard fragte beim Hospiz um Hilfe bei der Vorbereitung für Louises Rückkehr und bat darum, daß die Schwester noch vor ihnen zu Hause war, um sicherzustellen, daß alles vorbereitet wäre. So geschah es dann auch. Nachdem die private Krankenschwester und ich uns umgesehen hatten, versicherten wir Richard, daß er in der Vorbereitung für Louises Heimkehr gute Arbeit geleistet hatte. An alles war gedacht, bis hin zu ihrer Lieblingseiscreme im Kühlschrank. Er war nervös, aber auch erleichtert.
»Alles sollte einfach perfekt sein für sie«, sagte er.
Die Ambulanzbegleiter trugen Louise aus dem Fahrstuhl und durch die Wohnungstür. Ihre Augen glänzten, und sie strahlte, als sie sich umsah.
»Würde es Ihnen etwas ausmachen, mich ins Wohnzimmer zu tragen?« fragte sie die Begleiter freundlich. »Ich möchte nur einen Moment lang dort sein.« Sie lächelten und nickten.
»Und jetzt noch ins Eßzimmer?« bat sie schüchtern. Dann wurden die Küche, die Bibliothek, der Balkon, das Arbeitszimmer und jedes Schlafzimmer Louises prüfendem Blick unterzogen. Richard hatte aus Anlaß ihrer Rückkehr in jeden Raum ein Blumenarrangement gestellt. Sie war entzückt. Schließlich wurde sie mit einem Seufzer der reinen Zufriedenheit in ihr eigenes Bett gelegt.

»Richard, mein Lieber«, sagte sie. »Ich danke dir sehr. Alles sieht einfach wundervoll aus!« Sie drückte seine Hand an ihre Wange und küßte sie.
Die private Krankenschwester saß bei Louise, als Richard und ich in die Küche gingen, um noch einige notwendige Informationen auszutauschen. Nach wenigen Augenblicken stürmte die Schwester herein.
»Kommen Sie schnell«, rief sie. »Ich glaube, sie stirbt.«
Zu dem Zeitpunkt, als wir drei das Schlafzimmer erreicht hatten, war Louise schon gestorben – mit einem strahlenden Lächeln auf dem Gesicht.

Manche mögen denken, Louise wäre zu ebendiesem Zeitpunkt überall gestorben; sicherlich, sie war schwer krank. Dennoch haben wir das Gefühl, daß sie um ihren baldigen Tod wußte und darum, daß sie sich beeilen müßte, wenn sie noch einmal in ihr schönes Heim zurückkehren wollte. Als sich dieser Wunsch erfüllt hatte, wählte sie gerade die richtige Zeit, um in Ruhe und in Frieden zu sterben.

Judy

Judy war siebzehn und litt an Leukämie. Sie wollte unbedingt die High-School beenden, wußte aber, daß sie wahrscheinlich noch vor dem Abschluß sterben würde. Ihre Eltern, John und Marion, baten sie inständig weiterzukämpfen.
Eines Abends rief John mich an; Judy hatte ihn gefragt, wieviel Zeit in der Regel zwischen dem Tod und der Beerdigung verginge. Seine Frau und er waren der Frage ausgewichen, weil sie diese destruktiven Gedanken nicht fördern wollten.
»Ich denke, wir hätten ihr das schon beantworten können, aber wir hielten es nicht für richtig«, sagte John. »Warum, glauben Sie, wollte sie das wissen?«

Ich riet ihnen, Judy die Wahrheit zu sagen und sie dann freundlich zu fragen, warum sie das wissen wollte.
»Seien Sie ganz bei der Sache«, sagte ich. »Versuchen Sie, ihr so gewissenhaft wie möglich zu antworten.«
Sie entschuldigten sich bei Judy, ihrer Frage ausgewichen zu sein, und John erklärte, daß die Beerdigungen in der Regel zwei oder drei Tage nachdem jemand gestorben war, stattfanden.
»Warum wolltest du das wissen?« fragte ihre Mutter.
»Ich möchte in der Schule keine Schwierigkeiten machen«, sagte Judy. »Jeder ist bis über beide Ohren mit Lernen und Collegebewerbungen beschäftigt, und ich weiß, daß, wenn meine Beerdigung in der Woche stattfindet, sie alle zu sehr durcheinander sein werden, um sich zu konzentrieren. Also denke ich, Freitag wäre wohl am besten. Sie würden es nach der Schule erfahren, und ihr hättet den ganzen Samstag, um alle Verwandten zusammenzubekommen. Wir könnten die Beerdigung auf den Sonntag legen, so daß meine Freunde keinen Tag in der Schule versäumen würden.«
Am Abend erzählte mir John von dem Gespräch. Ich fragte ihn, wie er darüber dächte.
»Nun, Marion und ich konnten kaum glauben, wie ruhig Judy über das Sterben und ihr Begräbnis sprach«, sagte er. »Sie schien überhaupt nicht verstört zu sein. Wie kommt das?«
Ich erklärte John, daß es bedeuten konnte, daß Judy sich bei dem Gedanken an den Tod beruhigt fühlte und daß es sehr gut möglich wäre, daß sie den Zeitpunkt des Todes selbst wählte und er tatsächlich an einem Freitag eintrat.
»Wie steht Ihre Kirche Beerdigungen am Sonntag gegenüber?« fragte ich.
»Ich kann mich nicht erinnern, daß am Sonntag schon eine stattgefunden hätte«, sagte John. »Meinen Sie, ich sollte die Pfarrerin fragen, oder wird sie denken, ich wäre verrückt?«

Ich ermutigte John, die Angelegenheit mit der Pfarrerin zu erörtern, die daraufhin jegliche Hilfe zusagte, einschließlich einer Beerdigung am Sonntag, weil es für Judy so wichtig zu sein schien.
Es war keine Überraschung, als Judy einige Wochen später an einem Freitag kurz nach Mittag starb. Der Rektor berief eine Versammlung für die Abschlußklasse ein und teilte ihr mit, daß Judy gestorben sei. Das Wochenende verlief ruhig und ganz nach dem Plan, den sie aufgestellt hatte. John und Marion schienen in der Lage zu sein, die ruhige Haltung ihrer Tochter bezüglich des Sterbens zu übernehmen. Sie waren stolz, daß sie sich um alle gekümmert hatte.

Jeder von uns kennt markante Daten - Geburtstage, Jubiläen, Feiertage. Sterbende Menschen versuchen oft, darauf zu warten, bis so ein bedeutender Tag vergangen ist, bevor sie sterben, um ihn der Familie nicht zu verderben.

Al

Al war ein zäher Fünfundfünfziger, der sich seinen Weg durchs Leben erkämpft hatte. Man sah es seinen matten Augen und seinem vernarbten Körper an. Er war Arbeiter. Crystal, Angestellte in einem Haushaltswarenladen und Kellnerin, die er vier Jahre zuvor geheiratet hatte, liebte es, ihm Getränke zu mixen und ihn dazu zu bewegen, seine Tätowierungen herzuzeigen, die aus seiner Marinezeit stammten. Auch ihr war ein hartes Leben anzusehen - zerbrochene Ehen, die Bürde, die Kinder allein großzuziehen, ein Dasein am Rande der Armut. Aber irgendwie hatten sie sich gefunden, lebten miteinander und heirateten schließlich. Sie waren glücklich, unzertrennlich und stolz auf die wenigen Besitztümer, die sie in ihrer kleinen Wohnung stehen hatten. Al arbeitete, trotz der vielen Operationen und Behandlungen seines Nierenkrebses wegen, solange er konnte. Die zunehmende Schwäche und der Gewichtsverlust machten aus ihm einen Schatten jenes robusten Mannes, der er früher war. Seiner Arbeitsunfähigkeit wegen war er ständig sehr besorgt darum, wie sie mit dem reduzierten Einkommen und den immer höheren Arztrechnungen zurechtkommen sollten. Crystal schlang ihre molligen Arme um ihn.

»Mach dir keine Sorgen, mein Kleiner!« sagte sie. »Solange Crystal bei dir ist, kriegst du alles, was du brauchst.«

Sie arbeitete vierzig Stunden die Woche im Laden und weitere zwanzig als Kellnerin in einem Speiselokal, das die ganze Nacht geöffnet war. Sie brauchten das Geld, aber gleichzeitig ließ sie Al nur sehr ungern allein. Eines Tages fand sie ihn zu ihrem Schrecken auf dem Fußboden vor, als sie von der Arbeit nach Hause kam. Er war von der Couch gerutscht, zu schwach, wieder aufzustehen, und wartete deshalb, bis sie nach Hause kam.

»Jetzt reicht's!« sagte sie und kündigte beide Arbeitsstellen. Hartnäckig lehnte sie jegliche zusätzliche Pflegekraft und Angebote von Freunden und Verwandten zu helfen ab.

»Er ist mein Mann«, sagte Crystal. »Ich tue es für ihn! Über das Geld denken wir später nach. Er braucht mich jetzt!«

Um das nötige Geld zu verdienen, übernahm sie die Wäsche anderer Leute und versorgte in ihrer Wohnung vor und nach der Schule die Kinder von Nachbarn. Trotz ihrer großen Probleme waren Al und Crystal glücklich und kamen sich sogar noch immer näher.

Zwei Wochen vor Weihnachten stürzte Al wieder und brach sich die Hüfte. Crystal richtete sich auf dem Sessel neben seinem Bett in der Klinik häuslich ein. Ich drängte sie, nachts nach Hause zu gehen. Ich befürchtete, daß sie völlig erschöpft sein würde, wenn sie in dem Krankenhaussessel schlief.

»Sorgen Sie sich nicht, meine Liebe!« sagte sie und lachte. »Ich schlafe wirklich gut. Ich habe überall meine Kissen!« Sie klopfte auf ihren rundlichen Körper. Sie bedeutete mir, daß ich ihr in den Gang folgen sollte.

»Ich habe das Gefühl, als würde er mir entgleiten«, sagte sie mit Tränen in den Augen »Er schläft die ganze Zeit und will nichts essen. Manchmal redet er ohne Zusammenhang. Er sagt ständig: ›Ich kann es nicht verderben, ich kann es nicht verderben.‹ Ich weiß nicht, worüber er spricht. Er denkt, er sei zu Hause, und fragt mich immer, ob Weihnachten nun schon vorbei sei. Ich werde ihn mit nach Hause nehmen. Mehr kann ich dazu nicht sagen!«

Ich deutete an, daß Al dem Tod vielleicht ganz nahe war und ihr mitteilte, daß er befürchtete, ihr Weihnachten zu verderben, jetzt und auch in Zukunft, wegen der traurigen Erinnerungen. Ihre Augen wurden groß, und sie ging zurück ins Zimmer.

»Hör zu, Al«, sagte sie mit fester Stimme. »Es gibt *nichts*, das du *jemals* tun könntest, um mir damit *irgend etwas* zu verderben. Ich liebe dich. Wir gehen nach Hause, und ich werde mich um dich kümmern, hast du gehört?«

Al nickte und lächelte.

Die Ambulanz brachte ihn nach Hause in eine festliche Umgebung – Musik, Kerzen, Papierschlangen und Dekorationen überall! Crystal trug ihr bestes Kleid und Ohrringe, die Weihnachtsbäume darstellten. In der Mitte des Wohnzimmers stand ein geliehenes Krankenhausbett voller Geschenke. Als Augen waren so groß wie die eines Kindes. In der Nacht des Sechsundzwanzigsten starb er in Frieden, als er noch einige Weihnachtsgeschenke von Crystal trug – ein T-Shirt mit der Aufschrift *Finger weg! Er gehört mir!* und eine Halskette aus Goldimitat. Wie schon im Krankenhaus hatte Crystal neben ihm in einem Sessel geschlafen, ihren Kopf auf seinem Bett neben seiner Hand.

»Ich weiß, daß es verrückt klingt«, sagte sie bei der Beerdigung. »Aber es war das schönste Weihnachten. Er machte sich Sorgen, es mir zu verderben, aber er wußte, daß ich ihn gerne bemutterte, es war, als würde ich ihn beschenken. Es machte dieses Weihnachten zu einem ganz besonderen für mich. Ich werde es nie vergessen!«
Als Worte »Ich kann es nicht verderben!« und seine häufigen Fragen, das Fest betreffend, halfen Crystal, seinen Kummer zu erkennen und zu tun, was sie konnte, um ihn zu lindern, indem sie ihm die Einwilligung und die Versicherung gab, die er so nötig brauchte.

Wenn die äußeren Umstände genau den Bedürfnissen des Sterbenden entsprechen, vermitteln sie ihm häufig auch so etwas wie eine Erlaubnis aus dem Leben zu gehen. Die Einwilligung mag dann indirekt erfolgen - »Alles wird gut werden« - oder spezifischer - »Laß dich einfach gehen. Ich werde dich vermissen, aber ich weiß, daß du jetzt gehen mußt.« Bei anderen Menschen wiederum muß die Zustimmung sehr klar und sehr direkt geäußert werden.

Bernie

Greer war meine Zimmernachbarin im College gewesen, und wir waren seit der Schwesternschule vor fünfundzwanzig Jahren beste Freundinnen geblieben. Unsere Telefonrechnungen für Ferngespräche waren immer hoch gewesen, erhöhten sich aber weiter, als bei ihrem Lieblingsonkel, Bernie, fortgeschrittener Prostatakrebs diagnostiziert wurde. Bernie war ein Mann, der die Spielregeln einhielt und bis aufs I-Tüpfelchen genau nahm. Er war seit dem Tod von Greers Vater das Oberhaupt der Familie und war es trotz seines sich verschlechternden Zustandes auch geblieben. Noch mit neunundachtzig bestand er darauf, allein zu leben. Seine

Frau war vor Jahren gestorben, sie hatten keine Kinder. Greers Familie unterstützte seinen Willen nach Unabhängigkeit, sorgte sich aber um sein Wohlergehen.
Zwei seiner Nachbarinnen kamen jeden Abend, um das Abendessen herzurichten und ihn zu besuchen. Als sie Greer anriefen, um ihr von seiner rapide zunehmenden Schwäche und von den körperlichen Veränderungen zu berichten, plante sie einen Besuch.
Als sie ihn sah, wurde ihr das Herz schwer. Bei einer Größe von einem Meter achtzig wog Bernie nur noch fünfzig Kilo. Er konnte nicht einmal mehr allein vom Stuhl aufstehen. Sein Arzt bestätigte, daß er dauernder Hilfe bedurfte; das örtliche Hospiz reagierte schnell und nahm ihn am Tag nach Greers Anruf in das Programm für die Pflege zu Hause auf.
Um die Hilfe des Hospizes zu ergänzen, boten seine Nachbarinnen an, bei Bernie einzuziehen und ihn neben der Pflegekraft, die von der Familie angestellt worden war, zu betreuen. Greers Bruder, der eine Stunde entfernt lebte, kam regelmäßig zu Besuch, wie er das auch schon die Monate zuvor getan hatte. Erleichtert, daß Bernie die Hilfe bekam, die er brauchte, fühlte sich Greer beruhigt genug, um wieder nach Hause zu fahren.
Sechs Wochen später rief die Hospizschwester an. Bernie glitt nun häufig in ein Koma, aus dem er aber immer wieder erwachte. Vielleicht würde er in ein oder zwei Tagen sterben. Greer, ihre Mutter - von Bernie »Sis« genannt - und ihr Bruder fuhren zu ihm. Bernie mobilisierte für einige Tage all seine Kräfte, durch die Rolle des »Gastgebers« bei diesem Familientreffen von neuer Energie erfüllt. Aber dann wurde er so schwach, daß er bettlägerig und kaum noch in der Lage war, zu schlucken oder zu reden.
Alle wußten, daß er bald sterben würde, und waren dankbar, daß er so zufrieden schien, aber es war eine traurige und

schwierige Zeit für sie. Als ich die Belastung in der Stimme meiner Freundin über das Telefon hörte, bot ich an, hinzufahren und ihnen bei der Pflege von Bernie behilflich zu sein.

»Das wäre ja großartig!« sagte Greer. »Es ist ja viel schwieriger, als Mom und ich dachten.« Um Bernie während der kurzen Zeiten, wenn niemand bei ihm war, beaufsichtigen zu können, stellte sie ein Funkgerät auf, und jeder von uns nahm ein Sprechgerät mit, wenn er sich aus dem Krankenzimmer entfernte.

»Sis, ich muß nach Hause gehen«, sagte Bernie zu Greers Mutter.

»Ich weiß doch«, erwiderte sie. »Es ist in Ordnung. Wir sind darauf vorbereitet, daß du gehst. Eine Menge Leute, die wir mögen, wartet dort auf dich. Du gehst einfach los, sobald du dich dafür bereit fühlst.«

Er lächelte. »Sis, ich möchte, daß du mit mir kommst«, sagte er.

»Bernie, ich kann einfach noch nicht, aber du sagst jedem, daß ich in nicht allzu langer Zeit auch dasein werde.«

»Okay«. Bernie lächelte schwach. Zwei Tage später war er nicht mehr in der Lage zu sprechen, begann aber nachdrücklich, nach etwas zu greifen und zu winken. Greers Mutter saß stundenlang neben ihm und sprach über Verwandte, die schon gestorben waren und wahrscheinlich auf ihn warten würden, seine Frau, seinen Bruder, seine Großeltern.

Er sah sie überrascht an. »Sie sind ja da!« sagte er ganz klar. Er sprach nie wieder, fuhr aber die ganze Nacht über fort, zu greifen und zu winken.

Bei Dämmerung fiel er in ein Koma, schwebte aber noch zwischen Leben und Tod. Wir fragten uns, ob ihn etwas zurückhielt. Diese Belastung begann sich auf alle auszuwirken. Es gab Wutanfälle, die Tränen saßen locker. Greer betete, daß Bernie in der Lage sein möge, bald zu gehen. Sie

wünschte sich, daß sein Sterben für ihn und für die Familie friedlich sein würde. Abwechselnd verbrachten wir die Nächte bei Bernie, und in dieser Nacht war Greers Mutter an der Reihe. Aber wir fanden alle keine Ruhe, gingen ins Krankenzimmer und wieder hinaus. Um drei Uhr am Morgen saßen Greer und ich für einen Moment im Wohnzimmer zusammen. Wir wurden durch die flüsternde Stimme von Greers Mutter erschreckt, die durch das Funkgerät zu hören war.
»Bernie, hör mir zu«, sagte sie. »Ich bin es, Sis. Es ist wichtig! Deine Arbeit hier ist vollendet, also ist es heute nacht an der Zeit zu gehen. Hörst du mich? Ich bin es, Sis – ich sage dir, daß es in Ordnung ist, heute nacht zu gehen.«
Greer sah mich minutenlang erstaunt an. »Hörst du, wie sich seine Atmung verändert hat?« sagte sie. »Kannst du das glauben?«
Wir waren alle an seinem Bett, als er um sieben Uhr am Morgen friedlich starb. Wir lobten Greers Mutter dafür, wie sie mit Bernie gesprochen hatte. Es war ihr peinlich, daß wir sie gehört hatten.
»Ich will nicht, daß ihr denkt, ich hätte ihn gedrängt«, sagte sie. »Ich hatte nur den Eindruck, daß sein Greifen und Winken bedeutete, daß er mit der Entscheidung zu kämpfen hatte, ob er gehen sollte oder nicht. Deshalb schwebte er so lange zwischen Leben und Tod.«
Seither haben wir immer ein bißchen darüber gelacht, wie sehr Bernies Pedanterie ihn bis in den Tod begleitete. Wir sagten ihm, was wir glaubten, daß ihn erwartete und wer ihn dort empfangen würde, und daß jeder auf seinen Abschied vorbereitet war. Aber niemand außer Greers Mutter hatte daran gedacht, ihm zu sagen, *wann* er gehen sollte. Und genau das hatte ihm gefehlt.
Wenn wir Vorträge über das Todesbewußtsein halten, stellen wir jedesmal fest, daß unsere Erfahrungen mit Sterben-

den die Menschen sehr berühren. Immer wieder äußert jemand: »Jetzt verstehe ich etwas, das mich seit vielen Jahren belastet hat.« Und er berichtet uns von einem Erlebnis, das ungefähr wie folgt ablief:

»Vor zehn Jahren war mein Mann/meine Mutter/mein Kind sehr krank und lag im Krankenhaus. Ich war eine Woche lang dort. Eines Abends sagte er/sie/es: ›Du solltest heute nacht nach Hause gehen und dich ausruhen.‹

Also ging ich um zehn Uhr nach Hause, und er/sie/es starb um Mitternacht. In all den Jahren habe ich mich sehr schuldig gefühlt, daß ich nicht da war. Aber jetzt frage ich mich, ob er/sie/es nicht genau das wollte.«

Ist ihr Verständnis für die Reaktionen Sterbender erst einmal geweckt, so können die Leute häufig noch im nachhinein die tieferen Hintergründe für ihr Sterbeverhalten erkennen. »Nun, er war schon immer ein zurückgezogener Mensch; es ist eigentlich nicht überraschend, daß er allein sterben wollte.« Oder: »Mutter wollte uns möglichst vor jedem Leid schützen. Ich nehme an, sie dachte, es wäre leichter für uns, wenn wir das Ende nicht miterlebten.«

Die meisten Menschen gehen davon aus, daß wir sterben, wenn »unsere Zeit um ist« oder wenn eine Krankheit unseren Körper befällt. Sie sehen den Tod als etwas Passives und den Sterbenden als ohnmächtig. Tatsächlich aber sind viele Menschen dazu in der Lage, eine gewisse Kontrolle über ihren eigenen Tod auszuüben. Sich dieser Kontrolle – was Zeitpunkt, Umstände und Anwesenheit bestimmter Menschen betrifft – bewußt zu sein läßt das Sterben weniger passiv erscheinen und hilft zu erkennen, daß sterbenden Menschen eine gewisse Macht zur Verfügung steht.

Kapitel sechzehn

Todesbewusstsein: Praktische Hinweise

Was bedeutet das alles für Sie? Wie passen die Mitteilungen aus dem Todesbewußtsein und die Dynamik, die sich bei sterbenden Menschen entwickelt und in die Sie vielleicht eingebunden sind, in Ihr Leben, in Gegenwart und Zukunft? Beginnen Sie damit, sich selbst zu prüfen. Wenn Sie allein oder gemeinsam mit anderen schwierigen Situationen ausgesetzt sind, wie reagieren Sie dann in der Regel auf diese Belastung? Wo liegen Ihre Stärken und wo Ihre Schwächen? Was glauben Sie, wie Ihre Reaktionen auf jemanden wirken würden, der im Sterben liegt? Haben Sie Angst vor dem Tod? Wenn ja, wissen Sie, warum? Haben Sie eigene schlechte Erfahrungen gemacht, oder sind Ihre Ängste die Folge von übertriebenen und gewaltsamen Darstellungen des Todes, wie sie in den Medien gang und gäbe sind? Haben Sie Angst davor, mit dem Unbekannten umzugehen?

Am wichtigsten ist zu erkennen, was Sie mit Ihrem Engagement für einen todkranken Menschen erreichen wollen. Handeln Sie aus einer gewissen Verpflichtung, suchen Sie Bestätigung, oder gibt es einen anderen Grund? Wollen Sie über seinen Tod mit dem Gefühl hinwegkommen, daß Sie alles, was in Ihrer Macht stand, für ihn getan haben? Streben Sie die Versöhnung mit einem Sterbenden an? Wollen Sie die Zeit, wie wenig auch noch bleiben mag, nutzen, um diese Beziehung zu genießen? Möchten Sie zum Abschied Ihre Liebe und Ihre Dankbarkeit zum Ausdruck bringen? Wollen Sie etwas lernen, das Ihnen hilft mit Ihrer eigenen Sterblichkeit umzugehen?

Machen Sie eine Bestandsaufnahme Ihrer Gefühle: Wenn Sie wütend sind, weil jemand, der Ihnen nahesteht, stirbt, können Sie dann die genaue Ursache für Ihre Wut herausfinden? Was können Sie tun, um sie zu lindern? Wenn Sie im Umgang mit einem sterbenden Menschen angespannt sind, so versuchen Sie, die Ursache Ihrer Ängste zu ergründen. Entstehen sie dadurch, daß Sie sich mit dem Tod auseinandersetzen müssen? Machen Sie sich Sorgen darüber, was zu sagen oder zu tun ist? Haben Sie Angst, Ihre Traurigkeit mit Tränen zu zeigen? Führen Traurigkeit und Depression dazu, gar keine Reaktionen mehr zu zeigen? Versuchen Sie, der Realität auszuweichen, indem Sie sich zurückziehen? Verändert sich etwas, wenn Sie die Realität ignorieren?

Mit dem Sterben umzugehen bedeutet harte körperliche und geistige Arbeit, und es ist sehr leicht, der Verzweiflung anheimzufallen, die Sie emotional auslaugt und körperlich erschöpft.

Sie tun besser daran, wenn Sie sich auch um sich selbst kümmern. Teilen Sie Ihre Bürden und Verpflichtungen wie auch die kleinen Siege und die großen Traurigkeiten mit anderen. Gönnen Sie sich genug Schlaf. Essen Sie gut. Treiben Sie regelmäßig Sport. Tun Sie jeden Tag etwas, das Sie entspannt. Es ist wichtig, regelmäßig aus dem Haus zu kommen, und zwar nicht nur zur Erledigung von Pflichten. Gehen Sie ins Kino, Konzert oder Theater. Gönnen Sie sich das Vergnügen, mit Freunden essen zu gehen. Ziehen Sie den Besuch von Selbsthilfegruppen mit Menschen in Betracht, die in der gleichen Situation sind wie Sie. Nehmen Sie Entspannungstechniken zu Hilfe – Musik, Meditation, Gebete. Machen Sie eine Therapie, wenn Sie diese brauchen.

Schauen Sie sich nach dieser persönlichen Bestandsaufnahme in Ihrer Umgebung um. Wollen Sie andere um die Hilfe fragen, die Sie brauchen?

Gibt es Menschen, die Sie in dieser schwierigen Zeit emotional unterstützen können? Wem können Sie Ihre Ängste und Enttäuschungen unbesorgt anvertrauen - einem Familienangehörigen, einem Freund, einem Therapeuten?
Sind Sie mit den Mitarbeitern, die auf medizinischem Gebiet beteiligt sind, zufrieden? Sind sie willens, auf Ihre Fragen einzugehen und Ihnen Informationen und Ratschläge zu geben, wie Sie mit der Situation umgehen können, was die praktische Handhabung und auch Ihre Gefühle betrifft?
Haben Sie genügend Unterstützung, was die praktische Seite der Versorgung des Sterbenden betrifft? Wenn nicht, wo oder von wem können Sie eine solche Hilfe erhalten? Wie sieht es mit der Regelung offizieller Angelegenheiten aus - Krankenversicherungsbeiträgen, Testament, einer ständigen Handlungsvollmacht, Bezahlung der Rechnungen, Übertrag von Eigentumsansprüchen und Geschäftsanteilen?
Wenn Sie Ihre eigenen Absichten und Kapazitäten, Ihre Ziele und Mittel durchdacht haben, wenden Sie sich den Personen zu, die ebenfalls beteiligt sind, einschließlich des Sterbenden selbst. Wie werden sich die gewohnten Verhaltensweisen und die Absichten anderer Beteiligter mit Ihren eigenen vereinen lassen, wo werden sie aufeinanderprallen? Wie werden die anderen auf gemeinsame Überlegungen dazu reagieren? Welchen Einfluß werden Sie auf die Art Ihrer Zusammenarbeit haben, die bei der Fürsorge für einen todkranken Menschen so wichtig ist?
Erinnern Sie sich der verschiedenen emotionalen Stadien im Umgang mit dem Sterben - Verleugnen, Wut, Verhandeln, Depressionen, Akzeptieren -, und bedenken Sie, daß diese Gefühle aufkommen, wenn der sterbende Mensch selbst, aber auch die anderen Beteiligten damit zu kämpfen haben, die Realität der Diagnose anzuerkennen, dem Leben mit die-

ser Krankheit gerecht zu werden und sich auf den nahenden Tod vorzubereiten.

Je früher Sie all diese Überlegungen stellen und Antworten darauf finden, desto einfacher wird es sein, sich auf die eintretenden Veränderungen vorzubereiten, nicht nur was das Verhalten und die Einstellung des Todkranken betrifft, sondern auch was Ihre eigenen Gefühle und das Verhältnis zu anderen betrifft. Bedenken Sie, daß sich Bedürfnisse verändern, und versuchen Sie deshalb, flexibel zu sein.

Im folgenden führen wir zu Ihrer Erinnerung einige wesentliche Punkte auf, um es Ihnen zu erleichtern, das Todesbewußtsein beim Sterbenden zu erkennen und darauf zu reagieren.

- Schenken Sie *allem*, was ein sterbender Mensch äußert, Aufmerksamkeit. Vielleicht bewahren Sie Stifte und einen Papierblock neben dem Bett auf, damit jeder Notizen über Gesten, Gespräche oder alles Außergewöhnliche, das von dem Sterbenden geäußert wird, aufnehmen kann. Reden Sie miteinander über diese Bemerkungen und Gesten.
- Bedenken Sie, daß in *jeglichem* Gespräch eine wichtige Botschaft enthalten sein kann, wie vage oder wirr sie auch wirken mag. Nicht jede Äußerung eines sterbenden Menschen hat eine tiefere Bedeutung, aber beachten Sie alle, damit Sie keine der bedeutenden versäumen.
- Achten Sie auf Schlüsselmerkmale: ein gläserner Blick, der Eindruck, daß durch Sie hindurchgestarrt wird; Zerstreutheit oder Verschlossenheit; ein scheinbar unangemessenes Lächeln oder Gesten, bei denen jemandem gewunken, auf etwas oder jemanden gezeigt oder danach gegriffen wird, der oder das für andere unsichtbar ist; Zupfen an der Bettdecke oder das Bestreben, ohne ersichtlichen Grund aufzustehen; Erregung oder Verzweiflung über Ihr Unver-

mögen, etwas zu verstehen, was der Sterbende zu sagen versucht hat.

- Reagieren Sie auf alles, was Sie nicht verstehen, mit freundlichem Nachfragen: »Kannst du mir sagen, was passiert ist?« oder »Du scheinst heute so verändert. Kannst du mir sagen, warum?« Das ist häufig eine gute Möglichkeit, den Kranken gesprächsbereit zu machen.
- Formulieren Sie Ihre Fragen offen, und ermutigen Sie ihn. Ein Sterbender, dessen Mutter schon lange tot ist, sagt zum Beispiel: »Sie wartet auf mich.« Verwandeln Sie dann dieses Moment zu einer Frage: »Mutter wartet auf dich?« Oder: »Ich bin so froh, daß sie in deiner Nähe ist. Kannst du mehr darüber sagen?«
- Akzeptieren und bestätigen Sie alles, was ein sterbender Mensch Ihnen erzählt. Wenn er sagt: »Ich sehe einen wunderschönen Ort«, antworten Sie: »Das ist wunderbar! Erzählst du mir mehr davon?« Oder: »Das freut mich. Ich merke, daß es dich glücklich macht.« Oder: »Ich bin so froh, daß du mir davon erzählst. Ich möchte wirklich verstehen, was mit dir passiert. Erzählst du mir mehr?«
- Streiten Sie nicht, und fechten Sie niemanden an. Mit Bemerkungen wie »Du kannst deine Mutter nicht gesehen haben, sie ist seit zehn Jahren tot« erhöhen Sie die Frustration und die Isolation des Sterbenden und gehen das Risiko ein, weiteren Gesprächen einen Riegel vorzuschieben.
- Bedenken Sie, daß ein todkranker Mensch sich Bildern bedient, die aus seinem Alltag stammen. Ein Pilot spricht vielleicht davon, sich auf einen Flug vorzubereiten. Benutzen Sie diese Metapher Ihrerseits: »Weißt du denn, wann wir starten?« Oder: »Ist jemand an Bord, den du kennst?« Oder: »Kann ich dir bei den Startvorbereitungen helfen?«
- Seien Sie ehrlich, wenn Sie Schwierigkeiten haben, den Sterbenden zu verstehen. Sie könnten das beispielsweise

so formulieren: »Ich glaube, du willst mir etwas Wichtiges sagen, aber ich kann dich nicht verstehen. Doch ich werde nicht aufgeben. Bitte hab auch du Geduld mit mir.«

- Drängen Sie nicht. Der Sterbende ist vielleicht nicht in der Lage, seine Erfahrungen in Worte zu fassen. Wenn Sie darauf bestehen, mehr zu reden, könnte ihn das frustrieren.
- Vermeiden Sie es, bei einem todkranken Menschen ein Gefühl des Versagens hervorzurufen. Ist die Information nur sehr wirr oder zu vage, geben Sie Ihrer Anerkennung über den Versuch Ausdruck, und sagen Sie zum Beispiel: »Ich merke, wie schwer das für dich ist, und ich erkenne an, daß du versuchst, mich einzubeziehen.« Oder: »Ich merke, daß du müde/wütend/frustriert bist. Sollen wir besser später darüber sprechen?« Oder: »Mach dir keine Sorgen. Wir werden es weiterhin versuchen, und irgendwann geht es dann.«
- Wenn Sie nicht wissen, wie Sie reagieren sollen, sagen Sie lieber nichts. Manchmal besteht die beste Reaktion einfach darin, die Hand eines todkranken Menschen zu berühren, zu lächeln oder seine Stirn zu streicheln. Mit dieser Berührung drücken sie aus: »Ich bin bei dir.« Oder sagen Sie: »Das ist interessant, ich muß darüber nachdenken.«
- Erinnern Sie sich daran, daß Sterbende sich manchmal jemand ganz Ungewöhnlichem anvertrauen. Todkranke Menschen versuchen häufig, über wichtige Informationen mit jemandem zu sprechen, bei dem sie sich sicher fühlen können, weil er nicht ärgerlich wird. Werden Sie als Außenstehender für diese Funktion auserwählt, teilen Sie die Informationen den Familienangehörigen oder Freunden des Sterbenden mit. Sie sind vielleicht mit versteckten Andeutungen eher vertraut, weil sie ihn besser kennen.

Sollten Sie Mitteilungen erhalten, die in die Kategorie »Was der Sterbende erlebt« passen, so können Sie ihnen entneh-

men, daß er nicht allein ist, daß er bereit ist, woandershin zu gehen, und daß er vielleicht weiß, wann er dorthin gehen wird. Weitet sich dieses Bewußtsein, so wandeln sich seine Sorgen und Ängste in Wohlbehagen und Frieden - ein Wandel, der auch nahestehende Mitmenschen erfassen kann.
Erhalten Sie Hinweise, die zu der Kategorie »Was der Sterbende braucht, um in Frieden gehen zu können«, gehören, so werden Sie gebeten, eine bedeutende Aufgabe zu übernehmen. Wenn es angebracht scheint, äußern Sie diese Bitte denjenigen gegenüber, die helfen können. Lassen Sie den Menschen wissen, daß Sie die Dringlichkeit seines Anliegens erfaßt haben und ihm sorgfältig nachgehen. Geben Sie regelmäßige Rückmeldung über den Verlauf. Können Sie der Bitte nicht nachkommen, so seien Sie ehrlich zu ihm, und zeigen Sie Ihr Verständnis für seine Enttäuschung.
Sollte der Sterbende Ihnen gegenüber Andeutungen über »die Wahl des Zeitpunkts« machen, so können Sie daraus entnehmen, daß, wenn er es wünscht, Sie wahrscheinlich den Augenblick des Todes miterleben werden; wünscht er es nicht, so werden Sie aller Wahrscheinlichkeit nach auch nicht dabeisein. Gehen Sie also den Aufgaben Ihres Lebens nach, ohne sich dauernd Gedanken darüber zu machen, ob Sie da sind oder nicht, wenn es geschieht, und glauben Sie nicht, versagt zu haben, wenn es anders gekommen ist. Sehen Sie es als die Wahl des Sterbenden und möglicherweise als seinen Wunsch, Sie zu schonen, an.
Äußert ein todkranker Mensch - offen oder verschlüsselt - das Bedürfnis nach geistiger oder zwischenmenschlicher Versöhnung, so tun Sie alles, was in Ihren Kräften liegt, damit diese Frage gelöst werden kann. Erklären Sie ihm, daß Sie darum bemüht sind, und beschreiben Sie, was Sie tun, um die Dinge in die Wege zu leiten. Zeichnet sich keine Lösung ab, so ist es das beste, ehrlich dazu zu stehen.

Erhalten Sie Mitteilungen, die auf ein »Zurückgehaltenwerden« schließen lassen, so gehen Sie alle früher geführten Gespräche noch einmal durch, um herauszufinden, was den inneren Frieden des Sterbenden, stört und sein Loslassen verhindert. Erklären Sie ihm, daß Sie versuchen zu verstehen, was er braucht, und es zur Verfügung zu stellen.
Geht es einem todkranken Menschen so gut, daß er noch über seine symbolhaltigen Träume sprechen kann, so steht der Tod nicht unmittelbar bevor. Traumdeutung ist schwierig. Fragen Sie den Sterbenden, was *er* von seinen Träumen hält. Beachten Sie seine Stimmungen und Gefühle, die im Traum auftauchen. Scheint der Sterbende geängstigt, einsam, verloren, besorgt zu sein? Sprechen Sie mit ihm darüber, und teilen Sie Ihre Gedanken mit. Sie könnten zum Beispiel sagen: »Es klingt für mich, als hättest du im Traum Angst gehabt.« Oder: »Ängstigt dich etwas?« Werden die Gefühle, die hinter einem Traum liegen, erkannt, so kann damit dem sterbenden Menschen klargemacht werden, was er braucht.

Hinweise für Mitarbeiter im Pflegebereich

Ärzte, Krankenschwestern, Sozialarbeiter und Geistliche können vielleicht von den folgenden Ratschlägen profitieren.

- Seien Sie für das Todesbewußtsein offen. Es kann in jeder Umgebung auftreten, nicht nur im Hospiz, sondern auch im Krankenhaus, bei der Pflege zu Hause, im Pflegeheim, auf der Unfallstation, auf der Intensiv- oder Herzstation, auf der Kinderstation, überall, wo Menschen sterben.
- Sprechen Sie mit Ihren Mitarbeitern über das Todesbewußtsein. Verzeichnen Sie solche Phänomene in der Kran-

kenakte. Als wir die Notizen über unsere Patienten noch einmal durchgingen, bemerkten wir, daß nur ganz wenige Betreuer diese wichtigen Informationen schriftlich festgehalten hatten, auch wenn der Eindruck auf sie noch so nachhaltig gewesen war.

»Ich kann mich jederzeit an diese Erlebnisse zurückerinnern«, sagte eine Schwester. »Es kam mir so vor, als würde etwas ganz Außergewöhnliches passieren. Ich habe es aber nicht in der Akte vermerkt, weil ich vor meinen Kollegen nicht komisch erscheinen wollte.«

Dieses Schweigen enthält anderen Mitarbeitern vor, von den wichtigen Bedürfnissen eines sterbenden Menschen zu erfahren und darauf reagieren zu können.

- Vergegenwärtigen Sie sich die Unterschiede zwischen dem Todesbewußtsein und den Erfahrungen bei plötzlicher, unmittelbarer Todesnähe, wie sie von klinisch Toten bekannt sind. Das Todesbewußtsein erleben die Patienten im Unterschied dazu allmählich und über einen längeren Zeitraum hinweg, und sie sind in der Regel in der Lage, *während* dieses Erlebens zu sprechen, wodurch sie ihre Einsichten mit anderen teilen können. Helfen Sie den Sterbenden in ihrem Bemühen, diese Informationen mitzuteilen – Sie können viel davon lernen.
- Sie sollten auf keinen Fall Ihrer – verständlichen – Versuchung nachgeben, an dieser aufregenden Kommunikation selbst teilzunehmen. Ihre Aufgabe besteht darin, Freunden und Familien zu vermitteln, wie sie zuhören, verstehen und angemessen auf die Botschaften todkranker Menschen reagieren können. Daß die Sterbenden sie an diesen beglückenden spirituellen Erfahrungen teilhaben lassen, erfüllt die Angehörigen mit Trost, läßt sie eine bejahende Haltung zu dem Geschehen finden und führt sie vielleicht zu einer neuen Einstellung dem eigenen Leben und Tod gegenüber.

Das Todesbewußtsein verwandelt das Sterben nicht in etwas zu Bewältigendes; es ist auch kein Allheilmittel gegen Kummer und Schmerz, die mit dem Tod einhergehen, wenn er uns einen geliebten Menschen nimmt. Es zeigt uns aber, daß das Sterben nicht als vereinsamendes, ängstigendes und überwältigendes Ereignis betrachtet werden muß, und ist damit eine Quelle des Trostes für den Sterbenden wie auch seine Angehörigen.

Es ist unser Wunsch, daß die Darstellung dieses Phänomens, das wir Todesbewußtsein nennen, und die Fallbeispiele, die wir gewählt haben, um die verschiedenen Facetten zu veranschaulichen, Ihnen dabei geholfen haben und Ihnen helfen werden, sterbende Menschen so zu beurteilen, wie wir das tun - nicht als sprachlose Häufchen Elend, sondern als Lehrer; nicht als Schatten ihrer selbst, sondern als Leuchtfeuer; nicht als Objekte des Mitleids und sogar der Verachtung, sondern als Persönlichkeiten, ausgestattet mit der Fähigkeit, auszuleuchten, was auch immer jenseits unseres Lebens besteht.

Wir fühlen uns privilegiert, all diese Menschen und ihre Familien kennengelernt zu haben, für sie gesorgt zu haben und von gewissem Trost für sie gewesen zu sein. Unser Leben hat sich verändert durch das, was sie uns beigebracht haben. Dieses Buch ist unser Andenken an sie.

DAS LEBEN WÄHRT EWIG; UND DIE LIEBE IST UNVERGÄNGLICH;
UND DER TOD IST NUR EIN HORIZONT;
UND EIN HORIZONT STELLT NICHTS WEITER ALS
DIE BEGRENZUNG UNSERES BLICKES DAR.

Rossiter Worthington Raymond
1840-1918

Über den Tod und das Sterben sind unzählige Bücher erhältlich. Die aufgelistete Lektüre ist ganz besonders hilfreich für diejenigen, für die die Thematik des Todes und vieler Aspekte, die damit zusammenhängen, Neuland darstellt. Es handelt sich weder um eine vollständige Bibliographie noch um eine Liste all der Bücher, die wir gelesen und für wert befunden und aus denen wir gelernt haben. In den meisten der folgenden Bücher findet sich für eine vertiefende Beschäftigung mit einem Thema eine Bibliographie.

Über den Tod

Grollman. Earl A. *Mit Kindern über den Tod sprechen. Ein Ratgeber für Eltern.* Konstanz 1991. Hilfreiche Hinweise für eine schwierige Thematik.

Kübler-Ross, Elisabeth. *Interviews mit Sterbenden.* Gütersloh 1990[15].

–. *Was können wir noch tun? Antworten auf Fragen nach Sterben und Tod.* Gütersloh 1990[6]. Für die meisten Menschen stellen die Bücher von Dr. Kübler-Ross eine Hilfe dar; diese beiden frühen Werke sind wertvolle Informationsquellen, wenn es um die Reaktion auf das Sterben geht.

–. *Kinder und Tod.* Stuttgart 1984.

–. *Leben, bis wir Abschied nehmen.* Stuttgart 1981.

Informationen für Kinder

Buscaglia, Leo. *The Fall of Freddie the Leaf.* New York 1982. Für Kinder aller Altersgruppen. Stellt auch für viele Erwachsene eine Hilfe dar.

Stein, Sara Bonnett. *About Dying.* New York 1974. Mit Photos und Großdruck für Kinder und zusätzlichen Informationen für Eltern.

Informationen für Heranwachsende

Le Shan, Eda: *When a Parent Is Very Sick.* Boston 1986.

–. *Learning to Say Goodbye.* New York 1976.
Beide sehr informativ, leicht zu lesen und auch für Erwachsene hilfreich.

Über den Tod von Kindern

Kübler-Ross, Elisabeth: *Verstehen, was Sterbende sagen wollen. Einführung in die symbolische Sprache.* Gütersloh 1990³. Handelt von todkranken Kindern und ihren Familien.

Über die Trauer

Kushner, Harold: *Wenn guten Menschen Böses widerfährt.* Gütersloh 1990³. Trost in schwierigen Zeiten.

Tatelbaum, Judy: *The Courage to Grieve.* New York 1982. Hilfreich, wenn jemand Nahestehendes trauert.

Viorst, Judith: *Notwendige Verluste.* Informationen über die Auswirkungen der Trauer und des Verlustes auf das ganze Leben.

Westberg, Granger: *Good Grief.* Philadelphia 1962.

Über das Hospiz

Saunders, Cicely, und Mary Baines: *Leben mit dem Sterben. Betreuung und Behandlung todkranker Menschen.* Bern 1991.

Stoddard, Sandol: *Leben bis zuletzt. Die Hospizbewegung.* München 1989. Zeigt die Entwicklung der Hospizbewegung von den mittelalterlichen Vorgängern bis heute auf und beschreibt, wie das Hospizprogramm funktioniert.

Historische und zeitgenössische Perspektiven des Todes

Aries, Phillipe: *The Hour of our Death.* New York 1981. Zeigt westliche Einstellungen zu Tod und Sterben seit dem Mittelalter.

Freemantle, Francesca, und Chogyam Trungpa: *The Tibetan Book of the Dead.* Boston und London 1975. Übersetzung und Erläuterungen zur buddhistischen Lehre über den Tod und danach.

Grosz, Anton: *Letters to a Dying Friend.* Wheaton, Illinois 1989. Eine einfache und wunderschöne Darstellung der Lehre des Tibetanischen Totenbuchs.

Kübler-Ross, Elisabeth (Hrsg.): *Reif werden zum Tode.* Gütersloh 1989[6]. Eine Sammlung von Aufsätzen über den Tod von Menschen unterschiedlicher Kulturen und Erfahrungen.

Levine, Stephen: *Who Dies? An Investigation into Conscious Living and Conscious Dying.* New York 1982. Aufmerksame Untersuchung vieler angrenzender Themenbereiche, die nachdenklich macht.

Moody, Raymond: *Leben nach dem Tod. Erforschung einer unerklärlichen Erfahrung.* Reinbek 1977. Beschreibungen und Erläuterungen des Erlebens direkter Todesnähe.

Osis, Karlis, und Erlendur Haraldsson: *Der Tod - ein neuer Anfang. Visionen und Erfahrungen an der Schwelle des Seins.* Freiburg 1989[2]. Parallelen zu Totenbettvisionen in unterschiedlichen Kulturen.

Ring, Kenneth: *Den Tod erfahren - Das Leben gewinnen.* Bergisch Gladbach 1988. Untersucht die Auswirkungen des Erlebens direkter Todesnähe auf Verhalten und Wertvorstellungen.

Tausch, Annemarie und Reinhard: *Was der Tod für das Leben bedeutet.* Reinbek 1985.

Nachwort

In Würde aus dem Leben gehen, so lautet der Titel dieses Buches. Wir wünschen uns das in einer Zeit der Unruhe, der Wandlungen und Unsicherheiten. Würdig sterben, heißt das, menschlich sterben, gar mit einem ganz bestimmten Anspruch auf persönliche Lebensqualität? Wunsch und Wirklichkeit, wie Menschen sterben wollen und wie sie in unserer Gesellschaft unter Umständen sterben werden, haben in den vergangenen Jahrzehnten Defizite unseres Miteinander sichtbar werden lassen. Bis ins hohe Alter leben die meisten Menschen in unserem Land unabhängig, mit sozialer Absicherung und so selbstbestimmt wie irgend möglich. Erst in Grenzsituationen menschlichen Lebens, wie unheilbarer Krankheit, Gebrechlichkeit und Sterben, werden die ganz subtil geschehene Auflösung von Familienverbänden und die fehlenden Beziehungsebenen wie Nachbarschaft und Freunde erkennbar. Ein »soziales Sterben« setzt ein, manchmal lange vor dem eigentlichen physischen und psychischen Sterbeprozeß.

Den »letzten Weg« gehen laut Umfragen über neunzig Prozent unserer Bevölkerung in Krankenhäusern und Altenpflegeheimen. Hier erschweren Funktionspflege und Routineablauf eine eigene Auseinandersetzung mit dem Sterben oder gar die Beantwortung noch anstehender Sinnfragen.

Intimsphäre und Privatsphäre gibt es in einem Mehrbettzimmer kaum, vertrauliche Gespräche und letzte Wünsche finden keinen Raum. Der Wunsch, das »letzte Stück Identität« in den eigenen vier Wänden zu erleben, unbeeinflußt von allen menschlichen, aber vor allem von maschinellen Manipulationen (der Medizin), drückt sich in Befragungen in dem eindeutigen Votum für ein Sterben »zu Hause« aus.

Die Wirklichkeit unseres Alltags macht deutlich, daß Sterben und Tod nach wie vor Tabu-Themen sind. Wer spricht mit uns, wenn »es« in meiner Familie passiert? An wen kann ich mich in meiner Hilflosigkeit wenden? Wann darf eine Behandlung abgebrochen werden? Darf ich die »Wahrheit« sagen, wissen? Wie werde ich sterben? Die Angst vor dem Sterben, von Kranken und Gesunden gleichermaßen geäußert, ist:

- die Angst vor Abhängigkeit, weil wir doch immer unabhängig gelebt haben;
- die Angst vor Isolation, weil wir Menschen ausgrenzen, wenn sie nicht mehr »funktionstüchtig« sind;
- die Angst vor Kontrollverlust, weil wir am liebsten alles im »Griff« behalten wollen;
- die Angst vor einem ungelebten Leben, weil wir nie genug Zeit haben;
- die Angst vor Schmerzen, weil wir schmerz- und leidfreie Lebensqualität bis zum Schluß erwarten.

Wir leben in Deutschland in einem der bestversorgten, bestversicherten und hochinstitutionalisierten Ländern der Welt, aber wir denken nicht an unser (Lebens-)Ende.

In England und Amerika entwickelte sich schon Ende der sechziger Jahre die sogenannte Hospizbewegung. Sie versucht die Lücke zwischen dem durch die Medizin möglich gewordenen Kampf ums Überleben einerseits und dem anteilnehmendem Zulassen des Sterbens andererseits zu schließen. Die Hospizbewegung ist inhaltlich vor allem eine liebevolle Idee, eine Philosophie der konkreten und praktischen Hilfe und des Beistandes am Lebensende.
Menschen, die aus dieser Bewegung kommen, gehen anders mit Sterben, Tod und Trauer um.

Der Sterbende steht im Mittelpunkt und ist Auftraggeber und Empfänger. Ihm gilt alle Sorge und Fürsorge – genauso wie auch seinen Angehörigen und dem begleitenden Umfeld.
Die Hospizbewegung hat eine alte christliche Tradition. Der Name »hóspic« (lat.: Herberge, Raststätte) wurde erstmals Ende des 19. Jahrhunderts für die Unterkunft von unheilbar Kranken erwähnt. Doch schon im Mittelalter waren Hospize Gasthäuser an vielen wichtigen Straßen, die von Ordensgemeinschaften geführt wurden und in denen Pilger, Arme und Kranke Aufnahme, Ruhe und Pflege fanden. Aus dieser Tradition stammt auch das Bild des Pilgers, der durch das Leben bis zum Sterben in ein Leben »danach« geht. Mit dem Bewußtsein, Gast in diesem Leben zu sein und gemeinsam Verantwortung und Fürsorge an Leib und Seele bis zum letzten Augenblick zu übernehmen, arbeitet die Hospizbewegung.
Entscheidende Arbeiten bei der Verwirklichung dieses Zieles leistete in den fünfziger Jahren die Sozialarbeiterin und Ärztin Dr. Cicely Saunders in London. Sie gründete 1967 das St.-Christophers-Hospice, das bis heute weltweit als Orientierungsort gilt. Weitere Impulse kamen nach Deutschland durch die Übersetzung der Bücher der Schweizer Ärztin Dr. Elisabeth Kübler-Ross. Sie trug entscheidend dazu bei, zu verstehen, was »Sterbende noch sagen wollen«.
Schließlich griff der Jesuitenpater Reinhold Iblacker das Thema 1971 in der Bundesrepublik auf und drehte den legendären Film *Noch 16 Tage*, der das Leben und Sterben in und um St. Christophers in London veranschaulichen half. Die Hospizidee wurde für viele Menschen durch diesen Film erstmals »sichtbar« und selbst nachvollziehbar.

Den Schmerz des Sterbens zu erleben bedeutet auch, die Quellen des Schmerzes miteinander sehen zu lernen. Quellen der Schmerzen können sein:

- der erkrankte Leib,
- die verunsicherte, ängstliche Seele,
- das mitbetroffene, soziale Umfeld,
- die bohrenden Fragen: Warum gerade ich, wo ist der Sinn, wohin geht es?

Die körperlichen, geistigen und seelischen (spirituellen) Nöte des Sterbenden und seines Umfeldes finden im Hospizkonzept einen Raum, ein Zuhause. Der Sterbende findet Zeit, ein Leben bis zum Schluß zu leben.
Neben einer selbstverständlichen optimalen Schmerztherapie und Symptomkontrolle durch einen Arzt ist das Miteinander in einem interdisziplinären Team Bedingung der Hospizdienste. Sterbende, Angehörige und die Begleiter sehen sich als Ganzheit, die miteinander lernen, erfahren und tragen. Dazu gehört auch das Angebot, den Trauernden nach dem Tod Begleitung anzubieten. Gerade diese Trauerbegleitung verdeutlicht in Gesprächskreisen oder Einzelgesprächen, wie wichtig es für uns alle ist, frühzeitig abschiedlich leben zu lernen, die vielschichtigen Verlusterlebnisse eines jeden Lebens (Partnerverlust z. B. auch durch Scheidung, Arbeitsverlust, Wohnungswechsel und andere Identiätskrisen) zu be- und verarbeiten, Trauer zuzulassen und zu integrieren.
Das Team setzt sich aus Fachkräften zusammen. (Arzt, Pflegern, Seelsorger, Sozialarbeiter u.a.m.) Die gemeinsame intensive Zuwendung (ohne Verdrängung oder künstliche Verlängerung des Sterbens) und eine lebensbejahende Grundhaltung sind selbstverständlich. So kann auch ein letzter Lebensabschnitt seine eigene Sinnantwort finden, wird die Suche nach einer »Spiritualität des Alltags« möglich.
Eine Betreuung rund um die Uhr kann oft nur mit ehrenamtlichen Hospizhelfern abgedeckt werden. Das Suchen, die

Auswahl, die Schulung und Begleitung der ehrenamtlichen Helferinnen ist eine weitere Aufgabe der Hospizbewegung. Diese ehrenamtlichen Mitarbeiter übernehmen Dienste und Aufgaben, die ihren Fähigkeiten entsprechen. Sie gehören zum Team und sind ein wichtiger Bestandteil und ein Bindeglied zu »der Welt draußen«.
Dieses ganzheitliche Denk- und Handlungsprogramm zu verstehen und sich inhaltlich damit auseinanderzusetzen ist notwendig, um einer Realisierung der Hospizbewegung in Deutschland weiterzuhelfen.

Gerade nach der Wiedervereinigung und den damit verbundenen finanziellen Engpässen gilt es über die »Form« der Umsetzung des Hospizgedankens in Deutschland nachzudenken. Dieser erscheint uns gerade deshalb so wichtig, weil es bei der Umsetzung eben nicht nur um die Errichtung neuer »Häuser« (Institutionen) geht, in denen dann anders oder gar »besser« gestorben werden könnte, sondern darum, daß der Hospiz-Gedanke überall in unseren Krankenhäusern, Altenpflegeheimen und zu Hause lebbar ist. Dies ist die Rahmenbedingung, die für eine neue Einstellung zu Sterben und Tod in unserer Gesellschaft notwendig ist.
Seit Anfang der achtziger Jahre gibt es auch in unserem Land eine zunehmende Zahl von Initiativen und engagierten Menschen, die sich aufgemacht haben, die Hospizidee umzusetzen. Dabei standen zunächst die Politiker, aber auch kirchliche Kreise im Weg. In der Zwischenzeit hat sich dies etwas geändert.
Es gilt, stationäre, teilstationäre und ambulante Organisationskonzepte auszuarbeiten und zu finanzieren. Die Form des »stationären Hospizes« sollte dabei nur den Menschen vorbehalten bleiben, die aufgrund ihrer Lebenssituation nicht zu Hause betreut werden können. Der weitaus größe-

re Teil der Bevölkerung kann jedoch zu Hause begleitet werden. Gerade in der teilstationären und ambulanten Hospizarbeit finden Fachleute und freiwillige Helfer eine gemeinsame Aufgabe. Das zumindest in den alten Bundesländern schon gut ausgebaute System der Sozialstationen, die Betreuung durch einen Hausarzt, die soziale Absicherung durch ein Schwerstpflegegesetz und eine neu zu aktivierende »Gemeindearbeit« könnten einen Teil der notwendigen Vernetzungsarbeit am Lebensende leisten.
Es gibt erfreulicherweise inzwischen einige »Modelle« der Hospizarbeit in Deutschland, die auch das Hauptproblem – die Finanzierung einer Hospiz-Gemeinschaft – gemeistert haben. In der RVO §§ 182–185 heißt es nämlich zur Anerkennung von Hospizbetten als Krankenhausbetten: »Es handelt sich im Hospiz um sogenannte ›austherapierte‹ Patienten, bei denen es nicht mehr um medizinische Versorgung geht, sondern um eine häusliche Krankenpflege…« Diese wird aber nur dann von den Krankenkassen bezahlt, wenn dadurch eine stationäre Behandlung im Krankenhaus vermieden werden kann.
Kennt man diese, zur Zeit noch gültigen Gesetzestexte, so wird auch verständlich, warum sogenannte Palliativstationen, die im Verbund mit einem Krankenhaus arbeiten, ihre Betten bezahlt bekommen. Hier finden Patienten mit schweren Schmerzzuständen oder anderen kaum beherrschbaren Symptomen ganzheitliche Hilfe und Pflege. Palliativstationen werden seit 1992 vom Bund mit Zuschüssen gefördert. Die erste Modellstation dieser Art wurde 1983 an der Universitätsklinik in Köln durch die Deutsche Krebshilfe finanziert. Schwieriger haben es andere sogenannte »stationäre« Hospize in Deutschland, weil sie auf eine Mischfinanzierung angewiesen sind und immer um das Überleben kämpfen müssen. Stellvertretend für andere Einrichtungen ähnlicher Zielset-

zung soll hier das 1986 in Aachen gegründete Haus Hörn genannt werden. Dieses versteht sich als Hospiz und ist ein orga-nisatorischer Verbund mit einem angeschlossenem Altenheim. Die hausärztliche Betreuung wird von den Krankenkassen übernommen, der Pflegesatz wird vom Sozialamt bezahlt, sofern die Bewohner keine Selbstzahler sind. Der Pflegesatz ist für Hospizdienste aber viel zu niedrig. Trotz aller Schwierigkeiten ist das Hospiz in Aachen schon für viele Menschen eine Raststätte auf ihrem Weg zu ihrem Ende oder zu unserem »ewigen Zuhause« geworden. Es wurde und wird dort erfahren, was ein großer Arzt sagte: »Heilen – das können wir selten, Lindern – oft, aber Trösten können wir immer.«

1987 eröffnete das »Hospiz zum hl. Franziskus« in Recklinghausen seine Tore. Es wird von einem Verein getragen und wie eine »Sozialstation mit Betten« geführt. Hausärzte betreuen die Patienten medizinisch. Die Pflegekosten übernehmen die Träger, und wo es finanziell eng wird, kommen Spenden und Mitgliedsbeiträge des Vereins hinzu.

Das Beispiel einer gewachsenen Hospizinitiative mit allen Möglichkeiten der ambulanten, teilstationären und stationären Arbeit ist die Hospiz-Hausbetreuung am St. Elisabeth-Krankenhaus in Halle/Saale.

Seit 1985 arbeiten hier Schwestern, Ärzte und Seelsorger in einem Team und in enger Kooperation mit dem St.-Elisabeth-Krankenhaus. Diese Nähe zu einem kirchlichen Krankenhaus war aus politischen Gründen notwendig, und in der Zwischenzeit hat sich eine Kooperation zwischen Hospizgruppen und einem Krankenhaus als lebenswichtig herausgestellt. Ziel dieses Hospizdienstes und anderer ähnlicher Einrichtungen ist es, in Zusammenarbeit mit dem Krankenhaus eine ambulante Begleitung des Sterbenden anzubieten, ein Leben in der eigenen Wohnung bis zum Schluß zu ermöglichen. Aus diesen Erfahrungen erwuchs das Symbol:

Wir sehen den Sterbenden, den Angehörigen und uns als Begleiter der Ganzheit (Kreis). Wir bieten eine Weggefährtenschaft an und benötigen sie auch selbst - wir sind Verbündete (Kreis). Ein Leben bis zuletzt soll in häuslicher Umgebung ermöglicht werden (Haus). Geborgenheit und Schmerztherapie sind vorrangige Ziele (Baum). Diese Symbole sprechen die Sehnsucht aller Menschen an und sind auch Hinweise auf eine christliche Sichtweise: der Bund Gottes mit uns Menschen, sein Haus hier und dann, der Baum des Lebens schenkt Heil und Erlösung. Wir haben erlebt: Ich kann nur Trost und Zuversicht sein, soweit ich selbst getröstet und gestärkt bin.

Nach der politischen Wende ist aus dem Hospizdienst am St. Elisabeth-Krankenhaus ein Verein geworden, und zu dem Team sind ehrenamtliche HelferInnen dazugekommen. Inzwischen sind schon neun Gruppen geschult worden; Gruppen und die monatlichen Treffen mit den ehrenamtlichen Helfern dienen der Aufarbeitung, der Ermutigung und Stärkung.
Die auch angesichts des Todes lebensbejahende Grundhaltung schließt eine aktive Sterbehilfe aus. Es wird jegliche Hilfe beim Sterben gegeben, aber keine Hilfe *zum* Sterben. Von großer Bedeutung ist dabei die Spiritualität. Wir sind immer um die Suche nach einer Spiritualität des Alltags, die nicht

zuerst nach einem Taufschein fragt, sondern die hilft, im Mitmenschen das DU zu entdecken. Eine solche Spiritualität speist sich aus drei Quellen:

- gerecht leben, das heißt kompetent das tun, was dem einzelnen möglich ist;
- zärtlich lieben, das heißt die Wahrheit aus den Augen des anderen abzulesen, hinter aller Verstümmelung den Menschen zu erkennen, Nähe durch Berührung zu suchen;
- in Demut den Weg Gottes gehen, in einem Team arbeiten und lernen, daß man es allein nicht schafft; Zerbrechlichkeit und Menschlichkeit zu akzeptieren;

Im Mai 1993 wurde in Halle ein Tageshospiz eröffnet. Dort werden kranke Menschen aufgenommen, die:

- sich in ihrer häuslichen und familiären Umgebung einsam fühlen und soziale Kontakte suchen;
- durch das berufliche Engagement der Angehörigen tagsüber auf mehr Hilfe und Versorgung angewiesen sind;
- sich noch in der Lage fühlen, mit Fahrdiensten oder öffentlichen Verkehrsmitteln das Tageshospiz zu erreichen.

Ziel dieses Tageshospizes ist
- das Lebensumfeld des Kranken zu erweitern;
- die Eigenständigkeiten zu unterstützen und zu stärken;
- die Angehörigen und ambulanten Dienste zu entlasten;
- das Heilende in einer Gruppe zu nutzen.

Das Angebot besteht aus
- kommunikativen und unterhaltenden;
- musischen und kreativen;
- pflegerischen und anderen, von den Kranken gewünschten Aktivitäten.

Im Herbst 1993 beginnt hoffentlich der Bau eines Hospizes in Halle. Unter diesem Dach sollen zu der existierenden Hausbetreuung und den Diensten des Tageshospizes eine stationäre Hospizeinheit mit acht Betten dazukommen. Hier können Schwerkranke und Sterbende für kurze Zeit oder für die letzte Zeit ihres Lebens ein Zuhause finden. Die Überforderung der Angehörigen, der Umfang der medizinisch-pflegerischen Maßnahmen oder der Raummangel zu Hause können zur Aufnahme in das stationäre Hospiz führen. Für den medizinischen Bereich bleiben die von den Kranken gewählten Ärzte zuständig. Ehrenamtliche wie hauptamtliche MitarbeiterInnen ermöglichen eine ganzheitliche medizinische und pflegerische, psychologische und spirituelle Begleitung. Angehörige und Freunde werden in dem Maße, wie sie es wollen und können, in die Pflege und Begleitung einbezogen. Im Hospiz mit diesen drei Angeboten bestimmen die Kranken selbst den Tagesrhythmus, und es soll ein Charakter eines »Zuhauses« haben. Die Atmosphäre wird von den Bewohnern, fest angestellten und ehrenamtlichen MitarbeiterInnen, Angehörigen und Freunden gemeinsam gestaltet. Das Tageshospiz soll diese Betreuung ergänzen.
Aus dieser Erfahrung sind noch zwei Aufgabengebiete erwachsen, auf die hier eingegangen werden soll: Abschieds- und Trauerbegleitung. Wenn schon die Trennung von liebgewordener Umgebung oder vertrauten Gegenständen oder der Verlust des Arbeitsplatzes einen schmerzlichen Prozeß des Loslassens auslösen, wieviel leidvoller ist dann das Sterben eines Angehörigen oder Freundes? In dieser Zeit der Trauer erliegt der Betroffene häufig der Versuchung, seinen Verlust zu überspielen, zu ersetzen, letztlich den Abschiedsschmerz zu verdrängen.
Verdrängte Gefühle hält der Mensch jedoch in seinem Erle-

ben fest, bis sie verarbeitet und in die Persönlichkeit integriert sind. Darum bietet das Team Einzelgespräche in der Krisenberatung und weiterhin alle sechs Wochen Gesprächsrunden für die Trauernden an. Die Ziele dieser Gespräche sind:

- abschiedlich leben zu lernen;
- Verlusterleben zu be- und zu verarbeiten;
- Trauer zuzulassen und zu integrieren.

An diese Gesprächsrunden schließt sich ein Gottesdienst als freies Angebot an.

Vor allem in Zeiten schwerer Erkrankung stellen sich viele Menschen die Frage nach Sinn, Schuld und Hoffnung. Sie benötigen Trost und keine Vertröstungen. Die Aufgabe der Hospizmitarbeiter ist es, diese Fragen zu stellen und - soweit möglich - eine Antwort zu suchen, ohne diese Menschen zu vereinnahmen. Aus unserer Erfahrung kommen diese Fragen aber in jeder Begleitung. Wir sehen in diesen Fragen eine Chance, durch menschliche Nähe und gelebte Hoffnung die Botschaft des Evangeliums verständlich zu buchstabieren.

Ein Zentrum für Hospizforschung ist die Arbeitsgruppe *Zu Hause sterben* in Hannover unter der Leitung von Professor Dr. J. C. Student. Eine Gruppe von Fachleuten bemüht sich seit 1984 um die Verbesserung der Betreuung sterbender Menschen durch Information, Beratung der Angehörigen und durch Ausbildung ehrenamtlicher Helfer. Eine Vielzahl von Veröffentlichungen bringt das Anliegen der Hospiz-Dienste nach außen.
Im Jahre 1985 entstand die Vereinigung *OMEGA. Mit dem Sterben leben e. V.* als erster bundesweit arbeitender Verein,

der sich als ausschließlich ambulantes Hospizprogramm versteht. Der Verein ist weltanschaulich nicht gebunden, baut regionale Gruppen auf, informiert, berät, begleitet durch seine vielen fachkompetenten, - aber vor allem auch ehrenamtlichen Mitglieder unentgeltlich. Ebenfalls auf Bundesebene arbeitet die 1986 gegründete IGSL in Bingen. Ein gegenseitiger Erfahrungsaustausch und eine bessere Kooperation dieser beiden Vereine wird inzwischen angestrebt.

Auf regionaler Ebene gibt es viele kleinere und größere Gruppen und Hospizinitiativen, die zum Teil in mühsamer Kleinarbeit eine Situationsveränderung vor Ort für sterbende Menschen anstreben. Leider gibt es noch keine gemeinsame Interessenvertretung der Hospizbewegung in Deutschland.

Auch der 1988 gegründete Verein *Deutsche Hospizhilfe* hat keine offizielle Legitimation, für Hospizgruppen Gelder zu sammeln oder diese gar stellvertretend darzustellen. So bleibt diesem Verein die allgemeine Öffentlichkeitsarbeit und die selbst gestellte Aufgabe der finanziellen Unterstützung bestehender Hospizinitiativen.

Nach vielen Treffen und Gesprächen von Hospizlern entstand im Februar 1992 die *Bundesarbeitsgemeinschaft Hospiz zur Förderung von stationären Hospizen, ambulanten Hospizen und Palliativmedizin e. V.* Ziel der Bundesarbeitsgemeinschaft ist:

- Begegnungen zu ermöglichen;
- aufeinander zu hören und miteinander zu reden;
- Ermutigung und Unterstützung;
- Vielfalt und Andersartigkeit zu respektieren;
- offen zu sein für alle und nicht zu vereinnahmen;
- mit einer Stimme das Anliegen der Hospizbewegung gegenüber Bund und Ländern zu vertreten.

Die generelle Situation der Hospizbewegung in Deutschland hat in den letzten zehn Jahren deutlich an Publizität gewonnen. Auch wenn nicht zu übersehen ist, daß Fachkreise und politische Gruppen eher abwartend und reserviert reagieren, so ist doch zunehmendes Eigeninteresse (z. B. der Kirchen und großen Wohlfahrtsverbände) zu spüren. Es ist etwas von »unten nach oben« in Bewegung geraten! Sterbebegleitung beginnt nämlich nicht erst am Sterbebett eines Kranken, sondern kann nur dort geleistet werden, wo vorher gewachsene menschliche Beziehungen zwischen Kindern und Eltern, Arzt und Patient, Freunden und Nachbarn gelebt werden. Hier wird eine große sozialpolitische, aber vor allem auch menschliche Aufgabe sichtbar.

Als ein klingendes Beispiel sei die leicht veränderte Geschichte aus dem Buch *Kurzgeschichten 1* von Willi Hoffsümmer (Grünewald Verlag 1985) erzählt:

Ein junger Mensch betrat im Traum einen Laden. Hinter der Theke stand ein Engel. Hastig fragte er ihn: »Was verkaufen Sie, mein Herr?« Der Engel antwortete freundlich: »Alles, was Sie wollen.« Der junge Mann begann aufzuzählen: »Dann hätte ich gern das Ende aller Kriege, Beseitigung der Elendsviertel in Lateinamerika, Arbeit für die Arbeitslosen, mehr Gemeinschaft und Liebe zwischen den Menschen, ein Leben bis zuletzt in gewohnter Umgebung mit optimaler Schmerztherapie und nur im Notfall ein Sterben im Krankenhaus, im Pflegeheim und ... das Trauergeleit und ...«

Da fiel ihm der Engel ins Wort: »Entschuldigen Sie, junger Mann, Sie haben mich falsch verstanden. Wir verkaufen keine Früchte, wir verkaufen nur den Samen.«

Dr. med. Petra Muschaweck-Kürsten
OMEGA mit dem Sterben leben
Hann Münden

Heinrich Pera, Pfarrer
Bundesarbeitsgemeinschaft
Hospiz, Halle

Bei folgenden Adressen erhalten Sie Rat und Hilfe:

Bundesarbeitsgemeinschaft Hospiz zur Förderung von stationären Hospizen, ambulanten Hospizen und Palliativmedizin e.V. 1992
Steinweg 54
06110 Halle/Saale
Tel. (0345) 32576
Fax (0345) 25921

Christophorus Hospiz Verein
Ligsalzstraße 32
80339 München 3
Tel. (089) 50133
Fax (089) 501151

Deutsche Hospizhilfe
Reit 25
23911 Buchholz
Tel. (04181) 38855

Franziskus Hospiz
Röntgenstraße 39
45661 Recklinghausen
Tel. (02361) 63311

Hospiz »Haus Hörn«
Johannes-von-den-Driesch-Weg 4
52074 Aachen
Tel. (0241) 81045-7

Hospiz Hausbetreuung am St.-Elisabeth-Krankenhaus
Steinweg 54
06110 Halle/Saale
Tel. (0345) 32576

IGSL
Im Rheinblick 16
55411 Bingen
Tel. (06721) 10328

OMEGA mit dem Sterben leben
Postfach 1407
34334 Hann Münden 1
Tel. (05541) 5356/4881
Fax (05541) 4076

OMEGA mit dem Sterben leben
Kornweg 19A
58239 Schwerte
Tel. (02304) 4 3123
Fax (02304) 4 5711

Zu Hause sterben
Prof. Dr. J. C. Student
Blumhardtstraße 2
30625 Hannover 61
Tel. (0511) 664726

Knaur

Ein Leben nach dem Tode

(4124)

(86055)

(4230)

(4265)

(4254)

(4111)